公路工程监理培训教材

Gongcheng Feiyong Jianli

工程费用监理

（第二版）

袁剑波　主编
交通部基本建设质量监督总站　审定

人民交通出版社

内 容 提 要

本书为公路工程监理培训教材之一，共分八章，主要讲述监理工程师在费用监理方面的职责、权限、投标报价、工程计量支付、索赔等内容。本书除用作监理工程师培训教材之外，还可作为大专院校有关专业的教学参考书，也可供公路工程建设、施工、设计、监理等单位以及建设银行的广大工程技术人员、工程经济人员和各级管理干部参考。

图书在版编目（CIP）数据

工程费用监理／袁剑波主编．—北京：人民交通出版社，2007.3

公路工程监理培训教材

ISBN 978-7-114-06425-8

Ⅰ．工… Ⅱ．袁… Ⅲ．道路工程－工程造价－监督管理－技术培训－教材 Ⅳ．U415.13

中国版本图书馆 CIP 数据核字（2007）第 024735 号

公路工程监理培训教材

书　　名：工程费用监理（第二版）
著 作 者：袁剑波
责任编辑：沈鸿雁　邓　莉
出版发行：人民交通出版社
地　　址：（100011）北京市朝阳区安定门外外馆斜街3号
网　　址：http：//www.ccpress.com.cn
销售电话：（010）59757969，59757973
总 经 销：北京中交盛世书刊有限公司
经　　销：各地新华书店
印　　刷：北京交通印务实业公司
开　　本：787×1092　1/16
印　　张：14
字　　数：321千
版　　次：1999年 9月第1版　2007年3月第2版
印　　次：2010年11月　第2版　第8次印刷
书　　号：ISBN 978-7-114-06425-8
定　　价：25.00元

《公路工程监理培训教材》

编审委员会

序

1988年国务院做出在土木工程建设领域中实施工程监理制度的决定，交通部成为全国实施工程监理制度的首批试点部门之一。监理制度实施二十余年来，对促进我国公路和港口建设工程管理水平的提高发挥了重要作用。

为提高监理人员的管理能力、业务素质和专业技术水平，同时也为了使建设、设计、施工等参建各方了解和熟悉监理业务，交通部基本建设质量监督总站自1990年开始，陆续委托长安大学、长沙理工大学、重庆交通大学、东南大学等院校进行培训并编写了培训教材。截至2006年底，全国接受培训人员10万余人。

随着相关法律法规不断完善，国家对工程质量、安全和环保工作提出了新要求，加之新技术、新工艺、新材料、新设备不断涌现，原教材中的一些内容已不适应当前公路建设实际。有鉴于此，我站从2005年8月起着手组织对1999年版监理业务培训教材进行修订。修订后的教材共五册，分别是《监理概论》、《工程质量监理》、《工程费用监理》、《工程进度监理》、《合同管理》。

本套教材以最新颁布的法律、法规、标准、规范为依据，紧密结合公路建设实际，既注重监理培训的基本知识点，又综合考虑了培训对象知识结构方面存在的差异，并力争体现国际和国内工程建设管理和工程监理领域的新理念、新情况、新进展。同时，在教材编写过程中，编写人员还充分借鉴了教学过程中收集的反馈意见和建议。因此，本套教材更具科学性和实用性，是广大工程监理、工程管理、工程技术人员掌握监理技能、学习监理知识、拓宽知识面的良师益友。

我国公路建设方兴未艾。希望广大公路建设者，特别是从事工程监理工作的人员在工作中不断学习，增强责任感，为公路建设事业又好又快发展做出贡献。

交通部基本建设质量监督总站

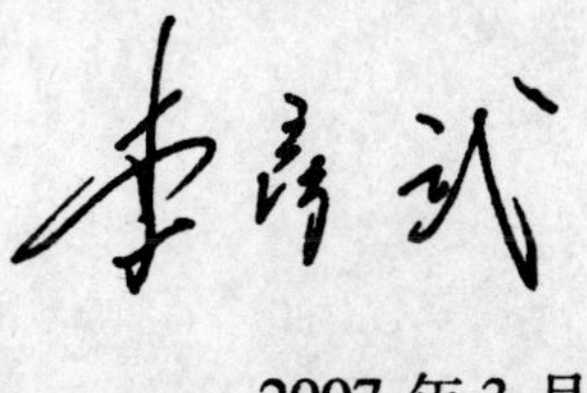

2007年3月

前　　言

本书是在交通部基本建设质量监督总站统一部署下，按照2005年8月在北京召开的“公路工程监理培训教材修订工作会议”的要求，以1999年底出版的《工程费用监理》教材为基础，加以全面修订补充而成的。参加本书编写工作的有：长沙理工大学袁剑波教授、曹翠星副教授、杨玉胜讲师，长安大学程侠副教授，全书由袁剑波主编。具体编写分工为：第一、四章由袁剑波编写；第二章由程侠编写；第三、五章由杨玉胜编写；第六章由曹翠星编写；第七章由曹翠星、袁剑波编写；第八章由杨玉胜、袁剑波编写。

由于编者水平有限，书中难免存在纰漏和不妥之处，恳请广大读者批评指正，以便今后进一步修改完善。

编者

2006年11月

目　录

第一章　绪　论

第一节　费用监理概述

一、公路工程施工监理制度及费用监理的地位与作用

1. 我国公路工程施工监理制度的基本特征

我国公路工程施工监理制度经历了从单一质量监理到全面施工监理的发展历程。1985年，交通部颁发《公路工程质量监理暂行办法》，标志着监理制度开始从质量监理起步。在总结全国各地质量监理经验和教训的基础上，交通部借鉴世界银行贷款项目监理模式，于1989年颁发了《公路工程施工监理暂行办法》，初步建立了一套符合我国当时国情，融质量监理、进度监理、费用监理、合同管理于一体的公路工程全面施工监理制度。1992年，交通部颁发《公路工程施工监理办法》，明确规定施工监理是对"施工的工程合同、质量、工期、造价等进行全面的监督和管理"。我国的公路工程施工监理制度从此走上了全面化、系统化、规范化的发展轨道。

从单一质量监理制度到全面施工监理制度是监理工作认识上的重要进步。全面施工监理制度不同于单一的质量监理制度，在监理内容上，既包括质量监理，也包括费用监理、进度监理及合同管理；在监理目的上，不仅要控制公路工程施工质量，而且要监督施工合同的全面执行，保证业主、承包人双方的合法权益。因此，全面施工监理制度能更好地适应市场经济体制下我国公路建设项目管理体制改革的需要，有利于其他项目管理制度如承包合同制度（合同管理制度）、招标投标制度、项目法人制度等市场经济法律制度在公路建设市场的全面推行，并产生积极的相互促进作用。

全面监理观实际上是对业主、承包人的权利义务都进行监督管理的同等监理观，是贯彻监理工作中"秉公办事"原则，落实监理公正性，公平公正地保护业主和承包人合法权益的先决条件。质量、进度、费用三要素的辩证关系表明，全面监理方法是一种科学的施工监理方法。

图1-1、图1-2是质量与成本及工期与成本的相互关系图。从图中可以看出，质量的提高或降低以及工期的延长或缩短都将导致施工项目成本和造价的变化。

因此，要科学地进行施工监理，公平地保护业主、承包人的合法权益，进而提高公路建设项目的投资效益和社会效益，必须推行全面施工监理制度。只进行质量监理而不开展全面监理

的单一质量监理制度是无法有效地保证施工监理的公正性的。

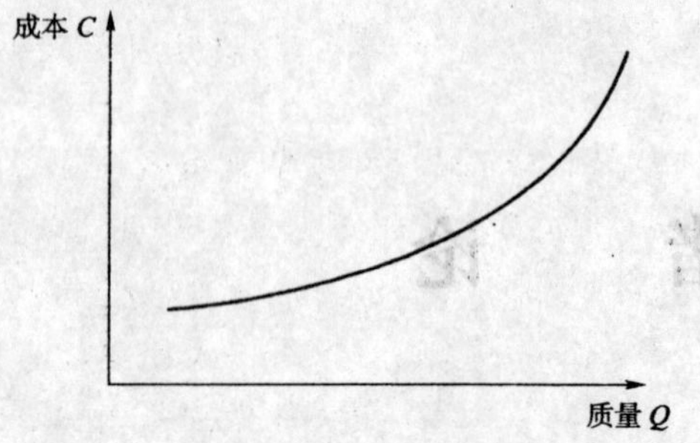

图 1-1 质量—成本曲线

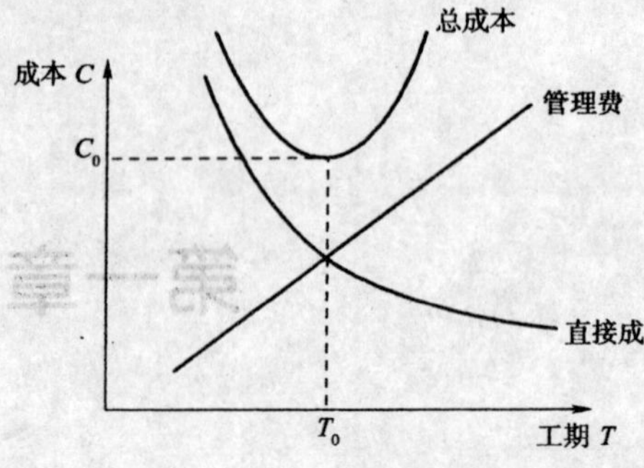

图 1-2 工期—成本曲线

2. *费用监理在全面施工监理制度中的作用*

20 世纪 90 年代以来，随着全面施工监理制度的推广，费用监理的作用越来越为人们所重视。

(1)费用监理是控制施工合同造价的核心环节

在施工承包合同履行过程中，合同造价是业主和承包人关注的焦点。业主、承包人由于各自利益的不同，会对施工造价的大小及费用的支付产生各种各样的矛盾和分歧，从而影响合同的正常履行。通过费用监理，可以及时处理承包人在造价结算中存在的高估冒算现象，有效控制工程变更的发生，积极预防违约所产生的索赔费用，解决造价结算中的各种矛盾和纠纷，保证造价计算的合法性、公平性、合理性和及时性，达到动态控制工程造价的目的。此外，当造价出现超支现象时，通过费用监理，可以有效利用投资控制的理论和方法，认真分析产生费用偏差的原因，并采取积极的纠偏措施予以控制。因此，费用监理是控制施工合同造价的核心环节。

(2)费用监理是质量控制的重要手段

由于质量合格是支付施工费用及办理施工合同造价结算的前提，因此，费用监理是质量控制的重要手段，是促使承包人履行质量义务的保障。通过费用监理中的拒付、扣款等方式，可以有力地制约和激励承包人履行质量义务，保证施工质量。

(3)费用监理是进度控制的基础

由于施工合同的进度完成情况是通过累计支付曲线来反映的，因此，通过费用监理中的计量、支付数据可以动态反映施工合同的实际进度情况，及时发现进度偏差，为监理工作中动态进行施工进度监理提供有力的依据。另一方面，通过费用监理中扣除拖期损失偿金及支付提前竣工奖金等方式，可以制约和激励承包人严格履行施工进度义务，从而起到进度控制的作用。

(4)费用监理是保护承包人合法权益的重要途径

由于费用监理也是对业主履行付款义务及其他相关义务的监理，因此，费用监理的过程，实际上也是保护承包人合法权益的过程。按时得到根据施工合同承包人有权得到的各种款项，既是承包人的合法权益，也是费用监理的义务。通过费用监理，可以及时办理计量支付签证，及时办理工程变更、施工索赔及价格调整等审批签证，从而保护承包人的合法权益。并且，通过费用监理,可以促进业主严格按基本建设程序办事,认真做好施工项目的前期准备工作,尽量减少工程变更及违约现象导致的施工索赔,从而提高施工合同履行的质量和效率。

总之,费用监理工作的作用是全面的、综合性的,它和质量监理工作、进度监理工作及合同管理工作紧密地联系在一起。

实践证明,凡是施工质量、进度和造价得到有效控制的项目,都是非常重视费用监理的项目。例如,我国的京津塘高速公路等世界银行贷款项目,由于严格进行费用监理,特别是有效发挥外籍监理工程师在费用监理中的核心作用,在项目的投资控制、质量控制和进度控制上都取得了显著效果,极大地提高了建设项目的投资效益和社会效益。国外专家将费用监理工程师形象地比喻为足球队的守门员,是项目管理中质量、进度和费用的"守护神",可见费用监理工作在他们心目中的地位。在监理工作的实施过程中,他们往往科学地将监理工作转化为保证质量、进度前提下的费用监理工作,通过严格的费用监理工作来进一步落实质量监理和进度监理,极大地提高了费用监理工作的地位。

我国自全面实行施工监理制度开展以来,费用监理工作取得了较大的进展,也产生了积极的作用和效果。但由于人们思想认识上的差异,费用监理工作依然存在不小的差距。施工监理过程中,费用监理和质量监理、进度监理相脱节的现象时有发生,投资失控的现象比比皆是。究其原因,一是全面监理在执行中被扭曲为单一的质量监理,使得监理制度未能得到严格执行,监理工程师无法在费用监理工作中发挥相应的作用;另一方面费用监理工程师素质不高,使得在费用监理工作中出现业主不信任、承包人不信服的情况。因此,提高费用监理水平、规范费用监理制度在我国公路工程施工监理制度的推行过程中依然面临严峻的任务。

二、费用监理工程师的素质要求

从质量、进度、费用三要素的相互关系中可以看出,费用监理工作不是孤立的,监理工程师要做好费用监理工作,应精通工程经济与法律知识,熟悉工程技术与管理知识,掌握费用监理工作的业务流程,并且具备良好的职业道德。

1. 公路工程技术知识

公路工程技术知识是做好公路工程费用监理工作的基础。公路工程技术知识包括路基工程技术知识、路面工程技术知识、桥梁工程技术知识、隧道工程技术知识、排水工程技术知识、防护工程技术知识、交通工程技术知识等。不仅要熟悉其相应的勘察设计方法,而且要掌握其相应的施工方法及施工工艺,并且要对新材料、新结构、新工艺进行跟踪。只有熟悉公路工程技术知识,并清楚相关的技术标准与规范,才能掌握费用监理的主动权,才能在工程变更等工作中有效地控制和确定工程造价,并对工程变更的必要性进行有效地评估。

2. 公路工程管理知识

由于公路工程费用监理工作性质上属于工程项目管理工作,因此,公路工程管理知识是做好公路工程费用监理工作的前提。公路工程管理知识除一般的管理理论知识外,主要包括公路工程质量管理知识、公路工程进度管理知识、公路工程造价管理知识、公路工程合同管理知识、公路工程招投标管理知识、公路施工组织管理知识、公路工程风险管理知识等工程项目管理知识。只有熟悉和掌握公路工程管理知识并具备良好的组织协调能力及沟通能力,使费用监理工作立足于项目管理工作,才能提高公路建设项目管理水平。

3. 公路工程经济知识

公路工程经济知识是做好公路工程费用监理工作的关键。公路工程经济知识包括公路工程定额及概预算知识(也包括投资估算知识)、公路工程投标报价及标底编制知识、公路工程经济分析和经济评价知识、价值工程知识、工程财务知识以及市场经济理论知识等。只有掌握并熟练地运用公路工程经济知识,才能准确合理地编制及确定工程造价,对建设项目(或工程变更项目)的投资和社会效益进行评估,采用技术和经济手段降低成本和造价,提高投资效益。

4. 市场经济法律知识

市场经济法律知识是做好费用监理工作的保障。市场经济法律知识包括《中华人民共和国合同法》、《中华人民共和国价格法》、《中华人民共和国银行结算法》、《中华人民共和国招标投标法》、《中华人民共和国建筑法》、《中华人民共和国担保法》、《中华人民共和国税法》以及有关工程保险等方面的法律、法规。只有熟悉或掌握市场经济法律知识,才能使费用监理工作做到有法可依、有法必依,从而保障费用监理工作的合法性、公平性和公正性。

5. 费用监理业务知识

费用监理业务知识是做好费用监理工作的核心。费用监理业务知识包括公路工程计量支付方法以及计量支付程序、工程变更、价格调整、施工索赔等费用的审批原则、审批方法、审批程序以及有关的公路施工合同条款。只有掌握费用监理业务知识,才能使费用监理工作严格按合同办事,做到方法正确、结果准确、程序到位。

6. 监理工程师职业道德

监理工程师职业道德是保证费用监理公平、公正的前提。监理工程师职业道德要求监理工程师"严格监理、热情服务、秉公办事、一丝不苟",要求在费用监理工作中严守独立性、保持公正性、落实公平性,要求费用监理工作中既不能感情用事,更不能索、拿、卡、要。

三、费用监理的主要内容与工作基础

1. 费用监理的主要内容

根据现行《公路工程施工监理规范》及《公路工程国内招标文件范本》,费用监理的主要内容如下:

(1)计量和确认承包人所完成的合同工程量,并及时签发计量证书。

(2)审查承包人所提交的支付申请,并及时签发支付证书。

(3)及时办理施工合同的交工结算和建设项目的竣工决算。

(4)公正处理合同管理中工程变更、施工索赔、价格调整所引起的造价管理及费用审批事宜。

(5)有效利用计量支付及反索赔等费用监理手段进行施工合同的质量控制和进度控制。

(6)严格控制工程变更,积极预防施工索赔,进而有效控制工程造价。

2. 费用监理的工作基础

为做好费用监理工作,监理工程师在具体的费用监理工作开始之前应积极认真地做好以下基础工作:

(1)认真研究招标文件和施工承包合同文件,明确业主、承包人之间的权利义务,熟悉或掌握有关本项目(合同)的计量支付方法、计量支付程序以及有关工程变更、施工索赔、价格调整的合同规定、审批原则、审批程序和方法。

(2)认真分析投标报价及合同价格,全面核实工程量清单,及时发现合同工程量中可能存在的错误,主动研究承包人在合同中的不平衡报价及产生的原因,动态预测不平衡报价给造价控制带来的影响,为处理工程变更的计价工作提供科学合理的依据。

(3)认真分析承包人的施工组织设计和施工进度计划,科学预测承包人的施工成本及预期利润,分析和提出为满足施工进度计划要求业主应及时解决的外部施工条件,从而积极预防施工索赔。

(4)认真审查承包人提交的用款计划,动态预测施工过程中的用款需求,为业主制订年度投资计划或季度投资计划提供依据,从而积极预防付款延误现象。

(5)认真收集市场价格信息,及时掌握市场价格动态,为处理工程变更、施工索赔、价格调整等计价工作提供科学合理的计价依据。

四、教学对象及教学任务

本课程是公路工程施工监理的入门培训课程,是公路工程监理业务培训的基本课程之一。教材在编写中力求反映公路工程施工监理入门教育中从事费用监理工作所必需的基本业务知识及必备的公路工程概预算知识,并适当照顾到监理工程师执业资格考试中有关工程经济的考试内容和要求。因此,本教材以费用监理业务知识及工程经济知识为主线,在内容上包括工程经济分析知识、价值工程与工程财务知识、公路工程定额与工程预、决算知识、费用监理中的计量支付知识以及工程变更、施工索赔、价格调整中的计价知识等。其教学任务是让学员掌握公路工程费用监理业务知识,并熟悉与费用监理有关的工程经济知识,为做好费用监理工作打下良好的基础。

第二节 费用监理的原则与方法

一、费用监理的原则

现行《公路工程施工监理规范》规定,监理工程师在计量与支付时应做到客观、公正、准确、及时。因此,为做好费用监理工作,监理工程师在监理工作中应遵守以下基本原则。

1. 依法办事原则

费用监理是一项法律性、政策性、经济性和技术性很强的工作,必须首先根据国家的方针政策办事,要严格遵守国家的法律和有关制度,正确处理国家整体利益、业主利益和施工企业利益的关系,同时,还必须严格遵守工程项目本身内在规律的要求,处理好进度、质量与费用三者之间的辩证关系。监理工程师在进行工程费用监理时,必须做到经其签认的每一笔工程费用符合国家有关政策的规定和要求,并协调好承包人与业主的利益关系。

2. 恪守合同原则

工程承包合同,一方面综合体现了国家的经济政策和基本建设管理制度及法规;另一方面也全面概括了工程设计意图和要求,并综合考虑了施工中的各种因素,是有关工程施工的综合性文件。因此，根据约定优先原则，监理工程师在进行工程费用监理时，必须在国家法规政策的范围内，以合同为依据，按合同要求和合同的基本精神处理好各类工程费用的签认与支付。虽然监理工程师对工程费用全权负责进行签认和监理，但费用监理工作必须符合合同要求，监理工程师无权超越合同所赋予的权力，必须保证每一笔工程费用的支付都符合合同规定。

3. 公正公平原则

监理工程师作为独立的第三方进行费用监理，既不偏袒于业主，也不偏袒于承包人，施工承包合同中赋予了监理工程师在费用监理工作上广泛的权力，在工程施工及承包合同履行过程中，监理工程师处于主导地位，承包人与业主的货币收支是否准确和合理，取决于监理工程师所签认的工程费用是否公正。因此，监理工程师必须恪守公正原则来进行费用监理，监理工程师要行为公正。

监理工程师对工程费用的签认，直接涉及业主和承包人的利益，要使工程费用既合理又准确，只有监理工程师保持公正才有可能。保持公正立场，是监理工程师进行费用监理的基本原则和起码要求，如果监理工程师不公正，就无法准确地计量实际工作量，无法正确地做出判断，从而直接影响业主与承包人之间的公平交易。特别是当施工过程中发生工程变更、施工索赔和各种特殊风险等情况时，更要求监理工程师独立而公正地做出判断并对其进行估价，这一系列费用的签认是否公平合理直接取决于费用监理工程师是否公正。因此，监理工程师在工程费用监理中，必须认真负责，以实事求是的精神和科学的态度做好每一项工作，确保自己站在客观、公正的立场上。

4. 准确及时原则

由于费用的支付涉及到业主、承包人双方的合法权益，影响合同的正常履行（根据《公路工程国内招标文件范本》（上册）第三篇合同通用条款第69条，承包人在根据合同通用条款第60.15款规定的支付期到期后的42天之内，未得到应付款额，可提前28天向建设单位发出通知表明可能要暂停施工或放慢工程进度），因此，费用监理应坚持准确及时原则。准确及时原则要求监理工程师在费用监理工作中严肃认真，一丝不苟，深入细致地做好计量认证工作、支付审查工作，并严格按计量支付的程序办事，做到逐级审查、分级把关，以保证计量支付费用的准确性，并及时签发计量支付证书，积极督促业主按时支付工程进度款，克服付款延误现象，为承包人施工中正常的资金周转提供积极有利的条件，避免由此引起的施工索赔。

二、费用监理的方法

费用监理的方法很多，从不同的角度可以进行不同的分类和总结。从监理措施采取的时间不同分类，可以将费用监理分为事后监理（反馈监理）、事前主动监理（前馈监理）和跟踪监理（过程监理）三类。

1. 事后监理

事后监理是指监理工程师将费用监理信息输送出去后又把作用结果返送回来，并对信息的再输出产生影响，以起到费用监理的作用。在费用监理中，为了对施工中的各种耗费进行有效地监理，要求把实际耗费同合同价进行比较，并把发生偏差的信息反馈给各方，以便及时进行调整，保证费用监理目标的实现。

2. 事前监理

事前监理又叫主动监理，是指在发生目标偏差以前，即在实际工程费用超过合同价格之前，根据预测的信息，采取相应的措施予以调节，使工程费用不偏离或尽量少偏离合同价。比如，对工程量清单中的分项工程（工程细目）做出单价分析表，了解承包人的报价水平，对各种单价（计日工单价）做出分析，以便掌握在出现工程意外时所采取的措施。

从事后监理来说，往往由于在监理工程师获得偏差信息的时间和偏差发生的时间之间有时间差，所以这种信息反馈的滞后性使得偏差无法立即被发现，影响纠正偏差的时效和作用。尤其在工程施工过程中，各种意外情况（如地下埋藏物等）经常发生，单纯依靠承包人来报告意外事件的发生，之后再去处理，将造成不必要的损失。因此，应加强预防，进行事前的主动监理。这意味着监理工程师必须在全面了解工程特点、承包人的施工能力及技术水平、施工环境和地质地形及原材料等情况的基础上，对下阶段施工中可能出现的意外情况进行预测。在预测的基础上，采取预防措施，从而做到更有效的监理。

3. 跟踪监理

跟踪监理是指监理工程师跟踪施工过程，并对其进行监理的一种监理方法。旁站监理即是一种典型的跟踪监理。

跟踪监理同事前监理的区别是，前者在工程费用发生的当时就在现场进行监理，而后者则是通过制订措施，明确合同价款等来进行监理；后者还有可能对现有施工条件进行改变，可从较远的时间和较好的施工条件出发来加以考虑，而跟踪监理就没有这些条件。

跟踪监理同事后监理的区别是，跟踪监理的反馈时间很短，几乎是瞬时反馈，采取的措施必须是当机立断，没有过多的时间来全盘考虑；而事后监理则不同，它可以把实际的工程费用及工程费用的目标值与合同价进行比较，把差异原因搞清楚，把差异责任查明白，并提出全面的处理措施和意见，作为下一步工作的依据，而跟踪监理就不能这样。

跟踪监理是一种日常的监理，事前监理与事后监理最后都要通过日常监理才能起作用。没有跟踪监理，事前监理和事后监理就没有意义。另一方面，跟踪监理能及时反馈信息，可以立即采取措施加以调整，取得立竿见影的监理效果。

因此，费用监理事实上存在三种方法，只有将三者有机地结合起来，才能做好费用监理，片面或单纯采用某一方法都无法有效地做好费用监理工作。

第三节 费用监理的职责与权限

一、费用监理的职责

费用监理过程中，监理工程师没有具体的投资控制目标，通常也不用对施工合同履行过程中出现的费用增加和造价变动承担责任。根据国际咨询工程师联合会（FIDIC）编发的《业主/咨询工程师标准服务协议书》的规定，监理工程师的职责是运用合理的技能，谨慎而勤奋地工作，在合同管理中执行合同（或督促业主、承包人双方执行合同），并做到公正无私。

因此，根据《公路工程施工监理规范》、《公路工程国内招标文件范本》、《公路工程施工监理合同范本》，费用监理过程中监理工程师的基本职责是“严格监理、热情服务、秉公办事、一丝不苟"地执行施工承包合同的计量支付规定，对承包人完成的合同工程量及时组织工程计量和认证并及时签发计量证书，对承包人提交的付款申请及时进行审查并按时签发付款证书，在计量支付过程中做到客观、公正、准确、及时，这就是费用监理过程中监理工程师的职责。

二、费用监理的权力

监理工程师在费用监理中的权力，归纳起来有如下三个方面：

(1)在计量支付过程中对承包人与业主之间的收支行为的监督管理权。包括工程计量权和计量认证权、付款审批权和付款签证权。通过监理工程师审查签证的工程计量证书和工程付款证书，是承包人已完成工程量和应该得到付款的证书，是合同管理中一份具有一定法律效力的证明文件。

(2)在工程变更、施工索赔、价格调整等情况发生时的合同价格调整权。如工程变更后的单价确认权和变更工程造价确定权、施工索赔发生后的费用审查权、物价上涨等现象发生时的价格调整权等等。根据《公路工程国内招标文件范本》，监理工程师有权对上述情况客观公正地确定有关费用，并签发计量支付证书。但监理工程师在行使上述权力时，应取得业主的专门批准，监理工程师通常没有最终审批上述费用的权力，最终审批权通常由业主掌握。

(3)在质量控制、进度控制等工作中的拒付权、扣款权。例如，根据《公路工程施工监理规范》及《公路工程国内招标文件范本》，如果监理工程师根据检查或检验结果，确定材料或设备有缺陷或不符合合同要求，监理工程师可以拒收材料或设备，拒付相应材料和设备的预付款；当承包人完成的工程质量不合格或验收不符合要求时，监理工程师有权要求承包人无偿返工并拒绝进行计量支付；当承包人的施工不能按期完工时，监理工程师有权从计量支付证书中扣除拖期损失偿金。

三、费用监理工作中责、权、利的统一

要做好费用监理工作，必须贯彻责、权、利相统一的原则，建立责、权、利相统一的费用监理制度。"责"是指监理工程师在费用监理工作中的义务和职责；"权"是指监理工程师在费用监理中的权力；"利"是指监理工程师在监理工作中应获得的利益和报酬。

费用监理过程中，监理工程师的责、权、利是否统一对费用监理的工作质量有很大影响。如果监理工程师有责无权，则职责无法落实。例如，客观公正是费用监理工作的职责，但如果不赋予监理工程师相应的权力，保证监理工作的独立性，则费用监理工作的公正性也无法落实。如果监理工程师有权无责，则权力就没有约束，必然出现滥用权力的现象。例如，监理工程师有权签发付款证书，但如果监理工程师没有客观公正、严格执行合同的职责，则有可能出现监理工程师随意批付工程进度款的现象。如果费用监理工作中责任很大而利益和报酬较低，则一方面无法保证费用监理人员的素质和费用监理工作质量，另外还可能出现费用监理人员利用手中权力，非法为己牟利的现象。因此，只有责、权、利高度统一，才能有效地做好费用监理工作。

目前，许多项目在费用监理过程中还存在认识上的误区，认为费用监理的职责是进行投资控制，只有将项目费用的实际支付额控制在施工承包合同价格内，才算有费用监理的业绩，一旦实际支付的工程费用超过了原定的合同价格，就认为监理工程师没有做好费用监理。其实

这是一种片面的、不正确的看法，它既不符合客观公正的费用监理原则，也不满足责、权、利相统一的费用监理工作要求。特别是在有工程变更、施工索赔、物价上涨等监理工程师无法控制的现象发生时，上述费用控制的目标无法实现，它是一种不科学的费用监理工作要求，是不能提倡的。因此，必须在责、权、利相统一的原则下科学界定监理工程师在费用监理中的责任、权力和利益。

监理工程师在费用监理中的责任、权力和利益，主要应通过施工监理服务合同来明确。交通部编发的《公路工程施工监理合同范本》，对监理工程师的义务范围、监理工程师的职责等作了相应的规定。在实施过程中为保证监理利益、监理职责和权力的对称性，应提倡根据监理服务质量来选择监理队伍的优质优价的监理招标办法，从而实现费用监理工作中责、权、利的统一。费用监理的职责和权力除在施工监理合同中作了规定外，在业主与承包人的施工合同中更多地作了明确规定。施工承包合同中的合同条件、工程量清单、技术规范等都是有关费用监理职责与权力的规定。此外，《公路工程施工监理规范》等法律、法规中，也有费用监理工程师职责与权力的规定。

有关监理工程师在费用监理中具体的职责与权限将分别在本书第五章、第六章、第七章中详细介绍。实际监理过程中，监理工程师在费用监理中的权力，除受到合同约束和业主约束外，还受到政府监督和法律监督。

〔思考题〕

1. 什么是全面费用监理制度？它与单一的质量监理制度本质上有何不同？
2. 简述费用监理的主要作用。
3. 费用监理的主要内容有哪些？
4. 要做好费用监理，应做好哪些基础工作？
5. 简述费用监理工作对监理工程师的素质要求。
6. 简述费用监理的基本原则和基本方法。
7. 简述监理工程师在费用监理工作中的职责与权限。
8. 衡量监理工程师费用监理工作质量的标准是监理工程师是否将实际总造价控制在合同造价内，这种说法是否正确，为什么？

第二章　费用监理基础

第一节　复利分析基本原理

一、资金时间价值的概念和内涵

资金(资本)是项目投资中的重要生产要素,是社会再生产过程中能够产生增值的价值。资金运动过程中,货币、物资是资金的不同存在形式。

资金的时间价值也称为货币的时间价值,是指资金在生产与流通过程中(社会再生产过程中)与劳动相结合,随着时间的推移所产生的增值。

按照劳动价值论的观点,资金是一种物化劳动,是劳动者所创造的价值的表现,它凝聚了商品生产中的一般人类劳动。因此,将这种物化劳动投入到生产和流通领域中,必然会创造新的价值,产生资金增值;并且,这种物化劳动在生产和流通领域中的时间越长(劳动时间越长),所创造的价值就越大。这就是资金的时间价值规律,它和劳动创造价值的理论是一致的。

资金的时间价值规律(资金的增值能力)是资金运动的普遍规律。资金在生产和流通过程中,存款会有存款利息,贷款会有贷款利息,投资会有投资收益等等,这些都是资金的时间价值规律的具体体现。但是,资金的时间价值只有在生产与流通过程中,即在活劳动与物化劳动相结合的过程中才能实现,离开这一点,资金的时间价值根本不可能存在。

资金的时间价值和因通货膨胀引起的货币贬值不同。通货膨胀是指国家大量发行纸币,使纸币的发行量超过商品流通中的实际需要量所引起的货币贬值现象。通货膨胀不仅不会使资金增值,反而会使资金贬值。而资金的时间价值是指剔除货币贬值因素后的资金增值,在概念上和通货膨胀毫不相干,只要商品生产存在,资金就具有时间价值。

资金的时间价值,还可以看成是投资者将资金用于投资而不用于消费的一种必要补偿。投资者之所以将资金用于投资而不用于消费,是因为投资所带来的效用(即资金的时间价值)能超过消费所带来的效用。

认识资金的时间价值规律,有利于合理利用资金,将有限的资金用于投资效益最好的投资项目,在投资和生产过程中加速资金周转,克服浪费资金和无偿占有资金的现象,提高资金的利用率和投资效益。

资金时间价值的大小取决于多方面的因素,从投资角度看主要有:

(1)投资收益率,即单位投资所能取得的利润。

(2)通货膨胀因素,即对因货币贬值造成的损失所应作的补偿。

(3)风险因素,即对因风险的存在可能带来的损失所应作的补偿。

二、利息与利率

利息和利率是衡量资金的时间价值大小的指标。在工程经济分析中,对资金时间价值的计算方法与银行利息的计算方法相同。实际上,银行利息也是一种资金时间价值的表现形式。

广义的利息是占用资金(或放弃使用资金)所付(或所得)的代价(或报酬),一般用 I 表示。

利息通常根据利率来计算。利率是在一个计息周期内所得的利息额与借贷金额(即本金)之比,一般以百分数表示。

若用 i 表示利率,P 表示本金,I 表示利息,则:

$$i = \frac{I}{P} \times 100\% \tag{2-1}$$

上式表明,利率是单位本金经过一个计息周期后的增值额。利率根据计息的周期不同,可以用年利率、月利率、日利率表示。在工程经济分析中除特殊指明外,一般都是指年利率。

利息的计算有单利计息和复利计息之分。

单利计息时,只考虑本金计息,不将前期利息计入本金中,即利息不再生利息。其利息的计算公式为:

$$I_n = P \times n \times i \tag{2-2}$$

n 个计息周期后的本利和为:

$$F_n = P(1 + i \times n) \tag{2-3}$$

复利计息时,不仅计算本金的利息,而且计算利息生息,即按规定计息周期结息一次,结息后将上一计息周期所得的利息并入本金一并作为下一计息周期计算利息的本金。这种“利上加利”的计算利息方式称为复利计息。

设本金为 P,利率为 i,F_n 为本利和,利息为 I,n 为计息期数,则

第 1 计息周期末的本利和 $F_1 = P(1+i)$

第 2 计息周期末的本利和 $F_2 = F_1(1+i) = P(1+i)^2$

………………………………………………

第 n 计息周期末的本利和 $F_n = F_{n-1}(1+i) = P(1+i)^n$

于是,复利计息本利和的计算公式为:

$$F_n = P(1+i)^n \tag{2-4}$$

复利计息符合资金在社会再生产过程中发生增值现象的实际情况,在技术经济分析中,一般均采用复利计息。

复利计息有间断复利计息和连续复利计息之分。如果计息周期为一定的时间区间(如年、季、月),称为间断复利;如果计息周期无限缩短,则称为连续复利。从理论上讲,资金是在不停地运动,每时每刻都在通过生产和流通增值,因而应该采用连续复利计息,但是实际使用

中因时间的不断连续性使得连续复利计息不可能实现,所以均采用间断复利计息。

在工程经济分析中,一般计息周期与复利周期是相同的。但在实际经济活动中,计息周期也存在与复利周期不相同的情况,如年利率为12%,一年计息二次,这就出现了不同计息周期利率换算问题。

若年利率为 r,一年内的计息周期数为 m,复利计息,则本金 P 在一年末的本利和为:

$$F_n = P\left(1 + \frac{r}{m}\right)^m$$

其一年内产生的增值(利息)为:

$$I = F_n - P = P\left(1 + \frac{r}{m}\right)^m - P = P\left[\left(1 + \frac{r}{m}\right)^m - 1\right]$$

则一年中所获利息与本金之比为:

$$\frac{I}{P} = \left(1 + \frac{r}{m}\right)^m - 1$$

通常将一年中所获利息与本金之比称为实际年利率,用字母 i 表示。将按年计的年利率称为名义利率,用字母 r 表示。则名义利率与实际利率的关系为:

$$i = \left(1 + \frac{r}{m}\right)^m - 1 \qquad (2\text{-}5)$$

若计息周期无限缩短,即复利计息在一年中按无限多次计算,此时实际年利率为:

$$i = \lim_{m \to \infty}\left(1 + \frac{r}{m}\right)^m - 1$$

容易证明:

$$i = e^r - 1 \qquad (2\text{-}6)$$

在进行技术经济分析时,每年计算利息次数不同的名义利率,相互之间没有可比性,应预先将他们转化为计息期为年的实际利率后才能进行比较。当计息期以年为计算单位时,就不存在名义利率。

三、现金流量图

对于任何生产活动而言,资金的运动表现为在不同时间的现金流入和流出。通常把一个计算期内各个时间点上实际发生的资金流出或流入称为现金流量,这里各个时间点的时间间隔一般是相同的。在技术经济分析中,各个时间点的时间间隔一般为一年,且各时间点均位于年末。现金流量是反映项目或企业在一定时期内现金流入、现金流出及现金净收益额的基本情况的基本财务状况描述。无论何种项目都可以抽象为现金流量系统。

将现金流量以图的形式表示出来,即为现金流量图。现金流量图是描述现金流量作为时间函数的图形,它能表示资金在不同时间点流入与流出的情况。现金流量图包括三个要素:大小、流向、时间点,其中大小表示资金数额,流向指现金流入或流出,时间点指现金流入或流出所发生的时间,如图2-1所示。在图中,横坐标表示所评价项目的时间延续,竖坐标表示现金流出或流入。一般现金流入绘在横坐标上方,用 CI 表示;现金流出绘在横坐标下方,用 CO 表示,均以带箭头的线段表示,此线段长短可与现金流量的大小成比例,也可长短一样,仅以所标数量表示流量多少。以0代表项目的开始,n 代表项目的结束,1、2、3、…、n 分别代表第1期末、第2期末、第3期末、…、第 n 期末。项目评价中,定义前一期末与紧随其后的下一期初相重叠，即处于同一时间点上。

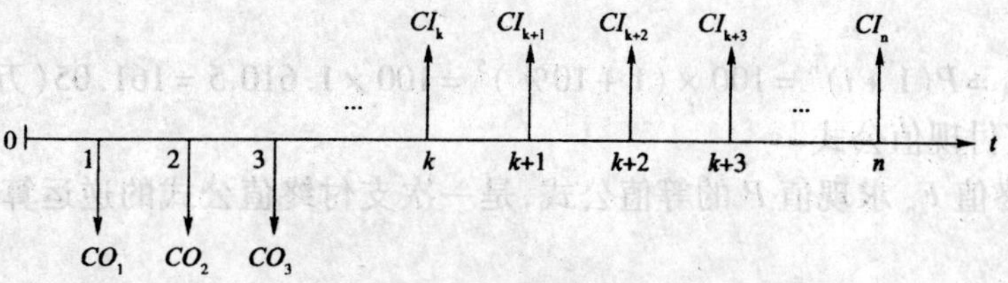

图 2-1　现金流量图

由于借方的现金流入就是贷方的现金流出，所以借贷双方的现金流量图对于同一笔资金来说是相反的。

现金流量图不仅便于核对现金的流入与流出，而且其将项目整个计算期内与投入产出相对应的现金流量连成一个整体，有助于加深对资金进行等值换算的认识，使之可比，以便进一步计算、分析和决策。

显然，现金流量图上所标示的资金流量，不包括、不计入非现金收支（如企业财务上常见的折旧、应收及应付账款等）。

四、资金等值计算公式

由于资金具有时间价值，因此相同额度的资金发生在不同时间，其价值是不相等的，而不同时间点上的现金流量，其绝对值不等的资金可能会具有相等的价值。我们把不同时间发生的资金具有相等价值的现象称为资金的等值。把在一个时点上发生的资金金额，在考虑资金的时间价值后换算成另一个时点上的等值金额的过程称为资金等值计算。

在技术经济分析中，为了考虑方案的经济效果，常对方案的全部费用和全部效益进行计算和分析。由于资金均具有时间价值，不同时间发生的收入或支出，其数值不能直接相加或相减，只能通过资金等值计算将它们换算到同一个时间点上进行分析。把将来某一时点上的资金金额换算成现在时点的等值金额的过程称之为折现，其折现后的资金金额称为现值，与现值等价的将来时点的资金金额称为终值或将来值。资金等值计算公式如下：

1. 一次支付类型

一次支付又称整付，是指所分析系统的现金流量，无论是流入还是流出，在整个计算期内，均只在一个时点上一次发生，对于所考虑的系统来说，如果在考虑资金时间价值的条件上，现金流入恰恰能补偿现金流出，则 F 与 P 就是等值的。

（1）一次支付终值公式

$$F_n = P(1+i)^n \tag{2-7}$$

上式与复利计息的本利和公式（2-5）是一样的。但在资金等值计算中，一般称 P 为现值；F_n 为终值；i 为贴现率；n 为时间周期数。此公式表示在贴现率为 i、周期数为 n 的条件下，终值 F_n 和现值 P 之间的等值关系。系数 $(1+i)^n$ 称为一次支付终值系数，也可用符号 $(F/P, i, n)$ 表示。其中，斜线右边大写字母表示已知因素，左边表示欲求的因素。

例 2-1　某企业为开发新产品，向银行贷款 100 万元，年利率为 10%，借期 5 年，问 5 年后一次归还银行的本利和是多少？

解:5 年后一次归还银行的本利和应与现在的借款金额等值,贴现率就是银行利率。由式(2-7)可得出:

$$F_n = P(1+i)^n = 100 \times (1+10\%)^5 = 100 \times 1.610\,5 = 161.05(\text{万元})$$

(2)一次支付现值公式

这是已知终值 F_n 求现值 P 的等值公式,是一次支付终值公式的逆运算。由式(2-7)可直接导出:

$$P = F_n \frac{1}{(1+i)^n} \tag{2-8}$$

式中符号意义同前。系数 $\frac{1}{(1+i)^n}$ 称为一次支付现值系数,又称折现系数,亦可记为($P/F,i,n$),它和一次支付终值系数互为倒数。式(2-8)又称折现公式。

例2-2 如果银行年利率为 12%,为在 5 年后获得 10 000 元款项,现在应存入银行多少钱?

解:由式(2-8)可得出

$$P = F_n(1+i)^{-n} = 10\,000 \times (1+12\%)^{-5} = 10\,000 \times 0.567\,4 = 5\,674(\text{元})$$

2. 等额分付类型

等额分付是多次支付形式中的一种。多次支付是指所分析系统的现金流量,其现金流入和流出在多个时点上发生,而不是集中在某个时点上。现金流数额的大小可以是不等的,也可以是相等的。当现金流序列是连续的,且数额相等,则称之为等额序列现金流量。

(1)等额分付终值公式

从第 1 年末至第 n 年末有一等额的现金流序列,每年的金额均为 A,称为等额年值。如果在考虑资金时间价值的条件下,n 年内系统的总现金流出等于总现金流入,则第 n 年末的现金流入 F_n 应与等额现金流出序列等值。F_n 相当于等额年值序列的终值。

若已知每年的等额年值 A,欲求终值 F_n,可把等额序列视为 n 个一次支付的组合,利用一次支付终值公式推导出等额分付终值公式。

$$F_1 = A$$

$$F_2 = A + A(1+i)$$

$$F_3 = A + A(1+i) + A(1+i)^2$$

$$\vdots$$

$$F_n = A + A(1+i) + A(1+i)^2 + \cdots + A(1+i)^{n-2} + A(1+i)^{n-1} \tag{2-9a}$$

式(2-9a)两边同乘以$(1+i)$得

$$F_n(1+i) = A(1+i) + A(1+i)^2 + A(1+i)^3 + \cdots + A(1+i)^{n-1} + A(1+i)^n \tag{2-9b}$$

式(2-9b)两边分别减去式(2-9a),对应两边得

$$F_n \times i = A(1+i)^n - A$$

得

$$F_n = A\left[\frac{(1+i)^n - A}{i}\right] \tag{2-9c}$$

式(2-9c)即为等额分付终值公式。$\frac{(1+i)^n - 1}{i}$ 称为等额分付终值系数,亦可记为($F/A,i,n$)。

例 2-3　某校为设立奖学金，每年年末存入银行 2 万元，如存款年利率为 10%，问第 5 年末可得款多少？

解：由式（2-9c）可得出

$$F_n = A\left[\frac{(1+i)^n - 1}{i}\right] = 2\left[\frac{(1+10\%)^5 - 1}{10\%}\right] = 2 \times 6.1051 = 12.21(\text{万元})$$

（2）等额分付偿债基金公式

等额分付偿债基金公式是等额分付终值公式的逆运算。即已知终值 F_n，求与之等价的等额年值 A。由上式（2-9c）可直接导出

$$A = F_n\left[\frac{i}{(1+i)^n - 1}\right] \tag{2-10}$$

式中系数 $\left[\frac{i}{(1+i)^n - 1}\right]$ 称为等额分付偿债基金系数，也可以用符号记为 $(A/F,i,n)$。

例 2-4　预计在第 7 年末得到一笔资金 1 500 万元，在年利率为 6% 的条件下，在 7 年之内每年年末应支付多少资金储存于银行？

解：由式（2-10）可得出

$$A = F_n\left[\frac{i}{(1+i)^n - 1}\right] = 1500\left[\frac{6\%}{(1+6\%)^7 - 1}\right] = 1500 \times 0.1191 = 178.65(\text{万元})$$

（3）等额分付现值公式

如果在考虑资金时间价值的条件下，几年内系统的总现金流出等于总现金流入，则第 0 年末的现金流入 P 应与从第 1 年末到第 n 年末的等额现金流出序列等值，P 就相当于等额年值序列的现值。

公式推导如下：

已知
$$F_n = A\left[\frac{(1+i)^n - 1}{i}\right]$$

则由式（2-8）得
$$P = A\left[\frac{(1+i)^n - 1}{i(1+i)^n}\right] \text{或} P = A\left[\frac{1-(1+i)^{-n}}{i}\right] \tag{2-11}$$

上式即为等额分付现值公式。$\frac{(1+i)^n - 1}{i(1+i)^n}$ 或 $\frac{1-(1+i)^{-n}}{i}$ 称为等额分付现值系数，也可记为 $(P/A,i,n)$。式（2-11）表示在贴现率为 i 时，各等额年值 A 与期初现值 P 的等价关系，适用于已知 A 求 P 的情况。

例 2-5　假定预计在10年内，每年年末需从银行提取 100 万元，在年利率为 6% 的条件下，现在至少应存入银行多少现金？

解：由式（2-11）可得出

$$P = A\left[\frac{(1+i)^n - 1}{i(1+i)^n}\right] = 100 \times \left[\frac{(1+6\%)^{10} - 1}{6\% \times (1+6\%)^{10}}\right] = 100 \times 7.3601 = 736.01(\text{万元})$$

（4）等额分付资金回收公式

等额分付资金回收公式是等额分付现值公式的逆运算，即已知现值，求与之等价的等额年值 A。由式（2-11）可直接导出

$$A = P\left[\frac{i(1+i)^n}{(1+i)^n - 1}\right] \text{或} A = P\left[\frac{i}{1-(1+i)^{-n}}\right] \tag{2-12}$$

式中$\frac{i(1+i)^n}{(1+i)^n-1}$或$\frac{i}{1-(1+i)^{-n}}$称为等额分付资金回收系数,亦可记为$(A/P,i,n)$。这是一个重要的系数,在对工业项目进行技术经济分析中,它表示在考虑资金时间价值的条件下,对应于工业项目的单位投资,在项目经济寿命期内每年至少应该回收的金额。如果对应于单位投资的实际回收金额小于这个值,在项目的经济寿命期内就不可能将全部投资收回。

例2-6 某工程项目投资1亿元,年利率为8%,预计10年内全部回收,问每年年末应等额回收多少资金?

解:由式(2-12)可得出

$$A=P\left[\frac{i(1+i)^n}{(1+i)^n-1}\right]=10\,000\times\left[\frac{8\%\times(1+8\%)^{10}}{(1+8\%)^{10}-1}\right]=10\,000\times0.149\,0=1\,490(\text{万元})$$

3. 等差序列公式

工程经济分析所面临的问题中,有些费用或收益是逐年变化的,例如机器设备保养维修费可能逐年有所增加。假定每年的变化量相等,我们称之为等差序列,该差额用d表示。

(1)等差序列终值计算公式

等差数列的终值可以看作是若干不同年数而同时到期的资金总和,即

$$\begin{aligned}F_n&=d\left[\frac{(1+i)^{n-1}-1}{i}+\frac{(1+i)^{n-2}-1}{i}+\cdots+\frac{(1+i)-1}{i}\right]\\&=\frac{d}{i}\left[(1+i)^{n-1}+(1+i)^{n-2}+\cdots+(1+i)-(n-1)\right]\\&=\frac{d}{i}\left[1+(1+i)+(1+i)^2+\cdots+(1+i)^{n-1}-n\right]\\&=\frac{d}{i}\left[\frac{(1+i)^n-1}{i}-n\right]\end{aligned}$$

式中,$\frac{1}{i}\left[\frac{(1+i)^n-1}{i}-n\right]$称为等差序列终值系数。

等差序列终值公式为:

$$F_n=\frac{d}{i}\left[\frac{(1+i)^n-1}{i}-n\right]\tag{2-13}$$

(2)等差序列现值公式

由公式(2-13)乘以系数$(1+i)^{-n}$,则可得等差序列现值公式

$$P=\frac{d}{i}\left[\frac{(1+i)^n-1}{i}-n\right]\times\frac{1}{(1+i)^n}=\frac{d}{i}\left[\frac{(1+i)^n-1}{i(1+i)^n}-\frac{n}{(1+i)^n}\right]$$

即:

$$P=\frac{d}{i}\left[\frac{(1+i)^n-1}{i(1+i)^n}-\frac{n}{(1+i)^n}\right]\tag{2-14}$$

式中,$\frac{1}{i}\left[\frac{(1+i)^n-1}{i(1+i)^n}-\frac{n}{(1+i)^n}\right]$称为等差序列现值系数。

(3)等差序列年金公式

该公式由等差序列现值公式(2-14),结合等额分付资金回收公式(2-12),得

$$A=\frac{P\times i(1+i)^n}{(1+i)^n-1}=\frac{d}{i}\left\{1-\left[\frac{ni}{(1+i)^n-1}\right]\right\}=d\left\{\frac{1}{i}-\left[\frac{n}{(1+i)^n-1}\right]\right\}$$

即：
$$A = d\left\{\frac{1}{i} - \left[\frac{n}{(1+i)^{n}-1}\right]\right\} \tag{2-15}$$

式中，$\left\{\frac{1}{i} - \left[\frac{n}{(1+i)^{n}-1}\right]\right\}$称为等差序列年金系数。

例 2-7　某项设备购置及安装费共 6 000 元，估计可使用 6 年，残值忽略不计。使用该设备时，第 1 年维修操作费为 1 500 元，但以后每年递增 200 元，如年利率为 12%，问该设备总费用现值为多少？相当于每年等额年金为多少？

解：设备总费用的现值为：

$$\begin{aligned}
P &= P_1 + A_1\left[\frac{(1+i)^{n}-1}{i(1+i)^{n}}\right] + d\,\frac{1}{i}\left[\frac{(1+i)^{n}-1}{i(1+i)^{n}} - \frac{n}{(1+i)^{n}}\right] \\
&= 6\,000 + 1\,500 \times \left[\frac{(1+12\%)^{6}-1}{12\%(1+12\%)^{6}}\right] + 200 \times \frac{1}{12\%} \\
&\quad \times \left[\frac{(1+12\%)^{6}-1}{12\%(1+12\%)^{6}} - \frac{6}{(1+12\%)^{6}}\right] \\
&= 6\,000 + 1\,500 \times 4.111\,4 + 200 \times 8.930\,1 \\
&= 13\,953.12(\text{元})
\end{aligned}$$

相当于每年的等额年金为：

$$\begin{aligned}
A &= P\left[\frac{i(1+i)^{n}}{(1+i)^{n}-1}\right] = 13\,953.12 \times \left[\frac{12\% \times (1+12\%)^{6}}{(1+12\%)^{6}-1}\right] \\
&= 13\,953.12 \times 0.243\,2 \\
&= 3\,393.40(\text{元})
\end{aligned}$$

4. 等比序列公式

在某些技术经济问题中，其费用常以某一固定百分数 h 逐年增加，如某些设备的动力与材料消耗，其等比序列现金流的现值为：

$$\begin{aligned}
P &= A_1(1+i)^{-1} + A_2(1+i)^{-2} + \cdots + A_n(1+i)^{-n} \\
&= A_1(1+i)^{-1} + A_1(1+h)(1+i)^{-2} + \cdots + A_1(1+h)^{n-1}(1+i)^{-n} \\
&= A_1(1+i)^{-1}\left[1 + (1+h)(1+i)^{-1} + \cdots + (1+h^{n-1})(1+i)^{-(n-1)}\right]
\end{aligned}$$

令$(1+h)(1+i)^{-1}$为 x，由上式变化：

$$P = A_1(1+i)^{-1}\left[1 + x + x^{2} + \cdots + x^{n-1}\right]$$

方括弧中为一等比级数，公比为 x

当 $i = h$，$x = 1$

$$1 + x + x^{2} + \cdots + x^{n-1} = n$$

将其值分别代入 $P = A_1(1+i)^{-1}(1 + x + x^{2} + \cdots + x^{n-1})$得：

$$\begin{cases}
P = \dfrac{A_1(1+i)^{-1}\left[\dfrac{1-x^{n}}{1-x}\right]}{i-h} & (i \neq h) \\
P = A_1 n(1+i)^{-1} & (i = h)
\end{cases}$$

将 $x = (1+h)(1+i)^{-1}$代入后，可得：

$$\begin{cases} P = \dfrac{A_1[1-(1+i)^{-n}(1+h)^n]}{i-h} & (i \neq h) \quad (2\text{-}16) \\ P = A_1 n(1+i)^{-1} & (i = h) \quad (2\text{-}17) \end{cases}$$

若将式(2-16)和式(2-17)分别乘以$(1+i)^n$可得等比序列终值公式。若将式(2-16)和式(2-17)分别乘以系数$\dfrac{i(1+i)^n}{(1+i)^n-1}$,可得等比序列年金公式。

例 2-8 某企业某设备维修费第1年为4 000元,此后10年的寿命期限内,逐年递增6%,假定资金的年利率为15%,求该等比序列的现值及等额年金。

解:已知 $A_1=4\ 000$元,$i=15\%$,$h=6\%$,$n=10$。

$$P=A_1\frac{[1-(1+i)^{-n}(1+h)^n]}{i-h}$$

$$=4\ 000\times\frac{[1-(1+15\%)^{-10}(1+6\%)^{10}]}{15\%-6\%}$$

$$=4\ 000\times6.192\ 6$$

$$=24\ 770.40(\text{元})$$

$$A=P\frac{i(1+i)^n}{(1+i)^n-1}=24\ 770.40\times\frac{15\%(1+15\%)^{10}}{(1+15\%)^{10}-1}$$

$$=24\ 770.40\times0.199\ 3$$

$$=4\ 936.74(\text{元})$$

第二节 经济分析的基本方法

经济效果评价是投资项目或方案评价的核心内容,是项目决策科学化的重要手段。经济效果评价通常应从两方面加以考察:一是所谓"绝对经济效果检验",即通过项目方案本身的收益与费用比较评价方案;二是"相对经济效果检验",即从多个方案中选择最优方案。在工程经济分析中,两者总是相辅相成的。

按照方案之间的关系,可分为独立方案、互斥方案和相关方案。独立方案是指方案与方案之间不具有相关性,任一方案的采用与否均不影响其他方案是否被采用,并且其经济效果可以相加。单一方案是独立方案的特例。互斥方案是指方案之间互相排斥的关系,进行方案比选时,至多只能选其中一个。

评价项目方案经济效果,应根据不同情况和具体条件,以费用最少或收益最大等原则进行,并且还要注意方案之间应具有可比性。项目的经济效果可以用一系列的经济评价指标来反映,根据所采用指标的不同,将经济效果评价方法分为净现值法、内部收益率法、投资回收期法、效益费用比法和增量分析法等。

一、净现值法

净现值是实践中常用来评价项目方案经济效果的指标,它可以反映出项目在经济寿命期内的获利能力。该指标是把项目经济寿命期内各年的净现金流量按一定的基准贴现率折现在某一基准年度(通常在投资期初)的现值累加值。用公式表示为：

$$NPV=\sum_{t=0}^{n}\frac{CI_t-CO_t}{(1+i_0)^t} \tag{2-18}$$

或

$$NPV=\sum_{t=0}^{n}\frac{CF_t}{(1+i_0)^t} \tag{2-19}$$

式中：NPV——净现值；

CI_t——t 年现金流入；

CO_t——t 年现金流出；

CF_t——t 年净现金流量；

n——计算期；

i_0——基准贴现率。

(1)NPV =0，表示项目实施后的投资收益率正好达到基准收益率。

(2)NPV >0，表示项目实施后的经济效益，不仅达到了基准收益率的要求，而且还有富余。

(3)NPV <0，表示项目实施后的经济效益，达不到基准收益率的要求。

因此，NPV≥0 时，认为方案是可取的。

例 2-9　某企业投资项目设计方案的总投资是 1 995万元，投产后年经营成本为500 万元，年销售额为 1 500 万元，第三年该项目配套追加投资 1 000 万元。若计算期为 5 年，基准收益率为 10%，残值等于零，试计算该投资项目的净现值。

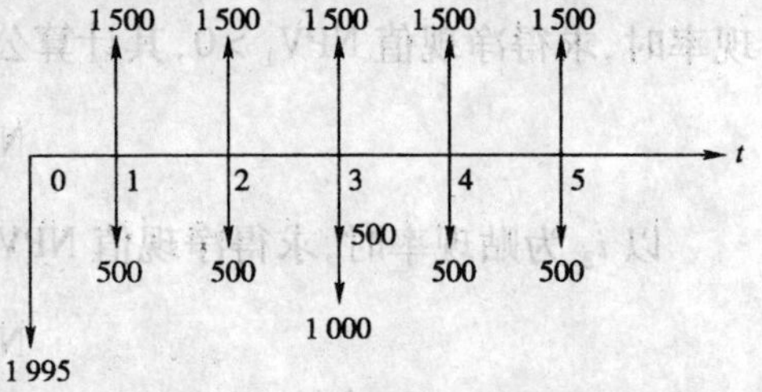

图 2-2　现金流量图(单位：万元)

解：现金流量图如图 2-2 所示。

$$NPV=\sum_{t}^{n}\frac{CI_t-CO_t}{(1+i_0)^t}$$

$$=-1\,995+\left[\frac{1\,500-500}{(1+10\%)}+\frac{1\,500-500}{(1+10\%)^2}+\frac{1\,500-500-1\,000}{(1+10\%)^3}+\frac{1\,500-500}{(1+10\%)^4}+\frac{1\,500-500}{(1+10\%)^5}\right]$$

$$=-1\,995+1\,000\times0.909\,1+1\,000\times0.826\,4+1\,000\times0.683\,0+1\,000\times0.620\,9$$

$$=1\,044(\text{万元})$$

该项目净现值 1 044 万元，说明该项目实施后的经济效益除达到 10% 的基准收益率外，还有 1 044 万元的收益现值。

二、内部收益率法(IRR)

如果把净现值指标作为价值型指标，那么内部收益率就是一比率型指标。在所有经济评价指标中，除净现值外，内部收益率是另一个最重要的指标，该指标是投资项目财务盈利性分析的重要评价依据。

所谓内部收益率，是指项目在经济寿命期内各年净现金量现值累计等于零时的贴现率，简单地说，就是净现值为零时的贴现率。其数学表达式为：

$$\sum_{t=0}^{n}\frac{CI_t-CO_t}{(1+IRR)^t}=0 \tag{2-20}$$

或 $$\sum_{t=0}^{n}\frac{CF_t}{(1+\text{IRR})^t}=0 \tag{2-21}$$

式中：IRR——内部收益率（Internal Rate of Return）；

其余符号意义同前。

设基准贴现率为 i_0，项目求得的内部收益率为 IRR，则：

当 $\text{IRR} \geqslant i_0$ 时，项目在经济上可行，即接受该项目；

当 $\text{IRR} < i_0$ 时，项目应予拒绝。

内部收益率的经济含义是：项目方案收益率不考虑外部因素影响，每年的净收益都用于项目内部的投资且获得相同的收益，即完全由项目内部决定的收益率。项目在这样的利率下，当其寿命终了时，每年的净收益刚好把全部投资收回来，因此，内部收益率是指项目对全借款投资的偿还能力或项目对全借款投资还贷利率的最大承受能力，换言之，如果项目内部收益率为18%，投资100万元全为借款的话，则项目能承受的最大还贷利率为18%；如果贷款利率超过18%，那么项目到寿命终结时，就无法还清100万元贷款本息。

式(2-21)是一个高次方程，求解是比较麻烦的，通常需要反复试算，通过采用"试算线性插值法"求得 IRR 的近似解。一般在试算时，选择一个 i_1 和 i_2（$i_1 < i_2$）的小区间，若以 i_1 为贴现率时，求得净现值 $\text{NPV}_1 > 0$，其计算公式为：

$$\text{NPV}_1=\sum_{t=0}^{n}\frac{CF_t}{(1+i_1)^t}$$

以 i_2 为贴现率时，求得净现值 $\text{NPV}_2 > 0$，其计算公式为：

$$\text{NPV}_2=\sum_{t=0}^{n}\frac{CF_t}{(1+i_2)^t}$$

则由线性插值法可近似求得内部收益率 IRR。

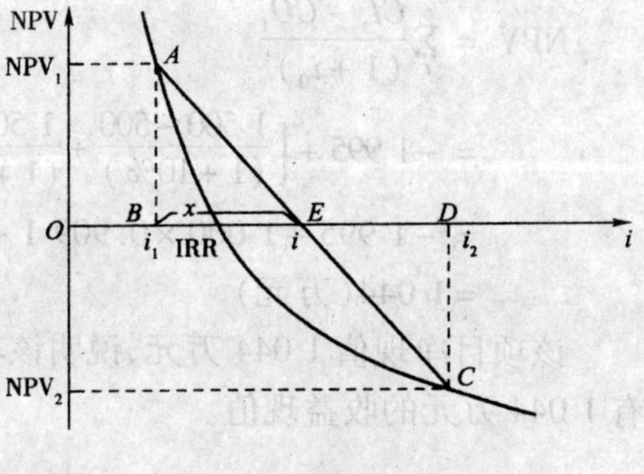

图 2-3 线性插值法图解

从图 2-3 可知：$\Delta ABE \sim \Delta DCE$

$$AB:CD=BE:DE$$

$$\text{NPV}_1:|\text{NPV}_2|=x:[(i_2-i_1)-x]$$

$$i=i_1+\frac{\text{NPV}_1}{\text{NPV}_1+|\text{NPV}_2|}\times(i_2-i_1) \tag{2-22}$$

式中：i_1——试算用的低折现率；

i_2——试算用的高折现率；

NPV_1——用 i_1 计算的项目净现值（正值）；

$|\text{NPV}_2|$——用 i_2 计算的项目净现值（负值）的绝对值。

图 2-3 中直线段 AC，近似净现值函数曲线段 AC，求出 i 值即为 IRR 近似值。

例 2-10 某工程项目初期投资 130 万元，年销售收入为 100 万元，年折旧费为 20 万元，计算期为 6 年，年经营成本为 50 万元，所得税税率为 50%，不考虑固定资产残值，基准收益率为 10%，试计算该项目投资的内部收益率。

解：(1)计算各年的净现金流量：

$$CF_t=(100-50-20)\times(1-50\%)+20=35\text{（万元）}$$

(2)试算贴现率：

以 $i_1=15\%$、$i_2=16\%$ 两个贴现率计算,结果列于表 2-1 中。

净现金流量折现计算表(单位:万元)　　表 2-1

项目＼年份	0	1	2	3	4	5	6
现金流出量	130						
现金流入量		35	35	35	35	35	35
折现系数 ($i_1=15\%$)	1.000 0	0.869 6	0.756 1	0.657 5	0.571 8	0.497 2	0.432 3
现值	132.5	30.5	26.5	23.0	20.0	17.4	15.1
折现系数 ($i_2=16\%$)	1.000 0	0.862 1	0.743 2	0.640 7	0.552 3	0.476 1	0.410 4
现值	129.0	30.2	26.0	22.4	19.3	16.7	14.4

(3)净现值计算:

$$i_1=15\%,\mathrm{NPV}_1=\sum_{t=1}^{6}CF_t(P/F,15\%,t)-P=132.5-130=2.5(\text{万元})$$

$$i_2=16\%,\mathrm{NPV}_2=\sum_{t=1}^{6}CF_t(P/F,16\%,t)-P=129.0-130=-1(\text{万元})$$

(4)用线性插值法求 IRR:

$$\mathrm{IRR}=15\%+\frac{2.5}{2.2+1}\times(16\%-15\%)=15.71\%$$

求得内部收益率 IRR = 15.71%,$\mathrm{IRR}>i_0$,说明该项目在经济上是合算的,方案可以接受。

内部收益率普遍被看作是项目投资的盈利率,反映了投资的使用效率,概念清晰明确;而且无需事先给定基准贴现率。所以,比起净现值等指标来,实际工作者更喜欢使用内部收益率。

三、投资回收期法

投资回收期是指从项目的投建之日起,用项目所得的净收益偿还总投资所需的年限。投资回收期分为静态投资回收期与动态投资回收期两种。静态投资回收期不考虑资金的时间价值,动态投资回收期考虑资金的时间价值,两种现金流量表的差异见表 2-2。

项目现金流量表(单位:万元)　　表 2-2

项目年限	0	1	2	3	4	5
现金流量	−30 000	8 000	8 000	8 000	8 000	8 000
累计现金流量	−30 000	−22 000	−14 000	−6 000	2 000	10 000
折现值	−30 000	7 273	6 612	6 010	5 464	4 967
累计折现值	−30 000	−22 727	−16 115	−10 105	−4 641	326

投资回收期是考察项目在财务上的投资回收能力的综合性指标。一般情况下,这一指标越短越好。其动态投资回收期的计算公式为:

$$\sum_{t=0}^{T_P}\frac{CI_t-CO_t}{(1+r)^t}=0 \tag{2-23}$$

式中：T_p——以年表示的投资回收期；

CI_t——第 t 年现金流入；

CO_t——第 t 年现金流出；

t——年份；

r——名义利率。

静态投资回收期的计算公式为：

$$\sum_{t=0}^{T_p}(CI_t - CO_t) = 0 \tag{2-24}$$

静态投资回收期可用财务现金流量表（全部投资）累计净现金流量计算求得，详细计算公式如下：

$$N = (\text{累计净现金流量开始出现正值的年份} - 1) + \frac{\text{上一年累计净现金流量的绝对值}}{\text{当年的净现金流量}}$$

以表 2-2 为例，该项目的静态投资回收期（扣除投资年限后）为：

$$N = (4-1) + \frac{6\ 000}{8\ 000} = 3.75(\text{年})$$

该项目的动态投资回收期为：4.93（年）。

静态投资回收期是当现金流量的累积值等于总投资额时的年份。其优点是简单、直观，缺点是未能反映资金的时间价值。静态投资回收期和动态投资回收期都不能表现项目在计算期后的获利趋势。例如在表 2-3 中项目 A 的静态投资回收期为 4 年，项目 B 的静态投资回收期为 3 年，但是项目 A 的获利呈增长趋势，而项目 B 的获利呈下降趋势，所以投资回收期的长短并不能作为评价项目经济性的唯一指标。尤其在当前新产品、新技术、新产业层出不穷的时代，单纯考虑投资回收期指标可能会掩盖某些夕阳产业项目的致命弱点。在图 2-4 中，两条曲线表明当项目具有相同回收期时，项目的后期获利能力不同。

两种项目的现金流量比较表（单位：万元）　　表 2-3

	项目 A 现金流量	项目 B 现金流量
建设期	−24 000	−24 000
第 1 年	3 000	10 000
第 2 年	5 000	10 000
第 3 年	10 000	5 000（回收年）
第 4 年	10 000（回收年）	3 000

在经济分析中一般采用动态投资回收期评价投资项目。评价时，需要与根据同类项目的历史数据和投资者意愿确定的基准投资回收期或行业的基准投资回收期相比较。设基准投资回收期为 T_b，评判准则为：

若 $T_p \leqslant T_b$，则项目可以考虑；若 $T_p > T_b$，则项目应予以拒绝。

投资回收期的判定准则和项目产品的生命期有关。例如新技术产品如果其生命期只有 5 年，则大于 5 年的投资回收期是不可取的，而房地产与公路工程项目的建设期通常需要 3～5 年，其项目产品的生命期也较长，故房地产与公路工程项目通常具有较长的投资回收期。另外，使用项目投资回收期判定准则时，也要考虑项目启动时项目产品的市场阶段。当项目在项目产品的市场初始阶段启动时，例如新技术产品市场，可能需要等待市场的上升时间。而在项目产品市场的饱和阶段启动项目，则需要考虑项目的投资回收期后的获利能力。

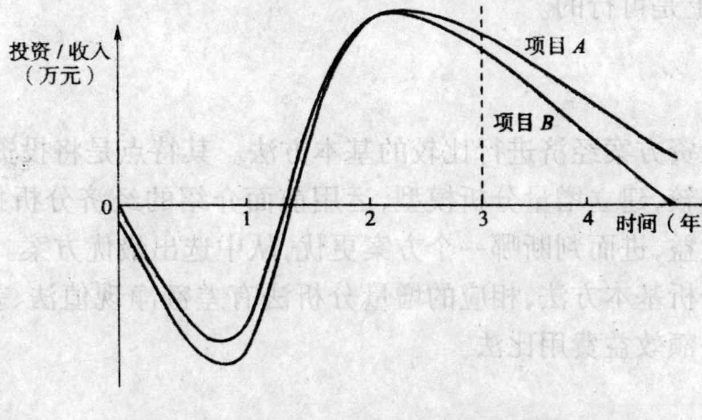

图 2-4　相同投资回收期和不同后期获利能力

投资回收期不仅能在一定程度上反映项目的经济性，而且还能反映项目风险的大小，因此，投资回收期被广泛应用为项目评价的辅助性指标。

四、效益费用比法

效益费用比也是一种常用的经济分析指标，特别是在对项目进行宏观分析和国民经济评价时，它发展成为宏观经济分析的主要指标之一。

效益费用比所反映的经济关系就是项目或某个投资方案的总收益与其总费用的关系。用 B 表示效益，用 C 表示费用，BCR 表示效益费用比，也就是指一个项目的总效益现值与总费用现值之比；或者是项目的效益年值与费用年值之比。其表达式为：

$$\mathrm{BCR} = \frac{B}{C} = \frac{\sum_{t=0}^{n} CI_t (1+i_0)^{-t}}{\sum_{t=0}^{n} CO_t (1+i_0)^{-t}} = \frac{\sum_{t=0}^{n} CI_t (1+i_0)^{-t} (A/P, i_0, n)}{\sum_{t=0}^{n} CO_t (1+i_0)^{-t} (A/P, i_0, n)} \tag{2-25}$$

式中：CI_t——第 t 年现金流入；

CO_t——第 t 年现金流出；

n——计算期；

i_0——基准贴现率。

效益费用比的判别准则是：

当 BCR > 1 时，方案经济上可行；

当 BCR = 1 时，方案可考虑接受；

当 BCR < 1 时，方案不可行。

例 2-11　假定有一条公路，经多年统计每年由于车祸而造成的财产损失平均为 90 万元。现考虑拓宽增加一条车道，估计改建后车祸可减少一半。增加一条车道的投资约 180 万元，使用寿命 30 年，每年保养费为原投资的 3%。假定 $i_c = 7\%$，试用效益费用比指标对该工程作出评价。

解：该工程的效益是减少车祸，用年值计算 BCR。

$C = 180(A/P, 7\%, 30) + 180 \times 3\% = 180 \times (0.0806 + 0.03) = 19.91$（万元）

$B = 90 \times 50\% = 45$（万元）

$$BCR=\frac{B}{C}=\frac{45}{19.91}=2.26>1$$

因此,该工程经济上是可行的。

五、增量分析法

增量分析法是对投资方案经济进行比较的基本方法。其特点是将投资较大的方案与投资较小的方案进行经济比较,建立增量分析模型,运用前面介绍的经济分析指标,分析所增加的投资及所增加的经济效益,进而判断哪一个方案更优,从中选出最优方案。

根据前面的经济分析基本方法,相应的增量分析法有差额净现值法、差额内部收益率法、差额投资回收期法和差额效益费用比法。

1. 差额净现值法

设有 A、B 两投资方案,B 方案投资大于 A 投资,则差额净现值 $\triangle NPV_{B-A}$ 为:

$$\Delta NPV_{B-A}=\sum_{t=0}^{n}\frac{CF_{t(B-A)}}{(1+i_0)^t} \tag{2-26}$$

当 $\triangle NPV_{B-A}\geqslant 0$ 时,B 方案经济上优于(或等于)A 方案,反之,A 方案优于 B 方案。

例 2-12 某工程项目有 A、B、C 三个设计方案,其寿命期均为 10 年,各方案的初始投资和年净收益见表 2-4,设 $i_c=10\%$,试选择最佳方案。

各方案的净现金流量表(单位:万元) 表 2-4

方案＼年份	0	1~10
A	-170	44
B	-260	59
C	-300	68

解:用差额净现值法对方案进行比选,计算结果如下:

$\triangle NPV_{B-A}=1.19$(万元)>0,因此,B 方案经济上优于 A 方案;

$\triangle NPV_{C-B}=15.30$(万元)$>0$,因此,$C$ 方案经济上优于 B 方案;

因此,方案 C 是经济上最佳方案。

2. 差额内部收益率法

差额内部收益率的表达式为:

$$\sum_{t=0}^{n}(CI_{t(B-A)}-CO_{t(B-A)})(1+\Delta IRR)^{-t}=0 \tag{2-27}$$

其计算与内部收益率的计算相同,也采用线性插值法求得。

当 $\triangle IRR_{B-A}\geqslant i_c$ 时,B 方案经济上优于(或等于)A 方案,反之,A 方案优于 B 方案。

采用差额内部收益率指标对互斥方案进行比选的基本步骤如下:

(1)计算备选方案的 IRR。

(2)将 $IRR\geqslant i_c$ 的方案按投资额由小到大依次排列。

(3)计算排在最前面的两个方案的差额内部收益率 ΔIRR,若 $\Delta IRR\geqslant i_c$,则说明投资大的方案优于投资小的方案,保留投资大的方案;若 $\Delta IRR<i_c$,则保留投资小的方案。

(4)将保留的较优方案依次与相邻方案两两逐对比较，直至全部方案比较完毕，则最后保留的方案即为最优方案。

例 2-13　根据上例的资料，试用差额内部收益率法选择出最佳方案。

解：由于三个方案的 IRR 均大于 i_0，将它们按投资额大小排列为：$A \to B \to C$。先对方案 A 和方案 B 进行比较。

根据差额内部收益率的计算公式，有：

$$(-260)-(-170)+(59-44)(P/A,\Delta \mathrm{IRR}_{B-A},10)=0$$

$$\Delta \mathrm{IRR}_{B-A}=10.43\% > i_c=10\%$$

故方案 B 优于方案 A，保留方案 B，继续进行比较。

将方案 B 和方案 C 进行比较，有：

$$(-300)-(-260)+(68-59)(P/A,\Delta \mathrm{IRR}_{C-B},10)=0$$

$$\Delta \mathrm{IRR}_{C-B}=18.68\% > i_c=10\%$$

故方案 C 优于方案 B，因此，可得出最后结论：方案 C 为最佳方案。

在采用差额内部收益率法进行方案的比选时一定要注意，差额内部收益率只能说明增加投资部分的经济合理性，亦即 $\Delta \mathrm{IRR} \geqslant i_0$，只能说明增量投资部分是有效的，并不能说明全部投资的效果，因此采用此方法前，应先对备选方案进行单方案检验，只有可行的方案才能作为比较的对象。

3. 差额投资回收期法

差额投资回收期 $T_{P(B-A)}$ 的计算公式是：

$$\sum_{t=0}^{T_{P(B-A)}} \frac{CI_{t(B-A)}-CO_{t(B-A)}}{(1+r)^t}=0 \tag{2-28}$$

$T_{P(B-A)} \leqslant T_b$ 时，B 方案经济上优于(或等于)A 方案，反之，A 方案优于 B 方案。

4. 差额效益费用比法

差额效益费用比 ΔBCR 的计算公式是：

$$\Delta \mathrm{BCR}=\frac{\Delta B}{\Delta C}=\frac{B_B-B_A}{C_B-C_A} \tag{2-29}$$

若 $\Delta \mathrm{BCR} \geqslant 1$，$B$ 方案经济上优于(或等于)A 方案，反之，A 方案优于 B 方案。

六、多方案比较的其他方法

1. 净现值比较法

即直接根据净现值进行比较，其净现值最大的方案即为最优方案。

如例 2-13 中，若采用净现值比较法，可直接求得三个方案的净现值如下：

$$\mathrm{NPV}_A=(-170)+44(P/A,10\%,10)=100.34(\text{万元})>0$$

$$\mathrm{NPV}_B=(-260)+59(P/A,10\%,10)=102.53(\text{万元})>0$$

$$\mathrm{NPV}_C=(-300)+68(P/A,10\%,10)=117.83(\text{万元})>0$$

计算结果表明，方案 C 的净现值最大，因此方案 C 是最佳方案。

从本例可以看出，净现值比较法与差额净现值法是完全一致的，且更简单。因此，实践中可用净现值比较法代替差额净现值法。

但应注意的是，实践中不能直接通过内部收益率的大小来进行方案比选，而只能使用差额内部收益率法。

在进行互斥方案的比选时，如果直接用各个方案内部收益率的高低来作为衡量方案优劣的标准，往往会导致错误的结论。

现仍以上例(例2-13)进行说明。根据IRR的定义及各个方案的现金流量情况，有：

$(-170)+44(P/A,IRR_A,10)=0, IRR_A=22.47\%$

$(-260)+59(P/A,IRR_B,10)=0, IRR_B=18.49\%$

$(-300)+68(P/A,IRR_C,10)=0, IRR_C=18.52\%$

可见，$IRR_A>IRR_C>IRR_B$，且IRR_A、IRR_B、IRR_C均大于i_c。

因此，如直接通过内部收益率的大小来进行方案比选，会得出方案A是最佳方案的结论。这个结论与采用净现值法计算得出的结论是矛盾的，也与使用差额内部收益率法的结论是矛盾的(例2-13)。

如图2-5所示，两条曲线分别是方案A和方案C的净现值函数曲线，由两条曲线的形状可以看出，两条曲线在$i_c=13.11\%$处相交，当贴现率小于13.11%时，$NPV_C>NPV_A$，当贴现率大于13.11%时，$NPV_A>NPV_C$。也就是说，当取定的基准贴现率i_c大于13.11%时，采用净现值指标与采用内部收益率指标对方案进行比选得出的结论是相同的；当取定的基准贴现率i_c小于13.11%时，采用两种方法对方案进行比选得出的结论是相反的。而13.11%正是方案C与方案A的差额内部收益率，因此，不能直接通过内部收益率的大小来进行方案比选，而只能使用差额内部收益率法。

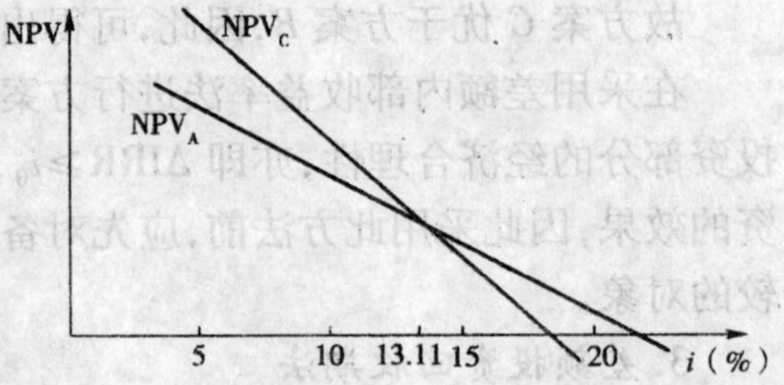

图2-5　方案A、C的净现值与贴现率的关系

同理，也不能直接通过投资回收期或效益费用比的大小来进行方案比选，而只能使用差额投资回收期或差额效益费用比法。

2. 费用现值法

在多个方案的比选择优时，如果各方案的产出相同，或能满足相同的需要，那么可以通过比较各方案的费用部分，以费用最小原则选择方案。

费用现值按以下公式计算：

$$PC=\sum_{t=0}^{n}(I_t+C_t)(P/F,i_0,t)-(S_v+W)(P/F,i_0,n) \quad (2\text{-}30)$$

式中：PC——方案的费用现值；

I_t——第t年投资费用；

C_t——第t年总经营成本；

S_v——计算期末回收的固定资产残值；

W——计算期末回收的流动资金；

$(P/F,i_0,t)$——现值系数；

i_0——基准贴现率；

n——计算期。

例2-14　某工程项目需对起重设备进行评选，合同工期为8年，为选择设备购置方案，提出以下三个方案可供评选。

方案Ⅰ:3架A型塔式起重机。每架原价为80 000元，使用8年后的残值为10 000元；每年每架起重机的维修费为3 600元，而在第3年末每架需花费12 000元进行大修；每个起重机司机的工资为每周120元。

方案Ⅱ:1架A型塔式起重机，4架B型塔式起重机。B型塔式起重机每架原价为32 000元，使用8年后无残值，每架每年维修费为2 400元，在第4年末进行大修时所需的费用为每架10 000元，B型起重机司机的工资与A型相同。

方案Ⅲ:7架B型塔式起重机，各项费用与方案Ⅱ中B型起重机相同。

每个方案提供服务的满意程度是等同的，每年适宜的贴现率为14%，应采用哪个方案较好？

解:先计算出这三个方案的各项费用，根据各年度费用支出列出现金流量表（表2-5）。

方案Ⅰ	A型起重机3架	80 000×3＝240 000(元)
	年维修费用	3 600×3＝10 800(元)
	大修费用(第3年末)	12 000×3＝36 000(元)
	工资	120×52×3＝18 720(元)
	残值	10 000×3＝30 000(元)
方案Ⅱ	A型起重机1架 B型起重机4架	80 000＋32 000×4＝208 000(元)
	年维修费用	2 400×4＋3 600＝13 200(元)
	大修费用A型	12 000(元)
	B型	10 000×4＝40 000(元)
	工资	120×52×5＝31 200(元)
	残值	10 000×1＝10 000(元)
方案Ⅲ	B型起重机7架	32 000×7＝224 000(元)
	年维修费用	2 400×7＝16 800(元)
	大修费用(第4年末)	10 000×7＝70 000(元)
	工资	120×52×7＝43 680(元)

成本现金流量表(单位:元)　　表2-5

年　份	方　案　Ⅰ	方　案　Ⅱ	方　案　Ⅲ
0	240 000	208 000	224 000
1	10 800＋18 720	13 200＋31 200	16 800＋43 680
2	10 800＋18 720	13 200＋31 200	16 800＋43 680
3	10 800＋18 720＋36 000	13 200＋31 200＋12 000	16 800＋43 680
4	10 800＋18 720	13 200＋31 200＋40 000	16 800＋43 680＋70 000
5	10 800＋18 720	13 200＋31 200	16 800＋43 680
6	10 800＋18 720	13 200＋31 200	16 800＋43 680
7	10 800＋18 720	13 200＋31 200	16 800＋43 680
8	10 800＋18 720－30 000	13 200＋31 200－10 000	16 800＋43 680

根据费用现值计算公式，其计算结果如下：

$$PC_{\mathrm{I}} = \sum_{t=0}^{n}(I_t + C_t)(P/F, i_0, t) - (S_v + W)(P/F, i_0, n)$$

$$= 240\,000 + (10\,800 + 18\,720) \times \left[\frac{1-(1+14\%)^{-8}}{14\%}\right]$$

$$+ 36\,000 \times (1+14\%)^{-3} - 30\,000 \times (1+14\%)^{-8}$$

$$= 240\,000 + 29\,520 \times 4.63\,886 + 36\,000 \times 0.67\,497 - 30\,000 \times 0.35\,056$$

$$= 390\,721(\text{元})$$

$$PC_{\mathrm{II}} = \sum_{t=0}^{n}(I_t + C_t)(P/F, i_0, t) - (S_v + W)(P/F, i_0, n)$$

$$= 208\,000 + (13\,200 + 31\,200) \times \left[\frac{1-(1+14\%)^{-8}}{14\%}\right]$$

$$+ 12\,000 \times (1+14\%)^{-3} + 40\,000 \times (1+14\%)^{-4} - 10\,000 \times (1+14\%)^{-8}$$

$$= 208\,000 + 44\,400 \times 4.63\,886 + 12\,000 \times 0.67\,497 + 40\,000 \times 0.59\,208 - 10\,000 \times 0.35\,056$$

$$= 442\,243(\text{元})$$

$$PC_{\mathrm{III}} = \sum_{t=0}^{n}(I_t + C_t)(P/F, i_0, t) - (S_v + W)(P/F, i_0, n)$$

$$= 224\,000 + (16\,800 + 43\,680) \times \left[\frac{1-(1+14\%)^{-8}}{14\%}\right] + 70\,000 \times (1+14\%)^{-4}$$

$$= 224\,000 + 60\,480 \times 4.63\,886 + 70\,000 \times 0.59\,208$$

$$= 546\,004(\text{元})$$

$$pre = \min\{PC_{\mathrm{I}}, PC_{\mathrm{II}}, PC_{\mathrm{III}}\} = PC_{\mathrm{I}} = 390\,721(\text{元})$$

3. 净现值率(NPVR)

净现值指标用于多个方案的比选时，没有考虑各方案投资额的大小，因而不能直接反映资金的利用效率，为了考察资金的利用效率，通常采用净现值率作为净现值的辅助指标。

净现值率是指项目的净现值与投资总额现值的比值，其经济含义是单位投资现值所能带来的净现值，是一个考察项目单位投资的盈利能力的指标。其表达式为：

$$\mathrm{NPVR} = \frac{\mathrm{NPV}}{P} \tag{2-31}$$

式中：P——全部投资的现值之和。

净现值率主要用于对多个独立投资方案进行比选时的优劣排序。

第三节　价值工程

价值工程（简称 VE），又称价值分析（简称 VA），是 20 世纪 40 年代后期产生的一门新兴的管理技术。

价值工程的创始人公认是美国工程师麦尔斯（L. D. Miles）。二次世界大战期间，麦尔斯供职于通用电气公司的采购部门，长期负责生产军用产品的原材料采购工作，当时物资供应十分紧张，生产军工产品所需的原材料十分紧缺，价格也不断上涨，采购工作十分困难。麦尔斯从多年的采购工作实践中，逐步摸索到短缺材料可以用相同功能者作“代用品”的经验，并进一步概括为“代用品方法”，认为购买材料的目的是为了获得某种功能而不是材料本身，因此，只要满足功能要求,就可以选用购买得到的或较便宜的材料代替原设计指定的材料使用。通过一系列成功的实践活动,麦尔斯总结出一套在保证同样功能的前提下降低成本的比较完整的科学方法,并将其命名为“价值分析”。以后随着其研究内容的不断丰富与完善,其研究领域也从材料代用逐步推广到产品设计、生产、工程、组织、服务等领域,形成了一门比较完整的科学体系——价值工程。

价值工程与一般的投资决策理论不同。一般的投资决策理论研究的是项目的投资效果,强调的是项目的可行性,而价值工程是研究如何以最少的人力、物力、财力和时间获得必要功能的技术经济分析方法,强调的是产品的功能分析和功能改进。

一、价值工程基本原理

价值工程是一种旨在提高所研究对象价值的思想方法和管理技术。其基本原理是:通过各相关领域的协作,对所研究对象的功能与费用进行系统分析,不断创新,最终以研究对象的最低寿命周期成本可靠地实现使用者所需功能,以获取最佳的综合效益。价值工程的定义包括四个方面内容。

1. *着眼于寿命周期成本*

寿命周期成本是指产品在其寿命期内所发生的全部费用,包括生产成本和使用成本两部分。生产成本是指发生在生产企业内部的成本,包括研究开发、设计以及制造过程中的费用;使用成本是指用户在使用过程中支付的各种费用的总和,包括运输、安装、调试、管理、维修和耗能等方面的费用。寿命周期费用、生产成本和使用成本与产品功能之间的关系如图 2-6 所示。

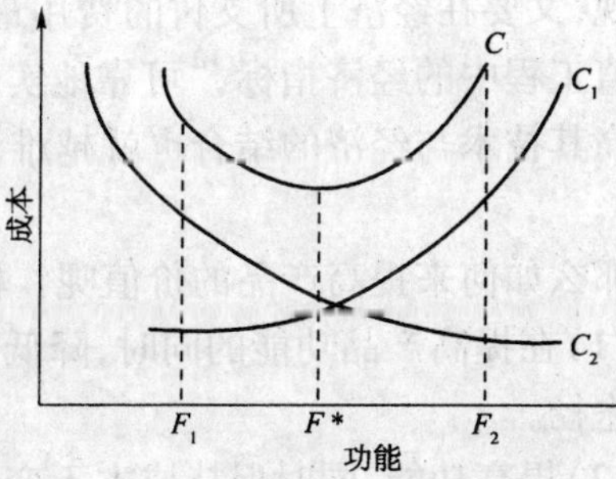

图 2-6 产品成本与功能的关系

在图 2-6 中,C_1 表示生产成本,随着产品功能的增加,生产成本越来越高,C_2 表示使用成本,随着功能的增加,使用成本越来越低;C 表示寿命周期成本,$C = C_1 + C_2$,它的变化趋势是随着产品功能的增加,先下降,然后上升。从图 2-6 中可以看出,在 F_1 点产品功能较少,此时虽然生产成本较低,但由于不能满足使用者的基本要求,使用成本较高,因而使用寿命周期成本较高;在 F_2 点,虽然使用成本较低,但由于存在多余的功能,因而致使生产成本过高,同样寿命周期成本较高。只有在 F^* 点,产品功能既能满足用户的需要,又使得寿命周期成本较低,体现了比较理想的功能与成本的关系。

值得注意的是,在寿命周期成本的构成中,一般由于生产成本在短期内集中支出并且体现在价格中,容易被人们认识,进而采取措施加以控制。而使用中的人工、能源、环境、维修等耗费常常是生产成本的许多倍,但由于支出分散,容易被人们忽视。比如一项建筑产品,如果单纯追求生产成本,降低预算,粗心设计,偷工减料,那么其建造质量肯定非常低劣,使用过程中的维修费用就会很高,甚至可能发生重大事故,给社会财产和人身安全带来严重危害。因此,价值工程中对降低成本的考虑,是要综合考虑生产成本和使用成本的下降,兼顾生产者和使用者的利益,以获得最佳的社会综合效益。

2. 价值工程的核心是功能分析

功能是指研究对象能满足某种需要的一种属性，即产品的具体用途。功能可分为必要功能和不必要功能，其中必要功能是指用户所要求的功能，以及与实现用户所需求功能有关的功能。

价值工程的功能，一般是指必要功能。因为用户购买某一产品，其目的不是为了获得产品本身，而是通过购买该产品获得其所需要的功能。因此，价值工程对产品的分析，首先是对其功能的分析，通过功能分析，弄清哪些功能是必要的，哪些功能是不必要的或过剩的。从而在改进方案中去掉不必要的功能，削减过剩的功能，补充不足的功能，使产品的功能结构更加合理，达到可靠地实现使用所需功能的目的。

3. 价值工程是一项有组织的管理活动

价值工程研究的问题涉及产品的整个寿命周期，涉及面广，研究过程复杂，因此在企业开展价值工程活动时，一般需要由技术人员、经济管理人员、有经验的工作人员，甚至用户，以适当的组织形式组织起来，共同研究，发挥集体智慧，灵活运用各方面的知识和经验，才能达到既定的目标。

4. 价值工程的目标表现为产品价值的提高

价值是指对象所具有的功能与获得该功能的全部费用之比，可用下式表示：

$$价值(V)=\frac{功能(F)}{成本(C)} \tag{2-32}$$

即价值是单位费用所实现的用途。

价值工程的目的是要从技术与经济的结合上去改进和创新产品，使产品既要在技术上可靠实现，又要在经济上所支付的费用最小，达到两者的最佳结合。而“最低的寿命周期成本”是价值工程中的经济指标，“可靠地实现所需功能”是价值工程中的技术指标，因此，产品的价值越高其技术与经济的结合也就越难，从这个角度上讲，价值工程的目标体现在产品价值的提高上。

那么如何来提高产品的价值呢？根据式(2-32)，提高产品价值有五种途径：

(1)在提高产品功能的同时，降低产品成本。这可使价值大幅度提高，是最理想的提高价值的途径。

(2)提高功能，同时保持成本不变。

(3)在功能不变的情况下，降低成本。

(4)成本略有增加，同时功能大幅度提高。

(5)功能略有下降，同时成本大幅度降低。

总之，价值工程不单纯地强调“物美”即改善功能，也不单纯地强调“价廉”即降低成本。而是要求提高二者的比值，这样，对企业和用户都是有益的。

二、价值工程基本程序

价值工程的基本程序是根据价值工程的理论体系和方法特点，围绕以下七个问题的明确和解决而系统展开的，这七个问题是：

(1)价值工程的研究对象是什么？

(2)价值工程的用途是什么?

(3)价值工程的成本是多少?

(4)价值工程的价值是多少?

(5)有无其他方法可以实现同样的功能?

(6)新方案的成本是多少?

(7)新方案能满足功能要求吗?

围绕上述七个问题,价值工程的基本程序见表2-6。

价值工程基本程序

表2-6

阶段	步骤	说明
准备阶段	1. 对象选择	应明确目标、限制条件和分析范围
	2. 组成价值工程领导小组	一般由项目负责人、专业技术人员、熟悉价值工程的人员组成
	3. 制定工作计划	包括具体执行人、执行日期、工作目标等
分析阶段	4. 收集整理信息资料	此项工作应贯穿于价值工程的全过程
	5. 功能系统分析	明确功能特性要求,并绘制功能系统图
	6. 功能评价	确定功能目标成本与功能改进区域
创新阶段	7. 方案创新	提出各种不同的实现功能的方案
	8. 方案评价	从技术、经济和社会等方面综合评价各种方案达到预定目标的可行性
	9. 提案编写	将选出的方案及有关资料编写成册
实施阶段	10. 审批	由主管部门组织进行
	11. 实施与检查	制定实施计划、组织实施,并跟踪检查
	12. 成果鉴定	对实施后取得的技术经济效果进行成果鉴定

价值工程的基本程序明确回答了前面提到的七个问题,在准备阶段回答了“价值工程的研究对象是什么?”,在分析阶段回答了“价值工程的用途是什么?”、“价值工程的成本是多少?”、“价值工程的价值是多少?”等问题,在创新阶段回答了“新方案能满足功能要求吗?”这个问题。因此从本质上讲,价值工程活动实质上就是提出问题和解决问题的过程。

三、价值工程在公路工程费用监理中的应用

1. 指导工程变更审查工作

通过价值工程活动,可以分析工程变更的可行性。对优化设计、降低成本和造价的工程变更,由于能降低成本从而提高项目的价值,因此,监理工程师在审理中应积极响应,但在分析其成本时,应分析这种变更是否有利于工程质量的提高,应全面考察变更后的全寿命周期成本,即除了考虑施工成本外,还应考虑使用中的大修费用、营运费用及养护费用;对提高等级、扩大规模的工程变更,应通过工程经济分析指标,定量进行功能与成本的方案比较,做出价值判断,以做出是否需要变更的分析结论;对改变结构的工程变更,应分析新结构所带来的功能是否更多,或成本是否更低,或使用寿命或大修周期能否延长,相应的价值是否提高,从而做出是否需要变更的结论等等。

2. 指导施工组织设计的评价与审核工作

监理工程师通过价值工程活动,可以有效地对承包人提交的施工组织设计进行评价与审

核,以确认施工方案的可靠性和施工安排的合理性。在施工组织设计的审查过程中,监理工程师首先应审查施工组织设计中的施工方案和施工进度安排以及资源配备是否能保证功能目标的实现。例如能否保证施工质量、能否保证施工工期、能否保证施工安全等。对于影响施工质量和施工工期(即影响功能)的施工组织设计,应及时提出纠正意见,让承包人及时对施工组织设计进行补充、修改和完善;对于优化施工方案和施工进度安排降低成本的施工组织设计,只要不影响功能目标,都应积极采纳,这样有利于调动承包人的施工积极性,保证施工质量和施工进度,降低施工成本以及有效地进行造价控制(主动控制)。在施工监理过程中,绝不能排斥承包人通过优化施工方案和施工进度安排,采用先进施工技术来降低成本的获利机会,另外也不能要求承包人采用监理工程师掌握的保守甚至落后的施工方法和施工安排以致提高施工成本,这样不仅对降低施工成本不利,还会引发施工索赔。相反,对于承包人完全不经济合理的施工组织设计,监理工程师可以提出建设性的意见供承包人参考,真正做到主动监理。例如,有些施工项目,承包人要将原设计中的钻孔灌注桩改为挖孔桩,以降低施工成本。对此要求,监理工程师应一分为二地进行分析,如果不影响桩的功能,也能保证施工进度,则这种要求应积极考虑,这样不仅有利于承包人降低成本,而且也有利于保证桩的施工质量(挖孔桩的施工难度比钻孔灌注桩的施工难度要小,施工质量的控制更容易)。又如,有些项目承包人安排的压实机械不够。对此情况,监理工程师应严肃地予以纠正。因为,这样不仅会因机械设备不配套而提高施工成本,而且会影响施工质量和施工进度(即功能的实现)。

第四节　工程项目成本管理

工程项目成本管理是根据企业的总体目标和工程项目的具体要求,在工程项目实施过程中,对工程项目的成本进行有效的组织、实施、控制、跟踪、分析和考核的管理活动。加强工程项目成本管理,将有助于实现目标利润,提高成本管理水平,降低工程成本,创造良好的经济效益。

一、工程项目成本管理的主要环节

工程项目成本管理就其内容而言一般包括成本预测、成本计划、成本控制、成本核算和成本考核等环节。

1. 成本预测

成本预测是指根据掌握的各类信息资料,采用科学的预测方法,对工程项目未来的生产经营活动进行定性研究和定量分析,从而预测工程项目未来的成本水平及其变动趋势。成本预测有定性预测和定量预测两种方法。定性预测是成本管理人员根据专业知识和实践经验,利用成本费用耗费的历史资料,通过座谈会或德尔斐法,对成本费用的发展趋势及可能达到的水平所作的分析和判断。这种方法简便易行,在资料不多、难以进行定量预测时最为适用。定量预测是利用成本费用的统计数据通过回归分析法、量本利分析法等方法计算未来成本费用的可能结果。成本预测按其内容可分为制定成本计划阶段的成本预测和成本计划实施进程中的预测。施工企业根据经营管理需要,可分类、分项或对某一重大经济业务进行成本预测,如对工程投标进行单项成本预测,通过预测技术衡量得失,作为是否投标承包该工程投标报价的依据。

2. 成本计划

成本计划是在成本预测的基础上，以货币形式确定企业完成计划期内预定的施工项目任务的生产耗费水平和降低成本的任务。通过成本计划，提出施工项目的目标成本以及降低成本的任务。成本计划是施工企业财务计划的重要组成部分，是成本控制的依据。施工企业应当在认真总结上期成本计划完成情况的基础上，根据企业计划期内计划完成的施工生产任务和相应的技术组织措施、施工组织设计以及成本预测等资料，制订既切实可行又具有先进性的成本计划。成本计划的实现，对于实现企业提高经济效益的要求，具有重要意义。因此，成本计划提出降低成本目标，对于动员企业广大职工挖掘潜力、控制消耗、降低成本具有指导作用。

3. 成本控制

成本控制是按成本计划制订成本水平和降低成本目标，对成本形成过程的生产耗费进行严格的计算、调节和监督，以收定支，量入为出，及时发现实际成本与目标成本的差异，并采取措施解决存在的问题，使工程的实际成本控制在预定的目标范围内，促使成本降低。为了有效地发挥成本控制的作用，施工企业应当建立事前控制、事中控制和事后控制的成本控制体系。事前控制是指通过成本的预测和决策，确定计划期目标成本的活动；事中控制是在成本的形成过程中，用具体的成本控制标准加以衡量，及时解决存在的问题，以达到控制生产耗费为目标的一种管理工作；成本的事后控制，又称反馈控制，它主要是在一定时期内将各类生产的实际成本与计划成本加以比较，检查成本计划的执行情况。

由于成本费用涉及企业生产经营活动的各个方面和各个环节，因此，必须实施全面的成本控制。所谓全面的成本控制，是指在生产经营全过程实施成本控制，对全部生产耗费实施成本控制和全体职工都参与成本控制。

4. 成本核算

成本核算是对施工项目所发生的各种费用进行事后核算，以确定项目在施工过程中的各种耗费，及时反映成本目标和成本计划的完成情况。成本核算有表格核算法和会计核算法两种。表格核算法建立在内部各项成本核算的基础上，各要素部门和核算单位定期采集信息，填制相应表格，并通过一系列表格，形成项目施工成本核算体系，作为支撑项目施工成本核算平台的方法。会计核算法是利用会计核算所独有的借贷记账方法和收支全面核算的特点，按项目施工成本内容和收支范围，组织项目施工成本核算的方法。施工过程中的项目成本核算，宜以每月为一核算期进行成本费用归集，在月末进行。核算对象按单位工程划分，并与施工项目管理责任目标成本的界定范围相一致。项目成本核算应坚持施工形象进度、施工产值统计、实际成本归集“三同步”的原则。

5. 成本分析与考核

成本分析是利用成本核算以及有关计划、统计、定额和技术资料，运用一定的分析方法，研究影响成本升降的诸因素及其形成的原因，挖掘降低成本的潜力的一种管理活动。成本分析按其用途可分为成本预算分析、成本控制分析和成本计划执行情况的综合分析。通过成本预算分析，提出获得最佳经济效益的降低成本方案，为制订成本计划提供依据。成本控制分析是成本计划实施过程中的分析，通过分析，及时发现差异，采取措施，使生产耗费控制在预定的限额内，保证成本计划的实现。成本计划执行情况的综合分析，是计划期终了对成本的终结分析，通过成本计划执行情况的综合分析，可以对执行成本计划的情况做出客观的评价，指出进一步降低成本的潜在途径。

上述成本预测、成本计划、成本控制、成本核算、成本分析和考核,互为条件,紧密联系,构成施工企业成本管理的完整体系。成本预测为制订成本计划提供依据;成本计划为成本控制提出目标和要求;成本控制与成本核算为成本分析与成本考核提供分析和考核的依据;成本分析与考核的结果又可供进行新的成本预测并且为制订下阶段的成本计划提供参考。如此互相作用,促使企业不断加强和提高成本管理工作。

二、工程项目成本分析方法

工程项目成本分析的方法主要有量本利分析法、比较分析法、比率分析法、因素分析法和差额分析法。

1. 量本利分析法

量本利分析法是通过成本、数量、利润三者之间的关系进行的分析,确定出项目保本的最低生产水平。施工活动中的任何一件产品,它的总收入和总耗费之间都存在一定的数量关系。量本利分析法就是寻求收入与耗费之间的平衡点,也称盈亏平衡点。

根据施工成本消耗的数量与产量的内在联系,可将施工成本分为变动成本和固定成本,变动成本是产品成本中随产品产量变动而变动的费用。如工程成本中的材料费、燃料费、动力费及实行计件工资制的生产工人工资等。固定成本是指不随产品产量变动而变动的费用。如按平均年限法计提的固定资产折旧费、大修理费、管理人员工资及实行固定基本工资制的生产工人工资等。

盈亏平衡点可根据正常生产周期内的产品产量、可变成本、固定成本及税金等数据来计算,其计算公式如下:

$$\text{BEP(产量)}=\frac{\text{生产周期的固定总成本}}{\text{单位产品价格}-\text{单位产品可变成本}-\text{单位产品税金}} \tag{2-33}$$

$$\text{BER(生产能力利用率)}=\frac{\text{BEP(产量)}}{\text{设计周期的产量}}\times 100\% \tag{2-34}$$

2. 比较分析法

比较分析法,就是通过经济指标对比,从数量上确定差异,检查各项工作的好坏,研究产生差异的原因和影响程度,采取有效措施,挖掘增产节约潜力的一种方法。这种通过比较进行鉴别的方法,通俗易懂,简便易行,便于群众掌握,因而得到广泛的应用。

在公路工程中,对比标准一般有两类,一类是定额标准,一类是已经监理过的同类工程。因而,工程费用分析分为定额分析法和经验分析法。

(1)定额分析法

定额分析法就是采用现有的公路工程定额(包括《公路工程概算定额》、《公路工程预算定额》、《公路工程施工定额》、《公路工程机械台班费用定额》)和《公路基本建设工程概算、预算编制办法》以及《公路工程招投标管理办法》等国家法律性文件),对被监理的工程所需的工程费用进行计算,得到由定额所确定的工程预算价值,然后再将其与合同价和实际支付的工程费用进行对比,找出各分项工程的价值与定额预算价值的差别,从而为准确计算和支付工程费用打下基础。因此，费用监理人员必须了解和熟悉公路工程定额和国家有关制度，并明了公路工程概预算与合同计算的差别，为费用监理打好基础。

(2)经验分析法

经验分析法就是根据过去费用监理经验或已经完工的类似工程的工程结算和竣工决算等文件资料，对所监理的工程进行对比分析，以判断该工程的特点。在费用监理中，经常要遇到各种意外情况，在处理由它们所产生的工程费用时，虽然合同条件中有原则性的规定，但具体如何恰当地处理，却依靠监理人员的监理经验，另一方面还要多收集资料，借鉴有关工程的监理方法。

定额分析法取决于所采用的定额。定额一般具有一定的稳定性和普遍性，因而，对于公路工程施工新技术、施工管理的新方法和施工队伍本身的特殊性会存在反映不全和不准确；而经验法则能及时反映公路施工生产的新情况，但它不全面，其普遍性和一般性不强。因此，两种方法各有所长，互相补充，在对公路工程费用进行分析时，必须将二者综合运用。

3. 比率分析法

比率分析法，又称百分率分析法，是日常工作中经常使用的一种分析方法。分析时，可以将实际完成数与计划数进行对比，计算出实际完成计划的程度。它的计算公式如下：

$$\text{计划完成程度}(\%)=\frac{\text{实际完成数}}{\text{计划数}}\times 100\% \tag{2-35}$$

4. 因素分析法

因素分析法，又叫做连锁代替法或连环代替法。它是用来确定影响成本计划完成情况的因素及其影响程度的分析方法。影响成本计划完成的因素是各种各样的，成本计划的完成与否，往往是受多种因素综合影响的结果。为了分析各个因素对成本的影响程度，就需要应用因素分析法来测定每一个因素的影响数值。测定时，要把其中一个因素当作可变，其他因素暂时当作不变，并按照各个因素的一定顺序，依次逐个替换，直到全部因素都替换完了为止，然后分别比较计算结果。这样，就能确定各个因素变动的影响程度。必须注意，各个因素应根据其相互间有联系和所起作用的主次关系，确定其排列顺序。各因素的排列顺序一经确定，不能任意改变，否则将会得出不同的计算结果，影响分析、评价的质量。

因素分析法的计算程序是：

(1)确定分析对象。即将分析的各项成本指标计算出实际数与计划的差异，作为分析对象。

(2)确定该项成本指标是由哪几个因素组成的，并按照各个因素之间的相互关系排列顺序。

(3)以计划(预算)数为基础，将全部因素的计划(预算)数相乘，作为替代的基础。

(4)将各因素的实际数逐个替换其计划(预算)数，替换后的实际数应保留下来；每次替换后，都要计算出新的结果。

(5)将每次替换所得的结果，与前一次计算的结果比较，二者的差额就是某一因素对计划完成情况的影响程度。

现以材料成本分析的例子来说明因素分析法。影响材料成本升降的因素主要有：

①工程量的变动。即工程量比计划增加，材料消耗总值也会相应的增加；反之，工程量比

计划减少，材料消耗总值也会随之减少。

②单位材料消耗定额的变动。即单位产品的实际用料低于定额用料，材料成本可以降低；反之，实际用料高于定额用料，材料成本就会发生超支。

③材料单价的变动。即材料实际单价低于计划单价，材料成本可以降低；反之，实际单价高于计划单价，材料成本就会发生超支。

现将上述三个因素按工程量、单位材料消耗量、材料单价的排列顺序，列式如下：

①计划数：计划工程量×单位材料消耗定额×计划单价

②第一次替代：实际工程量×单位材料消耗定额×计划单价

③第二次替代：实际工程量×单位实际用料量×计划单价

④第三次替代：实际工程量×单位实际用料量×实际单价

②式与①式计算结果的差额，是由于工程量变动的结果。

③式与②式计算结果的差额，是由于材料消耗定额变动的结果。

④式与③式计算结果的差额，是由于材料单价变动的结果。

例 2-15 假设某承包公司本月材料的消耗情况如下：材料消耗计划总值 51 000 元，实际 54 540 元。实际消耗与计划对比，确定本月材料消耗总值实际超过计划 3 540 元。

影响材料消耗总值是由工程量、材料的消耗数量和单价三个基本因素组成的，三者的关系可用公式表示如下：

$$消耗总值 = 工程量 \times 单位工程量耗用材料的数量 \times 单价$$

以上三个因素的资料，可以编制成表 2-7。

成本影响因素分析表 表 2-7

项 目	计划数	实际数	差异数
甲	(1)	(2)	(3)
砌墙工程(m^3)	1 000	1 200	200
单位工程量耗用的材料	510	505	-5
单价(元)	0.10	0.09	-0.01
消耗总值(元)	51 000	54 540	3 540

从表 2-7 第 3 栏，可以看出，本月材料消耗总值增加了 3540 元，其主要原因是砌墙工程增加了 200m^3，但由于节约用料和单价下降，使材料消耗总值减少了。这三个因素对材料消耗总值的影响程度，可以用因素分析法计算出来，其计算方法和结果，见表 2-8。

三个因素对材料消耗总值的影响程度表 表 2-8

计算顺序	砌墙工程量(m^3)	$1m^3$ 墙耗用红砖数量	每块红砖单价(元)	红砖消耗总值(元)	差异数	差异原因
1	2	3	4	5 = 2 × 3 × 4	6	7
计划数	1 000	510	0.10	51 000		
第一次替代	1 200	510	0.10	61 200	10 200	工程量变动的影响
第二次替代	1 200	505	0.10	60 600	-600	材料消耗定额变动的影响
第三次替代	1 200	505	0.09	54 540	-6 060	材料单价变动的影响
合计					3 540	

根据以上分析结果，可以看出，材料消耗总值实际比计划增加3 540元，是由以下三个原因造成的：

①由于工程量增加200m^3，使材料消耗总值增加10 200（元）

②由于节约用料，使材料消耗总值节约　　　　　　　　-600（元）

③由于材料单价降低，使材料消耗总值节约　　　　　-6 060（元）

　　　　　　　　　　　　　　　　　　　　　　　　　　3 540（元）

由此可见，材料消耗总值的增加，主要是工程量增加的结果。由于工程量增加，材料消耗总值随之增加，是正常现象，而单位用料节省和材料单价降低则是好的现象，具体原因，有待进一步查明。

5. 差额分析法

差额分析法，是因素分析法的简化形式。运用差额分析法的原理与运用因素分析法的原理基本相同，但其计算方式有所不同。差额分析法是利用指标的各个因素的实际数与计划数的差额，按照一定的顺序，直接计算出各个因素变动时对计划指标完成的影响程度的一种方法。现仍用因素分析法的例子进行说明。

①工程量变动的影响：$200\times510\times0.10=10\ 200$（元）

②材料消耗定额变动的影响：$1\ 200\times(-5)\times0.10=-600$（元）

③材料单价变动的影响：$1\ 200\times505\times(-0.01)=-6\ 060$（元）

　　　　　　　　　　　　　　　　　　　　　　　　　合计3 540（元）

此分析结果与因素分析法计算的结果完全相同，但计算手续较为简便。在分析只受两个因素影响的经济指标时，应用差额分析法计算手续更为简单、明了。差额分析法既然是因素分析法的简化形式，在应用时，也要注意替换的顺序，不得随意变动。

三、成本管理在费用监理中的应用

成本管理在费用监理中的应用是进行工程项目的费用成本分析。在费用成本分析中，利用施工过程中实际消耗的生产资料，全面分析了解费用成本变动情况，系统研究成本升降的各种因素及其形成的原因，寻求降低费用成本的潜力。通过分析可以正确认识和掌握成本变动的规律性，在费用成本目标执行过程中进行有效地控制，及时发现和处理各种损失浪费等问题，达到定期分析、总结和评价费用成本目标执行情况的目的。

费用成本分析的内容主要包括以下几个方面：

1. 事前成本预测分析

工程项目在施工活动进行之前，已经对工程项目的费用成本进行了多次预测，包括投资估算、设计概算、施工图预算、标底、报价及合同价。其目的是从价值角度揭示工程费用及成本价值，预先了解工程项目的消耗，有利于宏观管理及微观分析。各次预测费用的最终价值体现在合同价上，所以在此主要进行的费用成本分析内容为合同价分析。

合同价是指业主和承包人所签施工合同协议书中的工程价，对费用监理而言有着极为重要的作用。因此，进行费用监理时，首先应对合同价的构成、准确性和其中的暂定金额进行全面分析，并在分析的基础上，对影响本合同工程费用的各类因素进行预测，以明确费用监理的重点和采取的监理措施。对合同价的分析包括合同总价分析和合同单价分析两个部分。

合同总价从价值与工程两个方面进行。从价值的角度分析合同总价的构成,其重点是直接成本分析,即对工程施工的人工费、材料费、施工机械使用费等进行分析计算,并测算它们各自在合同价中所占的比重,一般可依据定额对工程量清单中的各工程细目的费用进行计算。直接成本计算出来后,即可计算和判断间接成本、利润及其他分摊费用的高低,并将定额计算出的价值与合同价值进行比较。同时可以根据类似工程的经验进行对比分析,尤其无定额可用时,可以由经验来判断。从工程方面对合同价进行分析,找出关键的分项工程,并进而从整体上把握合同及合同的工程细目。

单价分析是对各分项的单价进行分析,一般将工程量清单中每一个分项工程(工程细目)作一张单价分析表以了解承包人在报价时的单价水平,并判断这些单价的合理性和高低,明确其是否使用了不平衡报价。除此之外,对一些暂定项目的单价也应进行单独分析,如计日工单价等,以确定处理工程意外事件时所采取的费用支付措施。

2. 施工过程中费用成本分析

在施工过程中的工程费用分析主要通过费用监理工作来完成。在费用监理过程中,监理工程师通过中间计量与期中支付证书签认工程进度款,工程费用则随工程进度款逐步一份一份地支出去。因此,在期中支付时,应对工程进度款进行全面分析。主要是通过合同价与工程费用的实际支付进行对比,以便发现问题,及时处理,对工程费用的支付过程把关。同时,通过对支付工程进度款的情况进行分析,可以及时了解承包人的施工进度。

3. 事后费用成本分析

当项目将竣工或合同将完成时,费用监理工作也将结束。此时,费用监理人员应在签付最终支付证书的基础上,对本工程(合同)实际支付的工程费用进行分析。一方面确认有效合同价格和各种附加支付额,另一方面对分项工程和支付项目进行汇总、归类,并分析各自的比重和各附加支付项,掌握实际情况及偏差产生的原因。将实际支付的工程费用与合同价进行逐项对比,从中总结经验,发现问题,为今后的费用监理工作打下基础;同时,也可检验签合同时对工程费用预测的准确性和可靠性,为今后计算合同价积累经验。

第五节 工程财务

一、项目资金筹措与融资

1. 项目融资与资金筹措的概念

融资,可以理解为为项目投资而进行的资金筹措行为。所以,融资与资金筹措是相互关联的。项目融资,作为一个金融术语目前尚没有一个准确公认的定义,但人们常有广义与狭义两种理解。狭义地说,项目融资就是通过项目来融资,也可以说是以项目的资产、收益做抵押来融资。而从广义上理解,一切为了建设一个新项目,收购一个现有项目或对已有项目进行债务重组所进行的融资活动都可以被称为项目融资。这时的项目融资既包括上述狭义理解意义上的项目融资,也包括传统的项目筹资。在此主要介绍狭义项目融资的内容。

2. 公路建设项目资金筹措方式

经过公路建设项目的市场化改革,公路建设项目资金筹措方式已由单一的政府投资向多渠道融资的方向发展,大大加快了我国的公路建设速度。目前,公路建设项目资金筹措方式多种多样。由于公路的公用物品特性和社会公益性,政府投资仍然是公路建设项目主要的资金来源,对那些社会效益突出而财务收益不理想的公路建设项目尤其如此。近年来,国家加大了公路建设项目的投入,每年的公路建设资金在2 000亿以上,对于许多中西部地区的高速公路建设项目,中央政府的投资比例超过了30%。政府投资中还包括地方政府投资,主要资金来源是养路费和客运附加费等规费收入。

由于公路建设项目投资规模和投资需求大,因此,除政府投资外,其他多种资金筹措方式如图2-7所示。

- 筹资方式
  - 特许经营
    - 项目BOT
    - 经营权转让
  - 项目法人公司筹资
    - 项目资金
      - 国家或自己
      - 募集资金
        - 国内募集资金
        - 外方合作资金
    - 借贷资金
      - 国内金融机构借贷
      - 政府借贷
      - 外国政府借贷
      - 外国金融机构借贷
      - 出口信贷
      - 企业借贷
      - 租赁:经营租赁、融资租赁
      - 补偿贸易个人借贷:公开发行债券、服务性债务等

图2-7　公路工程项目资金筹措一览图

(1)项目BOT模式

BOT是建设(Build)、经营(Operate)、移交(Transfer)的英文缩写。BOT模式中,通常由项目投资人(公司或财团)融资,建设某项基础设施,在政府特许的经营期内经营管理该设施,以经营收入抵偿建设投资,并获得回报,经营期满后将设施移交给政府。这种模式的特点是政府不必出资,只需要给出相关政策,就获得了社会需要的公共物品;但投资人要承担投资及经营期的 切风险。近几午我国为加快公路工程建设,许多地区大量地使用了BOT模式。由于BOT模式保证了业主在项目管理中责、权、利的统一,因此,有利于公路建设项目的投资控制,但如何保证业主资金到位以及保护承包人的合法权益已成为政府监管及费用监理中的一项重要工作。

(2)经营权转让

经营权转让是指政府将建设完成的公路设施经营权转让给投资经营公司,由公司负责设施的经营、维护、管理,特许期满后再移交给政府。经营公司不负担建设期的风险,政府通过转让获得一大笔资金,可再将其投入到其他设施的建设中,产生用活资金、滚动发展的效果。这种方式比之BOT方式更容易被投资者和政府接受。近年来,我国公路工程建设中通过经营权转让方式筹措资金的做法越来越多。

(3)项目法人筹资

项目法人筹资是指项目法人公司按照项目法人制的有关规定,筹措公路建设资金,进行项目建设的一种资金筹措方式。其资金包括中央或地方政府提供给法人的资金、募集的股份资

金及借贷资金。

(4)股份募集资金

股份募集资金是指项目法人公司在资本市场上募集到的资金,包括法人的和个人的,以及国内的和国外的。项目股份企业的建立,有利于我国项目法人的规范化,有利于持续获得大量的交通建设资金,随着国家产业政策的鼓励和国内金融市场的发展、规范,这种方式将发挥越来越大的作用。

(5)借贷资金

借贷资金有如下形式:

①中央政府借贷:指中央政府通过政策性银行或托管商业性银行借贷给项目的资金。由于交通产业目前的"瓶颈状态",这种借款具有政策扶持性质,利率相对较低,也是当前我国公路建设最基本、最主要的资金来源。

②国内金融机构借款:指项目在国内商业银行和非银行金融机构所借贷的资金。交通项目具有回报稳定、风险小的特点,这对于中长期的放贷很有吸引力,越来越多的国内金融机构进入了交通领域投资。

③外国政府借贷:指外国政府通过财政每年拨出一定的款项,直接向别国政府提供的贷款,具有国际援助或补偿、赔偿的性质,一般利率较低(年利率2% ~3%),期限较长(平均为20~30年),适合建设周期长、资金用量大的项目,我国的交通项目使用过这类贷款,如日本的海外协力基金。

④国外金融机构借贷:一类是专门促进国家或地区发展的国际性组织的贷款,主要指国际货币基金组织、世界银行集团(世界复兴开发银行、国际开发协会及国际金融公司)、国际农业发展基金会、亚洲开发银行、非洲开发银行等,这些机构的贷款一般具有利率低、期限长的优点。目前我国是世界银行最大的借贷国,这类贷款通过我国财政部负责谈判并担保签订合同,鉴于我国经济的飞速发展、经济实力的提高,世界复兴开发银行的贷款数量将有所减少、利率可能上升,今后还必须在其他组织寻求贷款。

另一类国外商业银行的贷款,包括国外的投资银行、长期信用银行、开发银行以及开发金融公司,一般通过中国银行、国际信托投资公司和中国投资银行进行谈判、办理,这类贷款的利息和费用很高。

⑤出口信贷:指国家政府或金融组织为鼓励本国商品和资本的输出而设立的信贷,根据贷款对象的不同可分为买方信贷和卖方信贷。买方信贷指贷款给本国商品的外国购买者,卖方信贷指贷款给本国商品的出卖者。通常可以利用买方信贷购买交通建设所需要的进口设备和物资。

⑥企业借贷:属商业信用的范畴,一般是用于施工过程中的物资、材料及设备的购买,即在收到物资、材料或设备后一个月或规定的时间内付款,这是短期商业融资的方式。

⑦租赁:指出租人与承担人定立契约,在一定的时期内承租人租用出租人的设施或设备,承租人分期付给出租人租金。这种方式让承租人以很少的资金获得了需要的设施或设备的使用权,相当于出租人贷款给承租人,一般分为融资租赁和经营租赁两种类型。

融资租赁指租赁期满后,设施或设备的所有权归承租人,即承租人获得了该设施或设备。经营租赁指租赁期满后,设施或设备归还出租人。融资租赁费用比经营租赁费用要高,租赁的成本一般比资金借贷要高。20 世纪 70 年代以来租赁产业在世界上迅速发展，我国利用国外租赁业务融资很多，比如飞机、大型机电设备，随着高速公路的建造，尤其公路场站和控制中心智能化的逐步提高，租赁融资方式的运用将越来越普遍。

⑧补偿贸易：一般指一企业得到另一企业的资金、专有技术、机器设备、各种服务或培训人员等资源，在企业投产后，以企业的产品或其他议定的方式回报另一企业。这种融资方式同样适合交通领域，将来的回报可以是运输服务或其他方式。

⑨个人借贷：指经国家有关部门批准后，项目面向社会的借贷，现在主要有公开发行债券和服务性债务两种方式。

公开发行债券中，有时项目可以作为借贷人，比如四川达县—成都铁路建设债券；在我国更多的是地方政府作为借贷人，而募集的资金专用于项目建设，如有的地方发行的交通重点建设债券。债券利率高于银行利率，风险小，对社会闲散资金很有吸引力，这是目前交通建设的又一主要资金来源。

对于项目作为借贷人的融资，还可以采用可转换债券的方式，即在发行时以及一定时期内采用债券的形式，如果项目进行股份制改造（成为上市公司更好），则债券可按优惠的比例转换为股份。这是一种融债券和股票于一体的融资方式，适合于交通融资。

服务性债务是指由社会为项目提供服务，项目建成后，以其收益偿还社会的服务，如在我国西部地区建设公路大量使用的民工建勤、民办公助等方式。有时还可以将服务评估折算为项目股份，这种方式以及可转换债券将债务转化为股份，以免项目债务负担，最终则属于自有资金性质了。

二、工程项目财务分析

工程项目财务分析包括从项目可行性与经济评价的财务分析和从财务角度的财务分析。这里主要从财务角度介绍工程项目财务分析，通过会计要素之间的相互关系计算各种财务比率，分析盈利能力和清偿能力。

1. 主要的企业会计要素

根据《企业会计准则》的规定，会计对象可分为资产、负债、所有者权益、收入、费用和利润六个会计要素。这里主要介绍资产、负债、所有者权益三种会计要素。

(1)资产。资产是指过去的交易、事项形成并由企业拥有或控制的资源。资产按其流动性分为流动资产、长期投资、固定资产、无形资产和其他资产。

流动资产是指可在 1 年或者超过 1 年的一个营业周期内变现或耗用的资产。构成流动资产的项目主要包括货币资金（现金、银行存款等）、短期投资、应收及预付款项（即结算债权）、待摊费用和存货等。

长期投资是指除短期投资以外的投资。包括持有时间准备超过 1 年的各种股权性质的投资、不能变现或不准备变现的债券、长期债权投资和其他长期投资。

固定资产是指企业使用期限超过 1 年的房屋、建筑物、机器、机械、运输工具以及其他与生产、经营有关的设备、器具、工具等。

无形资产是指企业为生产商品或者提供劳务、出租给他人、或为管理目的而持有的、没有实物形态的非货币性资产。

(2)负债。负债是指过去的交易、事项形成的现时义务。企业的负债按其流动性分为流动负债和长期负债。

流动负债是指可在1年或者超过1年的一个营业周期内偿还的债务,包括短期借款、应付票据、应付账款、预收账款、应付工资、应付福利、应付股利、应交税金、其他暂收应付款项、预提费用和一年内到期的长期借款等。

长期负债是指偿还期在1年或者超过1年的一个营业周期以上的负债,包括长期借款、应付债券、长期应付款等。

(3)所有者权益。所有者权益是指所有者在企业资产中享有的经济利益,其金额为资产减去负债后的余额。它包括实收资本(或股本)、资本公积、盈余公积和未分配利润。

实收资本是指投资者按照企业章程或合同、协议的约定,实际投入企业的资本。我国实行的是注册资本制,因而在投资者足额缴纳资本之后,企业的实收资本应该等于企业的注册资本。

资本公积包括资本(或股本)溢价、接受捐赠资产、拨款转入、外币资本折算差额等。

盈余公积包括法定盈余公积、任意盈余公积、法定公益金。

未分配利润是指企业利润经过分配后剩下的金额。

2. 项目盈利能力分析

盈利能力是企业赚取利润的能力。项目盈利能力分析是反映项目盈利水平、进而促使企业加强成本控制、完善项目管理、提高经济效益的一种财务分析工作。在盈利能力分析中,反映企业盈利能力的指标有销售净利率、销售毛利率、资产净利率、净值报酬率。

(1)销售净利率。销售净利率是指净利润与销售收入的百分比。该指标表示销售收入的收益水平。通过分析销售净利率的升降变动,可以促使企业在扩大销售的同时,注意改进经营管理,提高盈利水平。

(2)资产净利率。资产净利率是企业净利润与平均资产总额的百分比。资产净利率越高,表明资产的利用率越高。通过该指标与本企业前期、计划、本行业平均水平和本行业内先进企业的对比,可以正确评价企业经济效益的高低,分析形成差异的原因,挖掘提高利润水平的潜力。

(3)净资产收益率。净资产收益率是净利润与平均所有者权益的百分比,也称为净值报酬率或权益报酬率。净资产收益率是反映公司所有者权益的报酬率,具有很强的综合性。

3. 项目清偿能力分析

项目清偿能力分析是通过计算负债比率来反映企业偿付到期债务能力的一种财务分析工作。负债比率是指债务和资产、净资产之间的关系。

企业对一笔债务总是承担两种责任,一是偿还债务本金的责任,二是偿还债务利息的责任。分析企业偿债能力的具体方法是:通过各会计要素的有关数据,分析权益与资产之间的关系、不同权益之间的内在关系、权益与收益之间的关系,计算出一系列比率,从而评价企业的资本结构是否健全合理,是否有偿债能力。项目清偿能力的分析指标有资产负债率、产权比率、有形净资产债务率、已获利息倍数等。

(1)资产负债率。资产负债率是负债总额与资产总额的百分比。其中,负债总额既包括长期负债,也包括短期负债。资产负债率也被称为举债经营比率,它反映总资产中借债的比例，通过它可以衡量企业在清算时保护债权人利益的程度。资产负债率低，说明企业的负债额占总资产的比率小，偿债有保证，容易从银行得到贷款；资产负债率高，说明企业借款比率大，企业有活力，但同时，企业的经营风险很大。

(2)产权比率。产权比率是负债总额与股东权益总额的比例，它是衡量偿债能力的指标之一。产权比率与资产负债率具有共同的经济意义，两个指标可以相互补充。产权比率高，是高风险、高报酬的财务结构；产权比率低，是低风险、低报酬的财务结构。

(3)有形净资产债务率。有形净资产债务率是企业负债总额与有形净值的百分比。其中，有形净值是股东权益减去无形净资产后的净值。有形净资产债务率指标实质上是产权比率指标的延伸，它更为谨慎、保守地反映在企业清算时债权人的投入受到股东权益的保障程度。从长期偿债能力讲，比率越低越好。

(4)已获利息倍数。已获利息倍数是企业经营业务收益(息前税前利润)与利息费用的比率。只要已获利息倍数足够大，企业就有充足的利息偿付利息。

三、与工程财务有关的税收规定

按照课税对象的不同性质，税收可以划分为流转税、所得税、资源税、财产税和行为税五大类。

1. 流转税

流转税是对商品生产、商品流通和提供劳务的销售额或营业额征税的各个税种的统称。通过近几年税制改革的进一步推进，我国已建立了增值税、消费税、营业税三税并立的流转税制格局，即对商品的交易和进口普遍征收增值税，并选择少数消费品征收消费税，对不实行增值税的劳务交易征收营业税。

(1)营业税。指对工商营利事业按营业额为征税对象征收的一种流转税。营业税的纳税人，是指在我国境内提供应税劳务、转让无形资产或销售不动产的单位和个人。其中，提供应税劳务指交通运输业、建筑业、金融保险业、邮电通信业、文化体育业、娱乐业、服务业所提供的属于营业税征收范围内的劳务。

营业税应纳税额一般根据计税金额(计税营业额)和适用税率计算，计算公式为：

$$应纳税额 = 计税营业额 \times 适用税率 \tag{2-36}$$

营业税属于价内税，所谓价内税是指商品价值或价格内包含应纳的此项税款。我国营业税实行差别比例税率，对同一行业实行同一税率，对不同行业实行不同税率。对交通运输业、建筑业、邮电通信业和文化体育业适用较低的3%的税率，对金融保险业、服务业、转让无形资产和销售不动产适用5%的税率，对娱乐业则适用5%～20%的弹性税率。

施工企业如从事建筑、修缮、装饰工程作业，无论与对方如何结算，其营业额均应包括工程所用原材料及其他物资和动力的价款在内；施工企业从事安装工程作业，凡所安装的设备价值作为安装工程产值，其营业额应包括设备的价款在内；施工企业作为工程总承包人将工程分包或者转包给他人的，以工程费总额减去付给分包人或者转包人的价款后的余额为计税营业额。

(2)增值税。是以商品生产流通或劳务服务各个环节的增值额为征税对象征收的一种流转税。增值税的纳税人是指在我国境内销售货物或者提供加工修理修配劳务以及进口货物的单位和个人。增值税的纳税人分为小规模纳税人和一般纳税人两种。

我国现行增值税采用国际通行的间接计算方法，即购进扣税法。对一般纳税人来说，实行凭发票注明税款进行抵扣的办法，其应纳税额为当期销项税额抵扣当期进项税额后的余额，应纳税额的计算公式为：

$$应纳税额 = 当其销项税额 - 当期进项税额 \quad (2\text{-}37)$$

式中，当期销项税额是指纳税人销售货物或提供应税劳务，按照销售额和规定税率计算并向购买方收取的增值税额；当期进项税额是指纳税人当期购进货物或接受应税劳务，向销售方支付的增值税额。

增值税在零售环节实行价内税，零售以前的其他环节实行价外税。所谓价外税是指商品销售价格中不包括此项税金。计算销项税额时，计算式中销售额不包括增值税税额。

增值税的基本税率为17%，对基本食品、农业生产资料、图书、报纸、杂志等则适用13%的低税率，零税率的适用范围只限于出口货物。

施工企业从事多种经营，即在从事营业税应税项目的同时也从事增值税应税项目，如施工企业既搞建筑安装，从事应纳营业税的建筑业，又搞建筑材料销售，从事应纳增值税的货物销售等等，这就需要对企业不同的经营行为分别核算、分别申报、分别缴纳营业税和增值税。如企业不分别核算或不能准确核算的，则一并征收增值税，不征营业税。

2. 所得税

所得税是以单位（法人）或个人（自然人）在一定时期内的纯收入额为征税对象的各个税种的总称。目前我国的所得税分为企业所得税、外商投资企业和外国企业所得税、个人所得税等。

(1)企业所得税。企业所得税以企业生产、经营所得和其他所得为征收对象。凡在我国境内设立的企业，除外商投资企业和外国企业外，应当就其生产、经营所得和其他所得（包括来源于我国境内、境外的所得），依照规定缴纳企业所得税。企业所得税的纳税人，是实行独立经济核算的企业或者组织。

企业所得税的计税依据是企业在纳税年度内实现的应纳税所得额。应纳税所得额是纳税人每一纳税年度的收入总额减去准予扣除项目后的余额。

收入总额的内容包括生产、经营收入、财产转让收入、利息收入、租赁收入、特许权使用费收入、股息收入和其他收入。

准予扣除的项目是指与纳税人取得收入有关的成本、费用和损失。其内容包括生产、经营成本，各项期间费用，按规定缴纳的税金（不包括增值税），各项营业外支出、已发放的经营亏损和投资损失以及其他损失。

不得扣除的项目包括资本性支出，无形资产受让、开发支出，违法经营的罚款和被没收财物的损失，各项税收的滞纳金、罚金和罚款，自然灾害或者意外事故损失有赔偿的部分，超过国家规定允许扣除的公益、救济性捐款，以及非公益、救济性捐款，各种赞助支出，与取得收入无关的其他各项支出。

企业所得税实行33%的比例税率，简洁、清楚，便于计算，与企业以往实际税相接近，与外资企业所得税相衔接，与多数国家的税率相近。

(2)外商投资企业和外国企业所得税。外商投资企业和外国企业所得税，以我国境内的外商投资企业和外国企业的生产经营所得和其他所得为征税对象。外商投资企业和外国企业所得税的纳税人，是指我国境内的外商投资企业和外国企业。

外商投资企业和外国企业所得税的税率为30%的比例税率；地方所得税率为应纳税所得额的3%，综合负担率为33%。对新开办的生产性外商投资企业，实行定期减免税优惠；对特定区域和特定项目投资，给予降低税率、延长或增加减免税期限、减免地方所得税的税收优惠。

3. 其他税

(1)土地增值税。以转让房地产所取得的增值额为征税对象，其纳税人是指转让国有土地使用权、地上建筑物及其附着物并取得收入的单位和个人。

①土地增值税的计税依据。土地增值税以纳税人转让房地产所取得的收入扣除税法规定的扣除项目金额后的余额为计税依据。

②土地增值税的税率。土地增值税实行四级超额累积进税率：即增值额未超过扣除项目金额50%的部分，税率为30%；增值额超过扣除项目金额50%，未超过扣除项目金额100%的部分，税率为40%；增值额超过扣除项目金额100%，未超过扣除项目金额200%的部分，税率为50%；增值额超过扣除项目金额200%的部分，税率为60%。

兼营房地产业的施工企业在转让房地产后，凡符合纳税条件的，应按规定向房地产所在地主管税务机关申报缴纳土地增值税。

(2)城市维护建设税。指为筹集城市维护和建设资金而开征的一种附加税。城市维护建设税的纳税人，是有义务缴纳增值税、消费税和营业税的单位和个人。城市维护建设税以实际缴纳的增值税、消费税和营业税税额为计税依据，与上述三种税同时缴纳。城市维护建设税根据纳税人所在地的不同，分别规定不同的比例税率。纳税人所在地在市区的，税率为7%；纳税人所在地在县城或镇的，税率为5%；纳税人所在地不在市区、县城或镇的，税率为1%。

(3)教育费附加。指为了发展地方教育事业，扩大地方教育经费来源而征收的一种附加税。教育费附加的纳税人，是有义务缴纳增值税、消费税和营业税的单位和个人。教育费附加以实际缴纳的增值税、营业税、消费税的税额为计征依据，与上述三种税同时缴纳。附加税率为3%。

(4)固定资产投资方向调节税。固定资产投资方向调节税以固定资产投资额为征税对象。固定资产投资方向调节税的纳税人，是指在我国境内进行固定资产投资的单位和个人。

固定资产投资方向调节税根据国家产业政策和项目经济规模实行差别税率。对于基本建设项目投资而言，国家急需发展的项目投资，税率为0%；国家鼓励发展、但受能源交通等制约的项目投资，税率为5%；楼堂馆所项目以及国家严格限制发展的项目投资，课以重税，税率为30%；税目税率表中未列出的基本建设项目投资，税率统一为15%。对于更新改造项目投资，实行0%和10%两档税率，凡属国家急需发展的项目投资，给予优惠扶持，适用零税率；其他更新改造项目投资一律适用10%的税率。

〔思考题〕

1. 什么叫资金的时间价值?

2. 什么叫资金等值计算?

3. 什么叫现值、终值、折现?

4. 什么叫名义利率? 什么叫实际利率? 他们之间的关系如何?

5. 什么叫净现值? 试简述净现值与基准贴现率的关系。

6. 什么叫内部收益率? 如何计算?

7. 净现值指标与内部收益率指标的优点与不足分别是什么?

8. 什么叫现金流量? 什么叫现金流量图?

9. 什么叫投资回收期? 如何计算?

10. 简述价值工程中价值的内涵。

11. 简述开展价值工程活动的基本程序。

12. 工程成本管理包含哪些管理环节? 他们之间有何关系?

13. 如何进行工程项目的成本控制?

14. 成本核算有哪些方法? 各有什么特点?

15. 工程项目成本分析有哪些方法? 各有什么特点?

16. 什么叫项目融资(狭义及广义)?

17. 公路建设项目有哪些资金筹措方式? 各有什么特点?

18. 会计对象可划分为哪些会计要素?

19. 资产按其流动性可分为几类? 各有什么特点?

20. 什么是流动负债和长期负债?

21. 什么是所有者权益? 所有者权益包括哪些内容?

22. 反映企业盈利能力的指标有哪些? 如何运用这些盈利能力指标进行财务分析?

23. 评价企业清偿能力的指标有哪些? 如何用这些指标来进行偿债能力分析?

24. 某工程项目向银行贷款 20 万元,年利率为 5%,5 年后一次偿还,若按单利计息方式计算,其本利和是多少? 若按复利计息方式计算,其本利和是多少?

25. 若年利率为 12%,每季度计息一次,10 000 元存入银行,问 10 年后的本利和为多少?

26. 某人希望 10 年后由银行取出 10 000 元,在年利率为 6% 的情况下,问此人现在至少需存入银行多少钱?

27. 若某人打算在 1 年末从银行取出 10 000 元,银行年利率为 8%,问此人从现在起每月应向银行存入多少钱?

28. 某施工企业需购买一套机械设备,现有两种方案可供选择:

方案 I:购买设备一次投资 20 000 元,每年维修费 4 000 元,残值 2 000 元,寿命期 6 年;方案 II:购买设备一次投资 25 000 元,每年维修费 3 500 元,残值 3 000 元,寿命期 9 年。

问该企业应该选哪一个方案购买设备?

29. 某公路工程总投资 8 000 万元,建成后每年的养护及营运费用为 200 万元,每年的总收益为 1 800 万元,期望的收益率为 12%,寿命期为 20 年。

(1)试用净现值法评价该项目;

(2)试用投资回收期法评价该项目,$T_b = 12$ 年;

(3)设 $i_0 = 10\%$,试用内部收益率法评价该项目。

30. 某公路工程项目，有两个方案可供选择：甲方案初始投资为400万元，建成后每年养护及营运费用为20万元，每年总收益为125万元；乙方案初始投资为600万元，每年养护及营运费用为12万元，每年总收益为200万元。设寿命期为20年，年利率为12%，试用年值法和差额内部收益率法比较两方案的优劣。

31. 某企业向银行贷款，2000年初贷款100万元，2002年初贷款150万元，2005年初贷款200万元，年利率为7%，复利计息，于2010年末一次归还，问该企业一次应归还银行本利和多少？

32. 某公路工程项目，建设期为3年，营运期为15年。建设期每年年初投资1 800万元，营运期预计每年净收益360万元，期望的收益率为12%，试用净现值法评价该项目。

33. 某工程项目初始投资100万元，在第三年初和第四年初又分别追加投资80万元和120万元，从第六年起到项目寿命期末（$n=20$年），项目每年净收益60万元，期望的收益率为12%，试计算该项目的净现值。

第三章　工程概、预算与竣工决算

第一节　公路工程定额

一、定额的概念、作用、特点

1.定额的定义

企业在生产经营活动过程中，在一定的条件下，对人力、物力、财力的使用和消耗，经过科学的测定、分析、计算，确定一些合理的数学指标，作为管理和生产所应遵守或达到的标准，这个标准就是定额。也就是说，定额是在正常的生产（施工）技术和组织条件下为完成单位合格产品所规定的人力、机械、材料、资金等消耗量的标准。由于定额是在正常施工条件下，完成规定计量单位的符合国家技术标准、技术规范（包括设计、施工、验收等技术规范）和质量评定标准，并反映一定时间内施工技术和工艺水平所必需的人工、材料、施工机械台班消耗量的额定标准。在建筑材料、设计、施工及相关规范未有突破性的变化之前，其消耗量具有相对的稳定性。

定额是规定在生产中各种社会必要劳动的消耗量的标准额度，是算工、算料、算机械台班消耗量的依据，它是随着现代化大生产的出现和管理科学的产生而产生的。定额的产生和发展，与资本主义企业管理科学化及管理科学的发展不可分割地联系在一起，是反映社会商品生产发展的必然产物，也是反映一个国家生产力水平和科技水平的标志。

2.定额的二重性

定额的二重性即自然属性和社会属性。定额的二重性主要取决于定额管理的二重性。

自然属性是生产和劳动社会化的客观要求。它不受社会经济形态和社会制度不同的影响，它只与客观经济规律的发展相适应。实践证明，在任何社会形态下，发展经济都是第一位的，而定额的出现及发展正是为了这一目的，所以，我国的现有定额及定额管理形式将在很长一段时期内继续存在和发展。

社会属性主要取决于生产关系。任何劳动或劳动形式都处在一定的生产关系之中，因此定额管理总带有占统治地位的生产关系的烙印。在资本主义条件下，管理的社会属性表现为监督劳动的性质。在以公有制为基础的社会主义条件下，社会属性发生了根本变化。他们不再是那种监督劳动的关系，而是为全社会、为全体劳动人民的利益、为日益增长的物质文化生活的需求服务。

3. 定额的特点

我国公路工程定额具有科学性、系统性、统一性、权威性、稳定性和时效性的特点。

(1)定额的科学性

定额的科学性主要表现在两个方面:①公路工程定额必须和生产力发展水平相适应,反映公路工程施工中物资消耗的客观规律,作为公路基本建设计划、调节、组织、预测、控制的可靠依据;②定额管理在理论、方法和手段上是科学的,以适应现代科学技术和信息社会发展的需要。

(2)定额的系统性

一种专业定额是一个完整独立的系统,公路工程定额从测定到使用,直至再修订都是为了全面反映公路工程所有的工程内容和项目。与公路技术标准、规范相配套,完全准确反映公路工程施工工艺流程中的每一个环节。

(3)定额的统一性

公路工程定额由初期借助于国家统一的技术标准、规范到现在依据交通工程的统一标准、规范,在交通部定额总站的统一领导下,按照定额的制定、颁布和贯彻执行的统一行动,使定额工作及定额的管理工作有统一的程序、统一的原则、统一的要求和统一的用途。

(4)定额的权威性

定额的这一特点表现在我国定额权威性和强制性这两方面,而且在一定条件下具有经济法规的性质,同时也可以看出,我国定额的信誉和信赖程度极高,也说明定额及定额管理的刚性约束和严肃性。

(5)定额的稳定性和时效性

定额所反映的是一定时期内的施工技术和先进工艺的水平,所以表现为一定的稳定性。一般在5~10年之间,是公路工程定额的稳定期。自从1992年公布的定额以来,现在正着手修编新定额。因为编制或修改定额是一项十分重要的工作,它需要动员和组织大量的人力和物力,需要收集大量的资料、数据,需要进行反复的调查研究、测算、比较、平衡、审查、批准,以致印刷、发行等工作,所以需要很长的周期来完成这些工作。

4. 定额的作用

(1)定额是节约社会劳动和提高生产效率的工具。一方面生产性的施工定额直接作用于建筑安装工人,企业以定额作为促使工人节约社会劳动(工作时间、原材料等)和提高劳动效率、加快工作进度的手段,以增加市场竞争能力,获取更多利润;另一方面,作为工程造价计算依据的各类定额,又促使企业加强管理,把社会劳动的消耗控制在合理的限度范围内;还有,作为项目决策的定额指标,又在更高层次上促使项目投资者合理而有效地利用和分配社会劳动。所有这些都说明,定额在工程建设中节约社会劳动和优化资源配置方面起着十分重要的作用。

(2)定额是国家对工程建设项目进行宏观调控和管理的手段。市场经济并不排斥宏观调控,即使在资本主义国家,政府也要利用各种手段影响和调控经济的发展。利用定额对工程建设进行宏观调控和管理主要表现在:

①对工程造价进行管理和调控。

②对资源配置和流向进行预测和平衡。

③对经济结构，包括企业结构和所有制结构进行合理的调控，也包括对技术结构和产品结构的调整。

（3）定额有利于市场竞争。定额是对市场信息的加工，又是对市场信息的传递。定额所提供的准确的信息为市场需求主体和供给主体之间的竞争以及供给主体之间的公平竞争，提供了有利条件。

（4）定额是对市场行为的规范。定额既是投资决策的依据，又是价格决策的依据。对投资者来说，他可以利用定额来权衡自己的财务状况和支付能力、预测资金投入和预期回报，还可以充分利用有关定额的大量信息，有效提高其项目决策的科学性，优化其投资行为。对于建筑企业来说，由于有关定额在一定程度上制约着工程中人工、物资的消耗，因此会影响到建筑产品的价格水平。企业在投标报价时，只有充分考虑定额的要求，做出正确的价格决策，才能占有市场竞争优势，才能获得更多的工程合同。可见，定额在上述两个方面规范了市场主体的经济行为。因而对完善我国固定资产投资市场和建筑市场，都能起到重要作用。

（5）定额有利于完善市场的信息系统。定额管理是对大量信息的加工，也是对大量市场信息进行传递，同时也收集市场信息的反馈。信息是市场体系中不可或缺的要素。它的可靠性、完备性和灵敏性是市场成熟和市场效率的标志。在我国，以定额形式建立和完善市场信息系统，是以公有制经济为主体的社会主义市场经济的特点，在发达的资本主义国家是难以想象的。

（6）定额有利于推广先进的施工技术和工艺。定额水平中包含着某些已成熟的先进的施工技术和经验，工人要达到和超过定额，就必须掌握和应用这些先进技术；如果工人要大幅度超过定额水平，就必须进行创造性的劳动。第一，在自己的工作中注意改进工艺和改进技术操作方法，注意原材料的节约，避免原材料和能源的浪费。第二，企业或主管部门为了推行施工工艺和施工方法，所以贯彻定额也就意味着推广先进技术。第三，企业或主管部门为了推行定额，往往要组织技术培训，以帮助工人能达到或超过定额。这样，新技术、新工艺、新材料、新经验就很容易推广而大大提高全社会的劳动生产效率。

二、定额的分类

工程建设定额是一个综合概念，是工程建设中各类定额的总称，它包括许多种类的定额。由于具体的生产条件各异，根据使用对象和组织生产的目的不同，编制出不同的定额。

1. 按定额反映的实物消耗内容分类

在施工生产中起主要作用的有三大要素，即劳动力、材料、机械。公路工程定额是建立在实物量法的编制基础上的，所以工、料、机三种因素在公路工程定额中是主要内容。据此将定额分为劳动消耗定额、机械消耗定额和材料消耗定额三种。

（1）劳动消耗定额，简称劳动定额，亦称工时定额或人工定额。它是在正常的生产技术和生产组织条件下，为完成单位合格产品所规定的劳动量消耗标准。土木建筑工程使用劳动定额指导现场的施工和组织。劳动消耗定额有两种表现形式：时间定额和产量定额。

①时间定额，是指在技术条件正常、生产工具使用合理和劳动组织正确的条件下生产单位合格产品所消耗的劳动时间。每一工日除潜水工作按 6h、隧道工作按 7h 外，其余均按 8h 计算。时间定额的计算方法如下：

$$单位产品的时间定额=\frac{1}{每工产量}=\frac{班组成员工日数总和}{班组完成产品数量总和} \tag{3-1}$$

②产量定额，是指在技术条件正常、生产工具使用合理和劳动组织正常的条件下，工人在单位时间内完成合格产品的数量。产量定额计算方法如下：

$$产量定额=\frac{1}{单位产品的时间定额}=\frac{班组完成产品数量总和}{班组成员工日数总和} \tag{3-2}$$

（2）材料消耗定额，简称材料定额。是指完成一定合格产品所需消耗材料的数量标准。材料是指工程建设中使用的原材料、成品、半成品、构配件、燃料以及水、电等动力资源的统称。材料作为劳动对象构成工程的实体，需要数量很大，种类繁多。所以材料消耗量的多少，消耗是否合理，不仅关系到资源的有效利用，影响市场供求状况，而且对建设工程的项目投资、建筑产品的成本控制都起着决定性影响。材料消耗定额的计算方法如下：

$$材料消耗定额=完成单位合格产品的材料净用量\times(1+材料损耗率) \tag{3-3}$$

材料消耗定额还有下述两种表现形式：

①材料产品定额，是指用一定规格的原料，在合理的操作条件下获得的标准产品的数量。

②材料周转定额，产品所消耗的材料中包括工程本身使用的材料和为工程服务的辅助材料（如模板、支撑等所需之木材等），辅助材料应按规定进行周转使用。这种周转性材料在施工中，合理周转使用的次数和用量称为材料周转及摊销定额。在现行预算定额中，周转性材料均按正常周转次数摊入定额之中，具体规定详见《公路工程预算定额》总说明及附录。

（3）机械消耗定额，简称机械定额。它规定了在正常施工条件下，合理地组织生产与合理地利用某种机械完成单位合格产品所必需的机械台班消耗标准，或在单位时间内机械完成的产品数量。机械台班定额按其表现形式分为机械时间定额和机械产量定额两种。

2. 按使用要求分类

在公路基本建设活动中，工程建设工作所处的阶段不同，工程造价文件主要编制依据的定额是不同的，按使用要求可分为：施工定额、预算定额、概算定额、估算指标等。

（1）施工定额（企业定额）

从施工定额性质上看，施工定额是属于施工企业内部使用的定额，体现一个企业在激烈的市场竞争中，对于完成同样产品的工程量，企业表现出来的竞争力。施工定额是在施工阶段及施工准备阶段使用的定额，一般只有施工企业内部使用。各个施工企业的施工定额不一定相同，为保持企业具有较强的竞争力，企业之间的施工定额在某种意义上说应该是保密的。所以施工企业内部要不断挖潜改造，提高自身定额水平，不断增强投标报价的竞争力。

（2）预算定额

预算定额的性质是属于计价定额的性质。它体现一个工程项目在正常条件下，用货币形式描述的一定时期的工程造价。那么，预算定额的定额水平是社会平均水平，是从国家的政策、法规等方面表现出一个时期生产力的发展水平，它具有广泛的社会性。对一个工程造价的确定，是施工单位、建设单位、银行以及监理单位都十分关心的编制依据。

（3）概算定额

概算定额在性质上与预算定额是相同的。在基本建设程序中，概算文件是国家对工程项目造价进行宏观控制，国民经济部门对资金流向进行控制的主要依据。所以概算定额与预算定额同样重要，只是适用于基本建设不同阶段而编制不同的工程造价文件。

(4)公路工程估算指标

估算指标既不同于施工定额，又不同于概、预算定额。它是在研究阶段编制投资估算文件的依据，而估算的总费用仅仅只作为社会效益、内部收益率、投资回收期计算的参考，所以它的作用和重要性是特别的。随着市场经济的发展，对工程项目的研究及可行性研究越来越受到重视，估算指标更加表现出它的重要性。

三、定额的运用

1.定额套用的基本知识

(1)定额的基本组成

现行的《公路工程概算定额》(以下简称《概算定额》)和《公路工程预算定额》(以下简称《预算定额》)的组成部分均包括：颁发定额的文件；目录；总说明；章、节说明；定额表；《预算定额》还包括附录。

①总说明：规定使用范围、使用条件、定额使用中一般规定等，对正确运用定额具有重要作用，在使用定额时应特别注意《概算定额》和《预算定额》在总说明中不同的一些规定。

②章、节说明：对每一章、节的具体使用要求、工程量计算规则及注意事项作出了说明，章、节说明对于正确运用定额具有重要作用。要想准确而又熟练地运用定额，必须透彻地理解这些说明，而且争取全部记住。故需反复、认真地学习好这些说明。

③定额表：定额表是各类定额的最基本的组成部分，是定额指标数额的具体表示，概算定额表和预算定额表格式基本相同。其基本组成有：表号及定额表名称、工程内容、计量单位、顺序号、项目、代号、细目及栏号、小注等。

④定额的附录：在预算定额中列有4个附录，即“路面材料计算基础数据”、“基本定额”、“材料周转及摊销”和“人工、材料代号及人工、材料、半成品单位重、损耗、基价表”。附录是编制定额的基本数据，也是编制补充定额的依据，同时还是定额抽换的依据。

(2)运用定额的编号

在采用手算法编制概、预算文件时，在计算表格中均要列出所引用的定额表号，一般采用[页—章—表—栏]或[章—表—栏]的编号方法。而目前一般情况下采用电算法编制概、预算文件，在编制概算文件时，概算定额采用6位数进行编码，即章占1位，表占2位，栏占3位，如210001表示概算定额第2章第10个表第1栏；在编制预算文件时，预算定额采用7位数进行编码，即章占1位，表占3位，栏占3位，如2010001表示预算定额第2章第10个表第1栏。

(3)运用定额应注意的问题

①计量单位要注意定额表与项目之间一致，特别是在抽换、增量计算时更应注意。

②当项目中任何项(工、料、机)定额值变化时，不要忘记其相应基价也要作相应的变化。

③查定额时，首先要鉴别工程项目是属于哪类工程，以免盲目随意确定而在定额表中找不到栏目、无法计算或错误引用定额。如“汽车运土”与“汽车运输”(构件)就是如此，前者为路基工程，而后者为桥梁工程。

④定额表中对某些物品规定按成品价格编制预算，如“其他工程”中的Z形柱、铝合金标志等；而对某些物品则规定按半成品价格编制预算，查定额时要注意。

(4)定额运用的要点

①正确选择子目,不重不漏;

②子目名称简练直观,尤其在修改子目名称时;

③看清工程量计量单位,特别在抽换、增量计算时更应注意;

④详细阅读总说明、章节说明及小注;

⑤设计图纸要求和定额子目或序号是否一致,否则可能要抽换;

⑥施工方法要根据施工组织设计及现场条件来确定;

⑦认真核对工程内容,防止漏列或重列,根据施工经验及对定额的了解确定。

2. 定额的套用

1)定额的直接套用

如果设计的要求、工作内容及确定的工程项目完全与相应定额的工程项目符合,则可直接套用定额。但要特别注意的内容有:章说明、节说明、小注、工程量单位等,应细心阅读,以免在使用中发生错误。

例 3-1　某桥的草袋围堰工程,装草袋土的运距为 220m,围堰高 2.2m,确定该工程的预算定额值。

解:(1)查现行预算定额(1996 年版)目录可知该定额在 204 页,定额表号为 4-6;

(2)根据题目要求可确定定额号为:[204-4-6-6]或[4006006];

(3)该定额节说明第二条规定:该定额中已包括 50m 以内人工挖运土方的工日数量,当取土运距超过 50m 时,按人工挖运土方的增运定额增加运输用工。具体规定见预算定额 201 页节说明。

(4)计算定额值:

$$人工:61.4 + 3.1 \times \frac{220-50}{10} \times \frac{74.02}{100} = 100.4(工日)$$

草袋:1 289(个)

土:74.02(m^3)

基价:2 788 + 50 × 17 × 74.02 ÷ 100 = 3 417(元)

2)定额的抽换

定额是按一般正常合理的施工组织和正常的施工条件编制的,定额中所采用的施工方法和工程质量标准,主要是根据国家现行公路工程施工技术及验收规范、质量评定标准及安全操作规程取定的。因此,使用定额时不得因具体工程的施工组织、操作方法和材料消耗与定额的规定不同而变更定额。只有在以下几种情况下,才允许对定额中某些项目进行抽换,使定额的使用更符合实际情况。

(1)就地浇筑钢筋混凝土用的支架及拱圈用的拱盔、支架,如确因施工安排达不到规定的周转次数时,可根据具体的情况换算并按规定计算回收。

(2)路面基层材料、混凝土、砂浆的配比与定额不相符时,需进行抽换。

(3)钢筋工程中,当设计用 I、II 级钢筋比例与定额比例不同时,需进行抽换。

(4)如施工中必须使用特殊机械时,可按具体情况进行换算。

例 3-2　某桥梁的台帽工程设计为 C25 钢筋混凝土,混凝土施工采用木模浇筑,施工中采用32.5级水泥,4cm碎石,确定混凝土工程的预算定额值。

解:(1)查预算定额目录可知定额在348页,定额表号为4-39;

(2)根据已知条件确定定额号为:[348-4-39-1]或[4039001];

(3)该定额子目中混凝土配合比与设计配合比不同,需进行抽换;

当混凝土强度等级及砂浆强度等级等与设计强度等级不同时,需运用基本定额进行抽换。基本定额是指在合理的条件下,为生产单位数量半成品、中间产品所规定的各种资源消耗量标准。基本定额按其消耗资源对象的不同可分为劳动定额和材料消耗定额两类,基本定额的具体内容见预算定额644页。其用途有进行定额抽换和分析分项工程或半成品所需的人工、材料、机械消耗量。

(4)计算定额值:

查预算定额682页混凝土配比表可知:

1m^3C25混凝土需:32.5级水泥:390(kg);中粗砂:0.47(m^3);碎石:0.82(m^3);则:

人工:55.3(工日)

原木:0.277(m^3)

锯材:0.458(m^3)

铁件:27.1(kg)

32.5级水泥:$10.2\times0.39=3.978$(t)

水:12(m^3)

中(粗)砂:$10.2\times0.47=4.794$(m^3)

碎石:$10.2\times0.82=8.364$(m^3)

其他材料费:15.2(元)

250L以内混凝土搅拌机:0.86(台班)

小型机具使用费:30.1(元)

基价:$3\,331+(3.978-3.448)\times300+(4.794-5)\times27+(8.364-8.67)\times28.8=3\,476$(元)

3)定额的补充

随着科学技术的发展,新结构、新工艺、新材料、新设备在公路工程上推广使用很快。但是定额的制定必须要有一定的周期,在新定额未颁布以前,为了合理正确地反映工程造价和经济效益,在现行使用定额的基础上,已编制有部颁补充定额、地区补充定额和部分工程项目的一次性补充定额等。所以在查用现行定额时,应注意该定额表左上方"工程内容"所包含的项目与实际工程细目是否完全一致,结构形式、施工工艺是否相同,以便正确选用补充定额,防止漏列与重列。

例3-3 某中桥河中桥墩挖基工程,施工地面水深1m,人工挖基,摇头扒杆卷扬机吊运III类土的预算定额。

解:(1)查预算定额目录可知定额在198页,定额表号为4-2;

(2)根据条件确定定额号为:[198-4-2-2]或[4002002];

(3)该定额表左上角"工程内容"包括:①人工挖土方;②装土、卷扬机吊运土出坑外;③整平夯实土质基底;④挖排水沟或集水井;⑤移动摇头扒杆及整修便道;⑥取土回填、铺平、洒水、夯实。

(4)根据施工过程和工艺的要求,应补充抽水及扒杆的制作、安装、拆除定额。

(5)应补充的定额号如下:

①抽水:在该定额节说明中进行补充,定额号为[195-10-3];

②扒杆的制作、安装、拆除定额号为[465-4-80-3]或[4080003]。

(6)定额值(略)。

第二节 公路工程概、预算

一、概、预算的作用、编制依据

1. 概、预算的作用

工程概、预算既是设计文件的组成部分,又是工程管理不可或缺的内容和依据。其作用归纳如下:

(1)是编制基本建设计划、确定和控制基本建设投资额的依据

国家规定,编制年度基本建设计划,确定计划投资额及其构成数额,要以批准的初步设计概算中有关指标为依据,初步设计概算没有批准的建设工程不能列入年度基本建设计划。批准的投资数额,是控制国家投资的最高限额,在工程建设过程中,一般不能突破这一限额。

(2)是设计与施工方案优选的依据。

工程概、预算是确定工程价值的综合性文件,不仅反映各项工程的建设规模,还规定了工程经济活动的范围,同时也综合体现各项工程设计与施工方案的合理性。

(3)是实行基本建设招投标、确定工程标底、签订工程合同的依据。

(4)是办理工程拨款、贷款和结算的依据。

(5)是施工企业加强经营管理、搞好经济核算的基础。

(6)是对工程进行成本分析和统计工程进度的重要指标。

2. 概、预算的编制依据

公路工程概、预算的编制是一项十分细致的工作,编制前应全面了解工程所在地的建设条件,掌握各种基础资料,正确引用规定的定额、取费标准和材料及设备价格。在编制时严格执行国家的方针、政策和有关制度,符合公路设计和施工技术规范。编制的主要依据如下:

(1)法令性文件。系指编制概、预算中所必须遵循的国家、交通部和地方主管部门颁布的有关法令性文件或规定。

(2)设计资料。概算文件应根据建设项目的初步设计文件(或扩大初步设计)编制;施工图预算则根据施工图设计编制。概、预算编制人员应熟悉设计资料、结构特点及设计意图。

(3)概、预算定额,取费标准,材料、设备预算价格等资料。概、预算文件应根据概算定额或预算定额,施工管理费定额,材料、设备预算单价等资料进行编制。

(4)施工组织设计资料。从施工组织设计中可以看出,与概、预算编制有关的资料包括:工程中的开竣工日期、施工方案、主要工程项目的进度要求、材料开采与堆放地点,大型临时设施的规模、建设地点和施工方法等。

(5)当地物资、劳力、动力等资源可利用的情况。本着因地制宜、就地取材的原则,对当地情况应作深入调查了解,经反复比较后确定最优成果。

(6)施工单位的施工能力及潜力。编制概算时,施工单位尚未明确,可按中等施工能力考虑。施工图预算,若已明确施工单位,就应根据施工单位的管理与技术水平,确定新工艺、新技术采用的可能程度,明确施工单位可以提供的施工机具、劳力、设备以及外部协作关系。

(7)了解当地自然条件及其变化规律,如气温、雨季、冬季、洪水季节及规律,风雪、冰冻、地质、水源等资料。

(8)其他工程及沿线设施,如旧有建筑物的拆迁及水利、电讯、铁路的干扰及解决措施,清除场地,管理养护及服务设施等。

3.概、预算费用的组成

根据交通部交工发[1996]612号发布的《公路基本建设工程概算、预算编制办法》的规定,公路工程概、预算费用由建筑安装工程费,设备、工具、器具及家具购置费,工程建设其他费用,预留费用共四部分费用组成,如图3-1所示。

4.概、预算文件的组成

概、预算文件由封面、目录、编制说明及全部概、预算计算表格组成。其中封面应有建设项目名称、编制单位、编制日期及第几册共几册等内容;目录应按概、预算表格的表号顺序编排。

(1)概、预算编制说明

概、预算编制完成后,应写出编制说明,文字力求简明扼要。叙述的内容一般有:

①建设项目设计资料的依据及有关文号,如建设项目可行性研究报告文号、初步设计和概算批准文号(编制修正概算时)以及根据何时的测设资料及比选方案进行编制的等。

②采用的定额、费用标准,人工、材料、机械台班单价的依据或来源,补充定额及编制依据的详细说明。

③与概、预算有关的委托书、协议书、会谈纪要等的主要内容(或将抄件附后)。

④总概、预算金额,人工、钢材、水泥、沥青、木料等的总需要量情况,各设计方案的经济比较以及编制中存在的问题。

(2)概、预算表格

概、预算文件的主要内容和组成部分是概、预算表格,它实际上是由一套规定的表格所组成。并且,公路工程概、预算应按统一的概、预算表格计算。概、预算表格是一个有机的整体,它们互相联系,共同反映出工程的费用。概、预算的材料和机械台班单价及各项费用的计算都应通过表格反映。

(3)甲组文件和乙组文件

概、预算文件是设计文件的组成部分,应按《公路工程基本建设项目设计文件编制办法》关于设计文件报送份数要求,随设计文件一并报送。

概、预算文件按不同的需要分为两组,甲组文件为各项费用计算表;乙组文件为建筑安装工程费各项基础数据计算表,只供审批使用。乙组文件表式征得省、自治区、直辖市交通厅(局)同意后,结合实际情况允许变动或增加某些计算过渡表式。不需要分段汇总的可不编总概(预)算汇总表。甲、乙两组文件包括的内容如下:

- 概、预算总金额
  - 建筑安装工程费
    - 直接工程费
      - 直接费
        - 人工费
        - 材料费
        - 施工机械使用费
      - 其他直接费
        - 冬季施工增加费
        - 雨季施工增加费
        - 夜间施工增加费
        - 高原地区施工增加费
        - 行车干扰工程施工费增加费
        - 沿海地区施工增加费
        - 施工辅助费
      - 现场经费
        - 临时设施费
        - 现场管理费
          - 基本费用定额
          - 其他单项费用
            - 主副食运费补贴
            - 职工探亲路费
            - 职工取暖补贴
            - 工地转移费
    - 间接费
      - 企业管理费
      - 财务费用
    - 施工技术装备费
    - 计划利润
    - 税金
  - 设备、工具、器具及家具购置费
    - 办公及生活用家具购置费
    - 设备、工具、器具购置费
  - 工程建设其他费用
    - 土地、青苗等补偿费和安置补助费
    - 建设单位管理费
    - 研究试验费
    - 勘察设计费
    - 施工机构迁移费
    - 供电贴费
    - 大型专用机械设备购置费
    - 固定资产投资方向调节税
    - 建设期贷款利息
  - 预留费用
    - 工程造价增涨预留费
    - 预备费

图 3-1　概、预算费用组成图

甲组文件
- 编制说明
- 全概(预)算汇总表(01-1 表)
- 全概(预)算人工、主要材料、机械台班数量汇总表(02-1 表)
- 总概(预)算表(01 表)
- 人工、主要材料、机械台班数量汇总表(02 表)
- 建筑安装工程费计算表(03 表)
- 其他直接费、现场经费、间接费综合费率计算表(04 表)
- 设备、工具、器具购置费计算表(05 表)
- 工程建设其他费用及回收金额计算表(06 表)
- 人工、材料、机械台班单价汇总表(07 表)

乙组文件
- 分项过程概(预)算表(08 表)
- 材料预算单价计算表(09 表)
- 自采材料料场单价计算表(10 表)
- 机械台班单价计算表(11 表)
- 辅助生产工、料、机械台班单价数量表(12 表)

二、概、预算的编制内容与方法

1. 建筑安装工程费的计算

建筑安装工程是施工企业按预定生产项目目标创造的直接生产成果,包括建筑工程和设备安装工程两大类。它必须通过施工企业的生产活动和消耗一定的资源来实现。现行的《公路基本建设工程投资估算编制办法》规定建筑安装工程费用由直接工程费、间接费、计划利润、施工技术装备费和税金五部分组成。其中直接工程费的计算是关键和核心,其他四部分费用则分别以规定的基数按各自费率计算取费。

1)直接工程费计算

直接工程费是施工企业生产作业直接体现在工程上的费用,即直接使生产资料发生转移而形成预定使用功能所投入的费用,它由直接费、其他直接费和现场经费三部分组成。

(1)直接费

直接费是指施工过程中耗费的构成工程实体和有助于工程形成的各项费用,包括人工费、材料费、施工机械使用费。

①人工费

人工费系指列入概、预算定额的直接从事建筑安装工程施工的生产工人开支的各项费用,内容包括:基本工资、工资性补贴、生产工人辅助工资和职工福利费。

基本工资:基本工资、流动施工津贴、生产工人劳动保护费(按规定标准发放的劳动用品购置费及修理费,徒工服装补贴,防暑降温费,在有碍身体健康环境中施工的保健费用等)。

工资性补贴:按规定发放的物价补贴,煤、燃气补贴,交通补贴,住房补贴,地区津贴。

生产工人辅助工资:开会和执行必要的社会义务劳动时间的工资,职工学习、培训期间的工资,调动工作、探亲、休假期间的工资,因气候影响停工期间的工资,女工哺乳时间的工资,病假在六个月以内的工资及产、婚、丧假期的工资。

职工福利费:按国家规定计提的职工福利费。

人工费按下式计算：

$$人工费 = \Sigma(分项工程数量 \times 相应项目定额单位工日数 \times 工日单价) \tag{3-4}$$

式中：分项工程数量——由设计图纸按工程量计算规则计算的定额单位工程数量；

定额单位工日数——指完成一定数量单位的分项工程量定额规定所需人工工日，由定额可直接查得；

工日单价——按下式计算。

$$工日单价 = [基本工资(元/月) + 地区生活补贴(元/月) + 工资性津贴(元/月)] \times (1 + 14\%) \times 12月 \div 225(工日) \tag{3-5}$$

②材料费

材料费系指施工过程中耗用的构成工程实体的原材料、辅助材料、构（配）件、零件、半成品、成品的用量和周转材料的摊销量，按工程所在地的材料预算价格计算的费用。

材料费在建筑安装工程中占有主要地位，因此，准确计算材料费对概、预算工作质量有重要意义。其计算公式如下：

$$材料费 = \Sigma(分项工程数量 \times 相应项目定额单位材料消耗量 \times 材料预算价格) \tag{3-6}$$

材料预算价格由材料原价、运杂费、场外运输损耗、采购及仓库保管费组成。即：

$$材料预算价格 = (材料原价 + 运杂费) \times (1 + 场外运输损耗率) \times (1 + 采购及仓库保管费率) - 包装品回收价值 \tag{3-7}$$

a. 材料原价

材料原价又称供应价，按不同的材料来源，其供应价格的规定与计算如下：

外购材料：国家或地方的工业产品，按国营工业产品出厂价格计算，并根据情况加计供销部门手续费和包装费。如供应情况、交货条件不明确时，可采用当地规定的价格计算。

地方性材料：地方性材料包括外购的砂、石材料等，按实际调查价格或当地主管部门规定的预算价格计算。

自采材料：自采的砂、石、黏土等自采材料，按《预算定额》第八章分析开采单价并加计辅助生产现场经费。

b. 运杂费

运杂费系指材料自供应地点至工地仓库或堆料点的运杂费用，包括装卸费、运费，有时还应计囤存费及其他杂费（如过磅、标签、支撑加固等费用）。

通过铁路、水路和公路运输部门运输的材料，按铁路、航运和当地交通部门规定的运价计算运费。

施工单位自办的运输，30km 以上的长途汽车运输按当地交通部门规定的统一运价计算运费；30km 以内的运输，当工程所在地交通不便、社会运输力量缺乏时，如边远地区和某些山岭区，允许单程在 10～30km 的汽车运输按当地交通部门规定的统一运价加 50% 计算运费；10km 及以内的汽车运输以及人力场外运输，按《预算定额》第九章计算运费，其中人力装卸和运输另按人工费加计辅助生产现场经费。

一种材料如有两个以上的供应点时，都应根据不同的运距、运量、运价采用加权平均的方法计算运费。

由于预算定额中汽车运输台班已考虑工地便道的特点，以及定额中已计入了“工地小搬运”项目，因此平均运距中汽车运输便道里程不得乘调整系数，也不得在工地仓库或堆料场之外再加场内运输或二次倒运的运距。

有容器或包装的材料及长大轻浮材料，应按《公路基本建设概算、预算编制办法》附录三规定的毛重计算。

c. 场外运输损耗

场外运输损耗系指有些材料在正常的运输过程中发生的损耗，这部分损耗应摊入材料单价内。其计算基数为材料原价和运杂费之和，场外运输损耗率见《公路基本建设概算、预算编制办法》附录四。

d. 采购及保管费

材料采购及保管费系指材料供应部门（包括工地仓库以及各级材料管理部门）在组织采购、供应和保管材料过程中，所需的各项费用及工地仓库的材料储存损耗。

材料采购及保管费，以材料的原价加运杂费及场外运输损耗的合计数为基数，乘以采购及保管费率计算。材料的采购及保管费率为2.5%，设备和构件的采购及保管费率为1%。

③施工机械使用费

施工机械使用费系指列入概、预算定额的施工机械台班数量，按相应机械的台班费用定额计算的施工机械使用费和小型机具使用费。计算公式为：

$$\text{施工机械使用费} = \sum(\text{分项工程数量} \times \text{相应项目定额单位机械台班消耗量} \times \text{机械台班单价}) + \text{小型机具使用费} \tag{3-8}$$

施工机械台班预算价格应按交通部公布的《公路工程机械台班费用定额》计算，台班单价由不变费用和可变费用组成。不变费用包括折旧费、大修理费、经常修理费、安装拆卸及辅助设施费等；可变费用包括机上作业人员人工费、动力燃料费、养路费及车船使用税。不变费用，全国除青海、新疆、西藏三省区允许调整外，其余各地均应直接采用。可变费用中机上作业人员工日数及动力燃料消耗量，应以机械台班费用定额中的数值为准，台班人工工日单价与生产工人人工单价相同。动力燃料费用则按材料费的计算规定计算。养路费及车船使用税，如需缴纳时，应根据各省、自治区、直辖市及国务院有关部门的规定计算。

当工程用电为自行发电时，电动机械每度电的单价可由下式近似计算：

$$A = 0.34 \times K/N \tag{3-9}$$

式中：A——每度电单价（元）；

K——发电机组的台班单价（元）；

N——发电机组的总功率（kW）。

（2）其他直接费

其他直接费系指直接费以外施工过程中发生的直接用于工程的费用。公路工程中的水、电费及因场地狭小等特殊情况而发生的材料二次搬运费等其他直接费已包括在概、预算定额中，不再另计。其他直接费仅包括冬季施工增加费、雨季施工增加费、夜间施工增加费、高原地区施工增加费、沿海地区施工增加费、行车干扰工程施工增加费、施工辅助费七项，按下式计算：

$$\text{其他直接费} = \text{定额直接费} \times \text{其他直接费的综合费率} \tag{3-10}$$

定额直接费按分项工程数量与相应项目定额基价乘积计算，其他直接费综合费率的计算，按以下项目进行：

①冬季施工增加费

冬季施工增加费系指按照施工及验收规范所规定的冬季施工要求，为保证工程质量和安全生产而增加的其他直接费。内容包括材料费、保温设施费、工效降低和机械作业效率降低所增加的费用以及工地临时取暖费等。

冬季施工增加费，以各类工程的定额直接费之和为基数，按工程类别及工程所在地的气温区选用相应的费率计算。

②雨季施工增加费

雨季施工增加费系指雨季期间施工为保证工程质量和安全生产而增加的其他直接费。其内容包括防雨、防潮措施费，材料费，工效降低和机械作业效率降低所需增加的费用。

雨季施工增加费，以各类工程的定额直接费之和为基数，按工程类别及工程所在地的雨量区、雨季期选用相应的费率计算。

③夜间施工增加费

夜间施工增加费系指根据设计、施工的技术要求和合理的施工进度要求，必须在夜间连续施工而发生的工效降低、夜班津贴以及有关照明设施等增加的费用。

夜间施工增加费按夜间施工工程项目（如桥梁工程项目包括上、下部构造全部工程）的定额直接费之和的0.50%计算。

④高原地区施工增加费

高原地区施工增加费系指在海拔高度2 000m以上地区施工，由于受气候、气压的影响，致使人工、机械效率降低而增加的费用，该费用以各类工程定额直接费之和为基数，按工程类别及工程所在地的海拔高度选用相应的费率计算。

⑤沿海地区工程施工增加费

沿海地区工程施工增加费系指工程项目在沿海地区施工受海风、海浪和潮汐的影响，致使人工、机械效率降低而增加的费用，该费用以各类工程定额直接费之和为基数，按工程类别及沿海地区选用相应的费率计算。

⑥行车干扰工程施工增加费

行车干扰工程施工增加费系指由于边施工边维持通车，受行车干扰，致使人工、机械效率降低而增加的费用。该费用以受行车影响部分的工程的定额直接费之和为基数，按工程类别及交通量的大小选用相应的费率计算。

⑦施工辅助费

施工辅助费包括生产工具用具使用费、检验试验费和工程定位复测、工程点交、场地清理等费用。

生产工具用具使用费系指施工所需不属于固定资产的生产工具、检验试验用具等购置、摊销和维修费以及支付给工人自备工具的补贴费。

检验试验费系指对建筑材料、构件和建筑安装工程进行一般鉴定、检查所发生的费用，包括自设试验室进行试验所耗用的材料和化学药品的费用以及技术革新和研究试验费。但不包括新结构、新材料的试验费和建设单位要求对具有出厂合格证明的材料进行检验、对构件破坏性试验及其他特殊要求检验的费用。

施工辅助费以各类工程的定额直接费之和为基数，按工程类别选用相应的费率计算。

(3)现场经费

现场经费系指为施工准备、组织施工生产和管理所需的费用，内容包括临时设施费和现场管理费。按下式计算：

$$现场经费 = 定额直接费 \times 现场经费的综合费率 \tag{3-11}$$

定额直接费按分项工程数量与相应项目定额基价乘积计算，现场经费综合费率的计算，按以下项目进行：

①临时设施费

临时设施费系指施工企业为进行建筑安装工程施工所必需的生活和生产用的临时建筑物、构筑物和其他临时设施的费用等，但不包括概、预算定额中临时工程在内。

临时设施包括：临时宿舍、文化福利及公用房屋与构筑物、仓库、办公室、加工厂，工地范围内的各种临时的工作便道、人行便道，工地临时用水、用电的水管支线和电线支线以及其他小型临时设施。临时设施费用内容包括：临时设施的搭设、维修、拆除费或摊销费。

临时设施费以各类工程的定额直接费之和为基数，按工程类别及地区类别选用相应的费率计算。

②现场管理费

现场管理费系指企业在现场为组织和管理工程施工所需的费用，包括基本管理费和其他单项费用。

现场管理费的基本管理费用包括：现场管理人员的工资、办公费、差旅交通费、固定资产使用费、工具用具使用费、保险费、工程保修费、工程排污费及其他费用。

现场管理费的其他单项费用包括：主副食运费补贴、职工探亲路费、职工取暖补贴和工地转移费。

现场管理费以各类工程的定额直接费之和为基数，按工程类别及地区类别选用相应的费率计算。

(4)直接工程费的计算

通过前面各项费用的计算后，便可计算直接工程费。直接工程费分为直接工程费和定额直接工程费两类，计算步骤已在前面作了介绍。

①直接工程费计算

$$直接工程费 = 直接费 + 其他直接费 + 现场经费 \tag{3-12}$$

②定额直接工程费计算

定额直接工程费是间接费的计算基数，在概、预算中有着很重要的作用。它与直接工程费不同之处在于采用的工日单价、材料预算单价和机械台班单价不同，而计算方法和步骤是相同的。其计算公式如下：

$$定额直接工程费 = 定额直接费 + 其他直接费 + 现场经费 \tag{3-13}$$

2)间接费计算

间接费由企业管理费和财务费用两项组成。按下式计算：

$$间接费 = 定额直接工程费 \times 间接费的综合费率 \tag{3-14}$$

(1)企业管理费

企业管理费系指施工企业为组织施工生产经营活动所发生的管理费用,内容包括:管理人员的工资、差旅交通费、办公费、固定资产折旧维修费、工具用具使用费、工会经费、职工教育经费、劳动保险费、职工养老保险及待业保险费、保险费、税金及其他费用。

企业管理费以各类工程的定额直接工程费之和为基数,按工程类别及地区类别选用相应的费率计算。

(2)财务费用

财务费用系指企业为筹集资金而发生的各项费用,包括企业经营期间发生的短期贷款利息净支出、汇兑净损失、调剂外汇手续费、金融机构手续费以及企业筹集资金发生的其他财务费用。

财务费用以各类工程的定额直接工程费之和为基数,按工程类别及地区类别选用相应的费率计算。

3)施工技术装备费

施工技术装备费系指为施工企业逐步扩大施工技术装备的费用。施工技术装备费按定额直接工程费与间接费之和的3%计算。该项费用直接列入企业资本公积金。计算公式如下:

$$施工技术装备费=(定额直接工程费+间接费)\times 施工技术装备费费率 \tag{3-15}$$

4)计划利润

计划利润系指按照国家有关规定的施工企业应取得的计划利润。计划利润按定额直接工程费与间接费之和的4%计算。计算公式如下:

$$计划利润=(定额直接工程费+间接费)\times 计划利润费率 \tag{3-16}$$

5)税金

税金系指国家税法规定应计入建筑安装工程造价内的营业税,城市建设维护税及教育费附加。计算公式如下:

$$综合税金额=(直接工程费+间接费+计划利润)\times 综合税率 \tag{3-17}$$

综合税率分概算、预算按纳税人所在地的税率计取。概算综合税率按3.41%计算。预算综合税率分别为:纳税人在市区的,综合税率为3.41%;纳税人在县城、乡镇的,综合税率为3.35%;纳税人不在市区、县城、乡镇的,综合税率为3.22%。

2.设备、工具、器具及家具购置费

1)设备、工具、器具购置费

设备、工具、器具购置费系指为满足公路的营运、管理、养护需要购置的设备、工具、器具的费用。包括渡口设备、隧道照明、通风的动力设备、高等级公路的监控设备,养护用的机械、设备和工具、器具等的购置费用。

设备、工具、器具购置费应列出计划购置清单。计算公式如下:

$$购置费=\sum(设备、工具、器具购置数量\times 单价+运杂费)\times(1+采购保管费率) \tag{3-18}$$

2)办公和生活用家具购置费

办公和生活用家具购置费系指为保证新建、改建项目初期正常生产、使用和管理所必须购置的办公和生活用家具、用具的费用。范围包括:办公室、单身宿舍及生活福利设施等家具、用具。办公和生活用家具购置费按有关规定计算。

3. 工程建设其他费用

1) 土地、青苗等补偿费和安置补助费

土地、青苗等补偿费和安置补助费系指按照国家规定所应支付的土地补偿费、青苗补偿费，被征用土地上的房屋、水井、树木等附着物补偿费，迁坟费和安置补助费以及土地征收管理费和租用土地费、复耕费。

计算方法：根据有权单位批准的建设用地和临时用地面积，按各省、自治区、直辖市人民政府规定的各项补偿费、安置补助费标准和耕地占用税税率计算。

建设的公路、桥梁与原有的电力电讯设施、水利工程、铁路及铁路设施相干扰时，应与有关部门联系，商订合理的解决方案和赔偿金额，也可由这些部门按规定编制费用以确定赔偿金额。

2) 建设单位管理费

建设单位管理费除本身费用外，工程质量监督费，工程监理费，定额编制、管理费，设计文件审查费也在本项单独计算。

(1) 建设单位管理费

建设单位管理费系指建设单位为建设项目的立项、筹建、建设、竣工验收、总结等工作所发生的管理费用。不包括应计入设备、材料预算价格的建设单位采购及保管设备、材料所需的费用。

费用内容包括：工作人员的基本工资、工资性补贴、劳动保险基金、职工福利费、工会经费、劳动保护费、办公费、差旅交通费、工具用具使用费、固定资产使用费、零星固定资产购置费、招募生产工人费、技术图书资料费、职工教育经费、工程招标费、合同契约公证费、咨询费、法律顾问费、业务招待费、完工清理费、建设单位临时设施费、房产税、车船使用税、印花税和其他管理费用性质的开支。

由施工企业代建设单位办理"土地、青苗等补偿费"的工作人员所发生的费用，应在建设单位管理费项目中支付。

建设单位管理费以定额建筑安装工程费总额为基数，分国内招标和国际招标按相应规定的费率以累进办法计算。

(2) 工程质量监督费

工程质量监督费系指根据国家有关部门规定，支付给各省、自治区、直辖市公路工程质量监督站的管理费用。

工程质量监督费以定额建筑安装工程费总额为基数，按 0.15% 计算。

(3) 工程监理费

工程监理费系指建设单位委托具有公路工程监理资格证书的单位，按施工监理办法进行全面的监督与管理所发生的费用。

工程监理费以定额建筑安装工程费总额为基数，按下列费率计算：国内招标工程费率为 1.6%；国际招标工程费率为 3.5%。

(4) 定额编制、管理费

定额编制、管理费系指各省、自治区、直辖市公路(交通)工程定额(造价管理)站为搜集定额资料、测定劳动定额、编制工程定额及定额管理所需要的工作经费。

定额编制、管理费以定额建筑安装工程费总额为基数，按0.17%计列，其中劳动定额测定费0.05%、定额编制费为0.08%、定额管理费为0.04%。

(5)设计文件审查费

设计文件审查费系指上级主管部门对公路工程建设项目可行性研究报告和勘察设计文件进行审查时收取的费用。

设计文件审查费以定额建筑安装工程费总额为基数，按0.05%计算。

3)研究试验费

研究试验费系指为本建设项目提供或验证设计数据、资料进行必要的研究试验和按照设计规定在施工过程中必须进行试验所需的费用，以及支付科技成果、先进技术的一次性技术转让费。不包括：

(1)应由科技三项费用(即新产品试制费、中间试验费和重要科学研究补助费)开支的项目。

(2)应由施工辅助费开支的施工企业对建筑材料、构件和建筑物进行一般鉴定、检查所发生的费用及技术革新研究试验费。

(3)应由勘察设计费、勘察设计单位的事业费或基本建设投资中开支的项目。

研究试验费按照设计提出的研究试验内容和要求进行编制，不需验证设计基础资料的不计本项费用。

4)勘察设计费

勘察设计费系指委托勘察设计单位对建设项目进行可行性研究和对工程勘察设计时，按规定应支付的费用。包括：

(1)编制项目建议书、可行性研究报告、工程技术咨询、进行环境评价、投资估算以及为上述文件所进行的勘察、设计、测量试验等所需的费用。

(2)初步设计和施工图设计的勘察费(包括测量、水文地质勘探等)，设计费，概、预算编制费等。

勘察设计费按照国家颁发的工程勘察设计费取费标准和有关规定进行编制。

5)施工机构迁移费

施工机构迁移费系指施工机构根据建设任务的需要，经有关部门决定成建制地(指工程处等)由原驻地迁移到另一地区所发生的一次性搬迁费用。不包括：

(1)应由施工企业自行负担的，在规定距离范围内调动施工力量及内部平衡施工力量所发生的迁移费用。

(2)由于违反基建程序，盲目调遣队伍所发生的迁移费。

(3)因中标而引起施工机构迁移所发生的迁移费。

费用内容包括：职工及随同家属的差旅费，调遣期间的工资，施工机械、设备、工具、用具和周转性材料的搬运费。

计算方法：施工机构迁移费应经建设项目的主管部门同意按实计算。但计算施工机构迁移费后，如迁移地点即新工地地点(如独立大桥)，则现场经费内工地转移费应不再计算；如施工机构迁移点至新工地地点尚有部分距离，则工地转移费的距离，应以施工机构新地点为计算起点。

6)供电贴费

供电贴费系指按照国家规定，建设项目应交付供电工程贴费、施工临时用电贴费。

供电贴费按国家计委批转水利电力部关于供电工程收取贴费的暂行规定执行。

7）大型专用机械设备购置费

大型专用机械设备购置费系指技术复杂的特大桥、隧道、高速公路等工程建设中必须购置的大型专用机械设备所发生的费用。

该费用按交通部（88）交函基字230号转发的国家计委、财政部、中国人民建设银行计施［1988］474号文中规定的："对某些工程建设中必需的大型专用机械设备，一般应向大型机械施工企业（或其他企业）租赁；情况特殊的，经投资主管部门批准，由设计单位在项目概算中列支购买，租给施工企业使用"办理。

8）固定资产投资方向调节税

固定资产投资方向调节税系指依照《中华人民共和国固定资产投资方向调节税暂行条例》规定，应缴纳的固定资产投资方向调节税。按国家有关规定计算。

9）建设期贷款利息

建设期贷款利息系指建设项目中分年度使用国内贷款或国外贷款部分，在建设期内应归还的贷款利息。费用内容包括各种金融机构贷款、企业集资、建设债券和外汇贷款等利息。

计算方法：根据不同的资金来源分别计算。计算公式如下：

$$\text{建设期贷款利息} = \sum_{j=1}^{N} P_{\mathrm{j}} \times (n - j + k) \times i \qquad (3\text{-}19)$$

式中：P_{j}——建设期第 j 年贷款计划数；

i——年利率；

n——建设期计息年数；

j——建设期第 j 年（$j = 1, 2, \cdots, n$）；

k——当年计息的 $k = 1$，当年不计息的 $k = 0$。

4. 预留费用

预留费用由工程造价增涨预留费及预备费两部分组成。在公路工程建设期限内，凡需动用预留费用时，属于公路交通部门投资的项目，需经建设单位提出，按建设项目隶属关系，报交通部或交通厅（局）基建主管部门核定批准。属于其他部门投资的建设项目，按其隶属关系报有关部门核定批准。

1）工程造价增涨预留费

工程造价增涨预留费系指设计文件编制年至工程竣工年期间，第一部分费用的人工费、材料费、机械使用费、其他直接费、现场经费、间接费等，以及第二、三部分费用由于政策、价格变化可能发生上浮而预留的费用及外资贷款汇率变动部分的费用。

（1）计算方法：工程造价增涨预留费以概算或修正概算第一部分建筑安装工程费总额为基数，按设计文件编制年始至建设项目工程竣工年终的年数和年工程造价增涨率计算。计算公式如下：

$$\text{工程造价增涨预留费} = P \times [(1 + i)^{n-1} - 1] \qquad (3\text{-}20)$$

式中：P——建筑安装工程费总额；

i——年造价增涨率（%）；

n——设计文件编制年至建设项目开工年 + 建设项目建设期限。

(2)年造价增涨率应由设计单位会同建设单位根据该工程人工费、材料费、施工机械使用费、现场经费、间接费以及第二、三部分费用可能发生的上浮等因素,以第一部分建安费为基数进行综合分析预测。一般可按5%估算。

(3)设计文件编制至工程完工在一年以内的工程,不列此项费用。

2)预备费

预备费系指初步设计和概算中难以预料的工程和费用,其中包括按施工图预算加系数包干的预算包干费用,其用途如下:

(1)在进行技术设计、施工图设计和施工过程中,在批准的初步设计和概算范围内所增加的工程或费用。

(2)在设备订货时,由于规格、型号改变的价差;材料货源变更、运输距离或方式的改变以及因规格不同而代换使用等原因发生的价差。

(3)由于一般自然灾害所造成的损失和预防自然灾害所采取的措施费用。

(4)在上级主管部门组织竣工验收时,验收委员会(或小组)为鉴定工程质量必须开挖和修复隐蔽工程的费用。

计算方法:以第一、二、三部分费用之和(扣除大型专用机械设备购置费、固定资产投资方向调节税和建设期贷款利息三项费用)为基数按下列费率计算:

设计概算按5%计列;修正概算按4%计列;施工图预算按3%计列。

采用施工图预算加系数包干承包的工程,包干系数为施工图预算中直接工程费与间接费之和的3%。施工图预算包干费用由施工单位包干使用。

该包干费用的内容为:

(1)在施工过程中,设计单位对分部分项工程修改设计而增加的费用,但不包括因水文地质变化造成的基础变更、结构变更、标准提高、工程规模改变而增加的费用。

(2)预算审定后,施工单位负责采购的材料由于货源变更、运输距离或方式的改变以及因规格不同而代换使用等原因发生的价差。

(3)由于一般自然灾害所造成的损失和预防自然灾害所采取的措施的费用(例如一般防台风、防洪的费用)等。

5. 公路工程建设各项费用的计算程序及计算方式

公路工程建设各项费用的计算程序及计算方式见表3-1。

三、概、预算的编制程序

概、预算文件的编制是一项十分严肃的工作,编制质量的高低及各项计算的准确与否,直接关系着国家的经济利益。为了确保概、预算文件的编制质量,必须根据工程概、预算内在的规律和国家的有关规定,按一定的程序编制。

1. 熟悉设计图纸和资料

编制设计概算、修正概算、施工图预算等文件前,应对相应的初步设计、技术设计和施工图设计内容进行检查和整理,认真阅读和核对设计图纸及其有关表格,比如工程一览表、工程数量表等,若图纸中所用材料规格或要求不清时,要核对查实。

公路工程建设各项费用的计算程序及计算方式　　表 3-1

代号	项　目	说 明 及 计 算 式
一	定额直接费(即定额基价)	指概、预算定额的基价
二	直接费(即工、料、机费)	按编制年工程所在地的预算价格计算
三	其他直接费	(一)×其他直接费综合费率
四	现场经费	(一)×现场经费综合费率
五	定额直接工程费	(一)+(二)+(三)
六	直接工程费	(二)+(三)+(四)
七	间接费	(五)×间接费综合费率
八	施工技术装备费	[(五)+(七)]×施工技术装备费率
九	计划利润	[(五)+(七)]×计划利润率
十	税金	[(六)+(七)+(八)]×综合税率
十一	定额建筑安装工程费	(五)+(七)+(八)+(九)+(十)
十二	建筑安装工程费	(六)+(七)+(八)+(九)+(十)
十三	设备、工具、器具购置费	Σ(设备、工具、器具购置数量×单价+运杂费)×(1+采购保管费率)
	办公和生活用家具购置费	按有关规定计算
十四	工程建设其他费用	
	土地补偿费及安置补助费	按有关规定计算
	建设单位管理费	(十一)×费率
	工程质量监督费	(十一)×费率
	工程监理费	(十一)×费率
	定额编制管理费	(十一)×费率
	设计文件审查费	(十一)×费率
	研究试验费	按批准的计划编制
	勘察设计费	按有关规定计算
	施工机构迁移费	按实计算
	供电贴费	按有关规定计算
	大型专用机械设备购置费	按需购置的清单编制
	固定资产投资方向调节税	按有关规定计算
	建设期贷款利息	按实际贷款数及利率计算
十五	预留费用	包括工程造价增涨预留费和预备费两项

2. 准备概、预算资料

概、预算资料包括概、预算表格、定额和有关文件及现场调查的一系列数据等。在编制概、预算前，应将有关文件如《公路工程基本建设项目设计文件编制办法》、《公路工程基本建设工程概、预算编制办法》、地方和中央的有关文件等准备好，同时，也应将定额及补充定额等资料准备齐全。

3. 分析外业调查资料及施工方案

(1)概、预算调查资料分析

概、预算资料的调查工作是一项关系到概、预算文件质量的基础工作，一般在公路工程外业勘察时同时进行。其调查的内容很广，原则上凡对施工生产有影响的一切因素都必须调查，主要是筑路材料的来源、材料运输方式及运距、运费标准、占用土地的补偿费、安置费及拆迁补偿费，沿线可利用的房屋及劳动力供应情况等。对这些调查资料应进行分析，若有不明确或不全的部分，应另行调查，以保证概、预算的准确和合理。

(2)施工方案分析

对与相应设计阶段配套的施工组织设计文件（尤其是施工方案）应认真分析其可行性、合理性、经济性。因为施工方案将直接影响概、预算金额的高低和定额的查用，因此编制概、预算时，重点应对施工方案进行认真分析。

4. 分项

公路工程概、预算是以分项工程概、预算表为基础计算和汇总而来的，所以工程分项是概、预算工作中的一项重要基础工作。公路工程分项时必须满足概、预算项目表、定额及费率的要求，分项应该尽量做到不重不漏，使概、预算的编制准确合理。

5. 计算工程量

在编制概、预算时，应对各分项工程按工程量计算规则进行计算。一是对设计中已有工程量进行核对，二是对设计文件中缺少或未列的工程量进行补充计算，计算时应注意计算单位和计算规则与定额的计量单位及计算规则一致。

6. 查定额

概、预算定额就是以分项工程为对象，统一规定完成一定计量单位分项工程所需的人工、材料、机械台班消耗数量。因此，根据分项所得的工程细目（分项工程）即可从定额中查出相应的人工、材料、施工机械的名称、单位及消耗量定额值，再根据工程量即可计算出各分项工程的工、料、机消耗量。

7. 基础单价的计算

编制概、预算的另一项重要工作便是确定基础单价。基础单价是人工工日单价、材料预算单价和施工机械台班单价的统称。有关基础单价的计算在前面已经介绍过了。

8. 计算分项工程的直接工程费和间接费

有了各分项工程的资源消耗数量及基础单价，根据工程类别确定各分项工程的其他直接费、现场经费和间接费的综合费率，便可计算其直接工程费和间接费。

9. 计算建筑安装工程费

根据直接工程费和间接费的计算结果，计算施工技术装备费、计划利润和税金。

10. 实物指标计算

根据各分项工程的工、料、机实物消耗量，考虑冬季、雨季和夜间施工增工率、辅助生产、临时用工及场外运输损耗率等统计实物消耗指标。

11. 计算其他有关费用

按规定计算第二、第三和第四部分费用及回收金额。

12. 编制总概、预算表并进行造价分析

总概、预算表根据以上计算进行汇总编制，并计算各项技术经济指标。根据概、预算总金额、各单位工程或分项工程的费用比值和各项技术经济指标进行全面分析，对设计提出修改建议和从经济角度对设计是否合理予以评价，找出挖潜措施。

13. 编制说明

概、预算表格计算并编制完成后，必须编制概、预算说明，主要说明概、预算编制依据，编制中存在的问题，工程总造价的货币和实物量指标及其他与概、预算有关但不能在表格中反映的事项。

第三节　竣 工 决 算

一、竣工决算的作用、编制依据

1. 竣工决算的作用

竣工决算是建设各方考核工程经济活动成果的主要依据。它有以下几个方面的作用：

(1)竣工决算是检查基本建设投资计划、设计概算执行情况和考核投资效果的依据。

(2)竣工决算是核定新增固定资产和流动资产价值、办理交付使用财产的依据。

(3)竣工决算是全面反映建设项目的财务情况，总结提高财务管理水平的重要资料。

(4)竣工决算为交通基本建设技术经济档案及公路工程定额修订提供资料和依据。

(5)竣工决算是工程造价积累的基础资料之一。

2. 竣工决算的编制依据

(1)经批准的工程设计，设计概算或施工图预算，以及批准的开工报告文件。

(2)历年的年度基本建设投资计划。

(3)经复核的历年年度的基本建设财务决算。

(4)批准或确认的招标文件及合同文本。

(5)在施工过程中有关的工程变更资料及监理工程师签发的变更令。

(6)竣工图表、竣工结算、中期结算以及索赔等资料。

(7)历年有关物资、统计、财务会计核算、劳动工资、材料单价以及环境保护等有关资料。

(8)工程质量鉴定、检验等有关文件，工程监理有关资料。

(9)施工企业交工报告等有关技术经济资料。

(10)有关资金的筹集、借贷、工程税金及材料价差等情况。

(11)上级机关对工程的指示、文件。

3. 竣工决算报告的组成

竣工决算报告由以下四个部分组成：

(1)交通基本建设项目竣工决算报告封面

①“主管部门”填写需上报竣工决算报告的主管部门或单位。

②“建设项目名称”填写批准前的项目初步设计文件中注明的项目名称。

③“建设项目类别”是指“大中型”或“小型”。

④“建设性质”是指建设项目属于新建、改建、扩建、续建等内容。

⑤“级别”是指中央级或地方级的建设项目。

(2)竣工工程平面示意图

竣工工程平面示意图可根据初步设计文件“路线地理位置图”、独立的公路桥梁桥位平面图绘制。

(3)竣工决算报告说明书

竣工决算报告说明书是竣工决算报告的重要组成部分，主要内容包括：工程项目概况；工程建设过程和管理工作中的重大事件，经验教训；工程投资支出和财务管理工作的基本情况；工程遗留问题和需要解决的问题。

(4)竣工决算表格

竣工决算报告表格分为两部分。第一部分为工程概况表等专用表式，第二部分为通用表式。

第一部分工程概况表等专用表式如下：

①小型建设项目工程概况表(交建竣 1-1 表)。

②公路建设项目工程概况表(交建竣 1-2 表)。

③公路桥梁建设项目工程概况表(交建竣 1-3 表)。

第二部分通用表式如下：

①财务决算总表(交建竣 2 表)。

②财务决算明细表(交建竣 2 表附一表)。

③资金来源情况表(交建竣 2 表附二表)。

④工程造价和概算执行情况表(交建竣 3 表)。

⑤外资使用情况表(交建竣 4 表)。

⑥交付使用资产总表(交建竣 5 表)。

⑦交付使用资产明细表(交建竣 5 表附一表)。

二、竣工决算的编制内容与方法

竣工图表的编制方法，不像编制概、预算那样，要进行各种资料的分析计算，主要是对建设工程的各种原始资料进行全面的审查与统计汇总，然后按照竣工决算表的内容和要求，将各种数据资料摘录填入；同时做好决算与概、预算的对比分析，编制技术经济指标比较表。

1. 建设项目工程概况表

本表集中反映了已完工的建设项目的建设周期、完成的主要工程数量、主要材料消耗、占地拆迁面积、工程投资、新增资产和新增生产能力。编制本表时应根据可行性研究报告的批复、设计概算等文件确定的主要指标和实际完成情况进行填列。

表中各项内容的填列方法如下：

(1)初步设计文件、概算金额、概算投资包干合同签订单位等栏按照批准文件及合同填写。

(2)建设时间、开工和竣工日期按照实际开工和办理动用验收日期填列；如实际开工日期与批准的开工日期不符应作出说明。

(3)“工程实际投资”是指工程实际累计拨借款投资减工程竣工后的基建结余资金数额的实际投资数额。

(4)占地面积的计量单位按照初步设计中的占地面积计量单位填列。

(5)“新增生产能力”按照初步设计和概算的主要内容以及项目竣工实际可能达到的能力

填列。

(6)“完成的主要工程量”按照初步设计和概算的主要内容、工程建设过程中实际完成的工程量填列。

(7)“工程质量”填列竣工验收委员会检测评定的单项工程质量评定及工程综合评价结果。

(8)“收尾工程”填写工程内容,预计投资额及主要工程量。如果收尾工程内容较多,可增设“收尾工程项目明细表”。

2. 财务决算表及附表

财务决算表及附表反映竣工工程从开始建设起至竣工时止资金来源、支出、节余等全部资金的运用情况。作为考核和分析基本建设拨款和投资效果的依据。

表中各项内容的填列方法如下:

(1)财务决算总表(交建竣2表)

本表按照竣工项目上一年度核复的财务决算数字加项目竣工时止的实际发生数字填列(包括收尾工程的估列数)。表中的数字反映建设项目自开始建设起的累计发生数。

(2)财务决算明细表(交建竣2表附一表)

本表反映分年度的基建投资来源和支出情况,按照经核复的各年度财务决算数字填列。本表合计栏填写历年实际拨入的资金来源数和尚未冲转的基建支出数。

(3)资金来源情况表(交建竣2表附二表)

本表反映建设项目投资计划安排和投资资金拨付到位情况。分年度的实际拨借款数不包括基建借款挂账和不挂账的借款利息数。

3. 工程造价和概算执行情况表(交建竣3表)

反映工程实际建设成本和总造价以及概算投资节余和概算投资包干部分节余情况,本表按照概算项目或单位工程(费用项目)填列。

待摊投资按照某一单项工程投资额占全部投资的比例分摊到单项工程上。不计入固定资产价值的支出不分摊待摊投资。

4. 外资使用情况表(交建竣4表)

反映建设项目外资使用情况,按照使用外资支出费用项目填列。应说明批准初步设计时的汇率、记账汇率、竣工时的汇率以及外资贷款的转贷金额和转贷单位等情况。各有关表格中,外币折合人民币时,应以项目竣工时的汇率为准。

5. 交付使用资产总表(交建竣5表)和明细表(交建竣5表附一表)

反映建设项目建成后新增固定资产和流动资产价值,按固定资产和流动资产分别填列,并按规定的财产分类目录详细填报。移交给其他单位的是指列入工程项目总概算,但建成后不由项目管理单位管理,经批准移交其他单位的资产(单项工程)。

交付使用资产明细表(交建竣5表附一表)作为建设单位管理项目资产使用。

三、竣工决算的编制程序

竣工决算的编制,一般应在已编制好工程竣工图表文件,并经交工验收各标段达到合格以上的工程时,才能进行竣工决算的编制工作,其编制程序如下:

(1)认真熟悉竣工图表资料,凡作为工程结算的各种工程量,应进行必要的核对,图、表、现场要三对口,以及各种工程量的计算方法是否符合合同文件的规定,竣工图表资料是否符合国家《基本建设项目档案资料管理暂行规定》的要求。

(2)审查施工过程中各种变更设计,索赔处理,有无不符合规定之处,签证手续是否齐全,做到有据可依。

(3)审查竣工结算是否与竣工图表资料、合同文件相符。

(4)统计汇总设计和实际完成的主要工程量以及水泥、钢材、木材等数量。

(5)摘取各种实物量、财务数据等资料,填入各种相应的竣工决算表内,编制竣工工程平面图和竣工决算说明书。

〔思 考 题〕

1. 什么是定额? 定额的二重性是什么?
2. 从计划经济向市场经济转轨的过程中,定额所起的作用是什么?
3. 定额的特点是什么? 定额的作用是什么?
4. 定额按实物量消耗的内容分类有哪几种? 按定额的使用要求分类有哪几种?
5. 怎样使用定额才能正确而全面?
6. 概、预算的作用是什么?
7. 概、预算的编制依据是什么?
8. 概、预算文件和费用的组成是什么?
9. 建设单位管理费的计算方法是什么?
10. 建筑安装工程费的组成是什么?
11. 简述建筑安装工程费的计算程序和计算公式。
12. 简述人工、材料、机械台班单价的计算公式及注意事项。
13. 竣工决算与概预算有何区别?
14. 编制竣工决算需要哪些依据?
15. 竣工决算有哪些作用?

第四章　工程量清单与投标报价

第一节　工程量清单

一、工程量清单的组成

1. 工程量清单的性质、特点与作用

工程量清单是指招标单位按照招标文件中有关要求及技术规范的有关规定，将工程进行合理分解，据此明确工程内容和范围，并将有关工程内容数量化的一套工程数量表。标价后的工程量清单还是合同中各工程细目的单价及合同价格表。

工程量清单是合同文件的重要组成部分，是一份与技术规范相对应的文件，它是单价合同的产物。其作用在于：

(1)提供合同中关于工程量的足够信息，为所有投标人提供投标报价的共同基础，以使投标单位能统一、有效而准确地编写投标文件。

(2)在投标单位报价及签订合同后，标有单价的工程量清单是办理中期支付和结算以及处理工程变更计价的依据。

2. 工程量清单的组成

工程量清单由说明、工程细目、专项暂定金额汇总表、计日工明细表和工程量清单汇总表五部分组成。

(1)说明

工程量清单说明，在某些合同文件中又被称为清单前言，它对工程量清单的性质、承包人填报工程量清单的单价和合同价格的要求等作了明确规定。因此，该说明在招投标期间对如何进行工程报价有实质影响，在工程实施期间对工程是否进行计量与支付以及如何进行计量与支付有实质影响。在进行工程变更及费用索赔时，它的参考作用更明显，直接影响到监理工程师对单价的确定。

工程量清单说明强调如下几个方面的内容：

①工程量清单与其他招标文件的关系。规定工程量清单应与投标人须知、合同条款、技术规范及图纸等文件结合起来查阅与理解。

②工程量清单中工程量的性质与作用。规定工程量清单的工程量是估算的或设计的预计数量，仅作为投标的共同基础，不作为最终结算与支付的依据。当工程量清单中所列工程量发

生变动时，工程量清单中所列工程量的变动，丝毫不会降低或影响合同条款的效力，也不免除承包人按规定的标准进行施工和修复缺陷的责任。

③承包人填报工程量清单价格时的要求。主要有：

a.除非合同另有规定，工程量清单中有标价的单价和总额价均已包括了为实施和完成合同工程所需的劳务、材料、机械、质检（自检）、安装、缺陷修复、管理、保险（工程一切险和第三方责任险除外）、税费、利润等费用，以及合同明示或暗示的所有责任、义务和一般风险。

b.工程量清单中本合同工程的每一个细目，都需填入单价；对于没有填入单价或总额价的细目，其费用应视为已包括在工程量清单的其他单价或总额价中，承包人必须按监理工程师指令完成工程量清单中未填入单价或总额价的工程细目，但不能得到结算与支付。

c.符合合同条款规定的全部费用应认为已被计入有标价的工程量清单所列各细目之中，未列细目不予计量的工作，其费用应视为已分摊在本合同工程的有关细目的单价或总额价之中。

d.承包人用于本合同工程的各类装备的提供、运输、维护、拆卸、拼装等支付的费用，已包括在工程量清单的单价或总额价之中。

（2）工程细目

工程细目又叫分项清单表或工程量清单，通常根据招标工程的不同性质分章按顺序排列。工程细目分章排列有利于将不同性质、不同位置、不同的施工阶段或其他特性不同的工程区别开来，同时，也有利于将那些需要采用不同施工方法或不同施工阶段或成本不一样的工程区别开来。工程细目反映了施工项目中各分部分项工程及其数量，它是工程量清单的主体部分，其格式见表4-1。

工程量清单（工程量表）格式　　表4-1

细目号	细目名称	单位	数量	单价	合价

表中的工程“细目号”及“细目名称”是根据合同将要发生的工程细目的编号与名称填写；“单位”是各细目工程量的单位（以及计价时的计量单位）；“数量”是根据设计图纸、技术规范等将要发生的工程预计数量，是投标人投标报价的共同基础（但不是最终结算的工程数量）；“单价”是承包人投标时的报价（合同订立后，其填报的单价是双方办理结算的价格依据）；“合价”是相应“数量”与“单价”的乘积，由承包人投标报价时填写。

工程细目按内容不同可分为如下两部分：

①工程量清单的“总则”部分。该部分说明合同需要发生的各种开办项目，其计价特点主要是采用总额包干，因此，其计量单位大部分为“总额”。它的格式见表4-2。

②根据图纸需要发生的工程细目部分。该部分说明了施工项目中各工程细目将要发生的工程量，计价特点是单价不变，实际工程量由计量确定。表4-3是路基土石方一章的工程量清单格式。

工 程 量 清 单　　表 4-2

清单　第 100 章　总　则					
细目号	细 目 名 称	单位	数量	单价	合价
101-1	保险费				
-a	按合同条款规定，提供建筑工程一切险	总额			
-b	按合同条款规定，提供第三方责任险	总额			
102-1	竣工文件	总额			
102-2	施工环保费	总额			
103-1	临时道路修建、养护与拆除（包括原道路的养护费）	总额			
103-2	临时工程用地	m^2			
103-3	临时供电设施	m^2			
-a	设施架设、拆除	总额			
-b	设施维修	月			
103-4	电讯设施的提供、维修与拆除	总额			
103-5	供水与排污设施	总额			
104-1	承包人驻地建设	总额			
清单　第 100 章合计　人民币________。					

工 程 量 清 单　　表 4-3

清单　第 200 章　路　基					
细目号	细目名称	单位	数量	单价	合价
202-1	清理与挖掘				
-a	清理现场	m^2			
-b	砍伐树木	棵			
-c	挖除树根	棵			
202-2	挖除旧路面				
-a	水泥混凝土路面	m^2			
-b	沥青混凝土路面	m^2			
-c	碎石路面	m^2			
202-3	拆除结构物				
-a	钢筋混凝土结构	m^3			
-b	混凝土结构	m^3			
-c	砖石及其他砌体结构	m^3			
203-1	路基挖方				
-a	挖土方	m^3			
-b	挖石方	m^3			

续上表

清单　第200章　路　基					
细目号	细目名称	单位	数量	单价	合价
-c	挖除非适用材料(包括淤泥)	m^3			
……	……				
204-1	路基填筑(包括填前压实)				
-a	换填土	m^3			
-b	利用土方	m^3			
-c	利用石方	m^3			
-d	利用土石混填	m^3			
-e	借土填方	m^3			
-f	粉煤灰路堤	m^3			
-g	结构物台背回填	m^3			
……	……				
清单　第200章合计　人民币＿＿＿＿＿＿＿＿。					

(3)专项暂定金额汇总表

专项暂定金额,应已在工程量清单相关章、目中以专项暂定金额名义列出,已转入工程量清单汇总表,仅在此表中摘出予以汇总。其格式见表4-4。

专项暂定金额汇总表　　表4-4

清单编号	细目号	名　称	估计金额(元)
400	401-1	桥梁荷载试验(举例)	60 000

(4)计日工明细表

计日工明细表由总则、计日工劳务、计日工材料、计日工施工机械以及计日工汇总表五个方面的内容组成。相应的表格有计日工劳务单价表、计日工材料单价表、计日工施工机械单价表及计日工汇总表。各表的具体内容参见《公路工程国内招标文件范本》(2003年版)。表4-5是计日工劳务单价表格式。

计日工劳务单价表　　表4-5

细目号	名　称	估计数量(小时)	单价(元/小时)	合价(元)
101	班长			
102	普通工			
103	焊工			

续上表

细目号	名　称	估计数量(小时)	单价(元/小时)	合价(元)
104	电工			
105	混凝土工			
106	木工			
107	钢筋工			
……	……			
计日工劳务(结转计日工汇总表)				

(5)工程量清单汇总表

工程量清单汇总表用于承包人投标时汇总基于投标单价、合价基础上的投标总报价,其格式见表4-6。

工程量清单汇总表

合同段:　　　　表4-6

序　号	章　次	科　目　名　称	金额(元)
1	100	总则	
2	200	路基	
3	300	路面	
4	400	桥梁、涵洞	
5	500	隧道	
6	600	安全设施及预埋管线	
7	700	绿化及环境保护	
8	第100章至第700章清单合计		
9	已包含在清单合计中的专项暂定金额小计		
10	清单合计减去专项暂定金额(即8-9)=10		
11	计日工合计		总额
12	不可预见费(暂定金额)		
13	投标价(8+11+12)=13		

二、工程量清单的编制

工程量清单的编制包括项目划分及工程量整理两项工作。

1. 工程量清单的项目划分

划分工程项目时,应满足如下要求:

(1)和技术规范保持一致性。

(2)便于计量支付,减小计量难度。

(3)便于合同管理及处理工程变更。

(4)保持合同的公平性。

为满足上述要求,在划分工程项目时应注意下列问题:

(1)工程量清单各工程细目在名称、单位等方面都应和技术规范相一致,以便承包人清楚各工程细目的内涵和准确地填写各细目的单价。因此,在采用《公路工程国内招标文件范本》时,其工程细目划分应尽量与《公路工程国内招标文件范本》相一致,如果根据实际需要对某些工程细目重新予以划分,则应注意修改技术规范的相应内容(包括相应的计量与支付方法)。

(2)工程细目的大小要科学。工程细目可大可小,工程细目小有利于处理工程变更的计价,但计量工作量和计量难度会因此增加;工程细目大可减少计量工作量,但太大难以发挥单价合同的优势,不便于变更工程的处理(计价);另外,工程细目大也会使得支付周期延长,承包人的资金周转发生困难,最终影响合同的正常履行和合同的严肃性。例如,桥梁工程有基础挖方项目,由于计价中包含了基础回填等工作,所以承包人必须等到基础回填工作完成以后才能办理该项目的计量支付,其支付周期有半年甚至更长的时间,以致影响承包人的资金周转,不利于合同的正常履行。但如果将基础开挖和基础回填分成两个工程细目,则可以避免上述问题。工程细目小会增加计量工作量,但对处理工程变更和合同管理是有利的。例如,路基挖方中弃方运距的处理问题,实践中有两种处理方案:一种是路基挖方单价中包括全部弃方运距;另一种是路基挖方中包含部分弃方运距(如500m或1000m),而超过该运距的弃方运费单独计量与支付。可以说,如果弃土区明确而且施工中不出现变更的话,上述两种处理方案是一样的(而且前一种方式可减少计量工作量)。但是,一旦弃土区变更或发生设计变更,由于弃土运距发生变化,则第一种方式的单价会变得不适应,双方必须按变更工程协商确定新的单价(使投标和合同单价失效),而采用第二种方式时合同中的单价仍然是适用的,原则上可以按原单价办埋结算。

(3)应将开办项目作为独立的工程细目单列出来。开办项目往往是一些一开工就要全部或大部分发生甚至开工前就要发生的项目,如工程保险、承包人的驻地建设、临时工程等。如将这些项目包含在其他项目的单价中,则承包人开工时上述各种款项不能得到及时支付,这不仅影响合同的公平性和承包人的资金周转,而且会影响招标中预付款的数量(预付款的数量要增加),并且会加剧承包人的不平衡报价(承包人会将开工早的工程细目报价提高,以尽早收回成本),并因此影响变更工程的计价。

(4)工程量清单中应备有计日工清单。设立计日工清单的目的是用来处理一些小型变更工程(小到可以用日工的形式来计价)计价,使工程量清单在造价管理上的可操作性更强。为加强承包人的计日工报价的合理性,在编制工程量清单时应事先假定各计日工的数量。

2. 工程量清单的工程量整理

工程量清单的工程量是反映承包人的义务量大小及影响造价管理的重要数据。整理工程量的依据是设计图纸和技术规范,整理工程量的工作是一项技术工作,绝不是简单地罗列设计文件中的工程量。在整理工程量时应根据设计图纸及调查所得的数据,在技术规范的计量与支付方法的基础上进行综合计算。同一工程细目,其计量方法不同,所整理出来的工程量会不一样。设计文件中工程量所对应的计量方法与技术规范中的计量方法不一定一致,这就需要在整理工程量的过程中进行技术处理。在工程量的整理计算中,应认真、细致,保证其准确性,做到不重不漏,不发生计算错误。否则,会带来下列问题:

(1)工程量的错误一旦被承包人发现,承包人会利用不平衡报价给业主带来损失。当实际工程量与清单工程量出入很大时，承包人会在总报价维持不变的基础上对实际工程量会增加的细目填报较高的单价，使得在施工过程中按实际工程量计量支付时，该项目费用增加很多，从而给业主造成损失。

例：某项目工程量清单中有土方工程和钢筋工程两个工程细目（本文在整理示例时做了技术上的简化），其工程量清单见表4-7。

表4-7

细目号	细目名称	单位	数量	单价	合价(元)
202-1	土方	m^3	1 000 000.00		
403-1	钢筋	t	1 000.00		

表中，土方的数量为100万立方米，钢筋的数量为1 000t。但由于工作人员的错误，误将钢筋的数量变成了100t，并发给了承包单位。工程量在发生错误且被承包人研究招标文件时发现后，承包人采用了不平衡报价，其情况见表4-8。

表4-8

细目号	细目名称	单位	数量	单价	合价
202-1	土方	m^3	1 000 000.00	10.00	10 000 000.00
403-1	钢筋	t	100.00	6 000.00	600 000.00
			(1 000.00)		(6 000 000.00)
合计					10 600 000.00
					(16 000 000.00)

表中，括号里的数字是合同履行中实际需要发生的数字，即承包人的总报价是1 060万元，而实际上合同履行中需发生1 600万元。

但业主（或标底编制单位）编制出来的预期价格（标底）是1 140万元（实际需发生1 500万元），其中，土方单价为11元/m^3（承包人的土方单位比该价格低），钢筋的单价为4 000元/m^3（承包人的报价比该价格要高），详细情况见表4-9。

表4-9

细目号	细目名称	单位	数量	单价	合价
202-1	土方	m^3	1 000 000.00	11.00	11 000 000.00
403-1	钢筋	t	100.00	4 000.00	400 000.00
			(1 000.00)		(4 000 000.00)
合计					11 400 000.00
					(15 000 000.00)

由于承包人的报价1 060万元比标底价1 140万元低（低出7%），这是一个很有竞争力的报价，所以，经过投标竞争，承包人获得了该项目的中标资格，和业主签订了合同。但在合同履行中，由于承包合同是单价合同，结算须按合同的单价结算，因此，最终实际需发生的工程结算金额是1 600万元。而如果不发生工程量错误的话，1 500万元（见标底栏括号中的数字）是可以完成该项目的。在这里，承包人使用了不平衡报价法，通过不平衡报价法，承包人不仅降低

了投标报价,取得了中标资格,而且,如按该单价办理交工结算,最终会从业主手中拿走1 600万元,比预期的1 500万元还要多赚100万元。

(2)工程量的错误会引起合同总价的调整和索赔(或反索赔)。根据《公路工程国内招标文件范本》(2003年版)52.3规定,如果在签发交工证书时发现合同价格的增加或减少总共超过“有效合同价”的15%,监理工程师与业主和承包人协商后确定一笔管理费调整额,从合同中扣除或加到合同价格上。本例中的结算价1 600万元比有效合同价1 060万元超过51%,此时承包人会提出由于钢筋数量的增加,承包人的开办费用(如施工队伍调迁费、临时设施费、模板消耗等费用)不够开支,要求业主赔偿;同时业主也会认为,由于钢筋数量增大,工程规模扩大,总结算价偏高,要求进行下调。

(3)工程量的错误还会增加变更工程和费用索赔的处理难度。由于承包人可能采用了不平衡报价,所以当合同发生工程变更而引起工程量清单中工程量的增减时,因不平衡报价对所增减的工程量计价不适应,会使得监理工程师不得不和业主及承包人协商确定新的单价来对变更工程进行计价(其方法详见第七章),以致合同管理的难度增加。

(4)工程量的错误会造成投资控制和预算控制的困难。由于合同的预算通常是根据投标报价加上适当的预留费后确定的,工程量的错误还会造成项目管理中预算控制的困难和增加追加预算的难度。

因此,工程量的准确性应予保证,其误差最大不应超过5%。

第二节　投标报价

投标报价是承包合同价格形成的基础。为了做好费用监理工作,监理工程师必须全面了解投标报价的内容,事先研究承包人在报价单中的有关报价。这样既有利于监理工程师进行工程费用预算和合同价格分析,又有利于工程费用监理。由于承包人的报价是否恰当,一方面决定他能否中标,另一方面直接关系到他中标后能否顺利完成工程施工任务和获得利润,承包人一定会根据其自身的经验和投标策略认真细致地计算报价。因此,担当费用监理重任的监理工程师,必须全面分析承包人的报价单,由此了解本合同的特点和费用监理的重点、难点,进而明确费用监理目标。

投标报价包括投标准备、报价计算、编制标书等工作阶段。

一、投标准备

1.投标机构的成立

为了有效地准备投标工作,承包单位应成立专业投标机构,平时掌握市场动态,收集招标信息及投标所需的基础资料,投标工作过程中则各司其职,各负其责,分工协作,默契配合,凭自身积累的投标经验,积极而稳妥地开展投标工作。专业投标机构的成立有利于投标经验的积累,投标业务知识的学习和投标工作效率的提高,节省投标成本并最终提高投标单位的中标率。投标工作成员主要由技术人员和造价管理人员组成,技术人员主要负责投标中施工方案、技术措施的制定及编制施工进度计划等技术工作,造价管理人员主要负责投标中的预算编制及确定投标报价。但无论是技术人员还是造价管理人员除了精通自己的业务知识外,应熟练地掌握投标中的相邻专业知识，只有这样，才能避免投标工作过程中互相脱节的现象，真正满足配合默契的要求。除了承担具体工作的技术人员和造价管理人员外，投标工作中应有决策人员，他们是公司经理（或业务副经理）、总工程师（或总经济师）、经营部门负责人等成员。为了企业对外投标报价中自我保护的需要，投标工作班子的成员不宜过多，尤其是最后决策的核心人员，以控制在企业经理、总工程师（或总经济师）及经营部门负责人范围之内为宜。

2. 投标项目的选择

当前，公路工程施工市场日益扩大，建设任务多，这给承包单位的施工投标提供了很多机会，科学地选择投标项目，是把握投标机会，争取中标的重要因素。四面出击的投标工作方法是不可取的，不仅分散了投标工作的人力、物力和精力，提高了投标成本，而且会降低中标几率。商场如战场，当前的公路工程承包市场强者云集，竞争日趋激烈，施工投标是投标单位比实力、比谋略的商战，孙子云：“未战而庙算胜者，得算多也；未战而庙算不胜者，得算少也。多算胜，少算不胜，而况于无算乎？”由此可见，投标之前，加强标前分析，恰当选择投标项目是投标制胜的关键。

那么，如何才能恰当选择投标项目呢？要解决这个问题，首先得加强信息的收集工作，收集一切来自企业内外的与投标有关的经济、技术、法律和社会方面的信息，做到知己知彼。对于信息的要求，可以用“快、全、准、用”四个字来表示。“快”为迅速及时；“全”为多多益善，系统积累，如哪里有招标项目，工程概况如何，什么日期开始招标，什么时间开标以及当地材料价格、汇率、工期等。在招标的全过程中，即从准备投标到开标前的几分钟，都要掌握信息，而发标以后，开标之前，均应采取相应措施以利中标；“准”是要求信息的真实性，要善于辨别信息的真伪；“用”就是要善于利用信息，为准确的投标决策服务。为满足信息的要求，在进入一个新的投标竞争区之前，更应该派出信息敏感性强的各种专业人员和具有决策权的有关领导人深入该区，进行较长时间的考察。考察的主要任务就是搜集和掌握信息，力求全面掌握该地区的工程建设情况，对于有投标可能的建设项目，需要作更详细、更准确、更全面的调查。具体应掌握的主要信息内容如下：

（1）当地建筑市场信息及投标项目的工程情况，如项目规模，标段划分情况、主要工程量、项目的监理单位、资金来源、设计单位、招标单位、招标时间、项目是否列入国家计划、是否为世行贷款项目等信息。

（2）当地的法规、政策、规章、乡规民约、生活习俗等信息。

（3）当地的劳动力、机械设备、材料的供应情况及价格信息。

（4）当地的交通运输情况及对招标项目影响的信息。

（5）材料与施工技术发展动态，如招标项目有无新结构、新技术、新材料，需要采购的新设备和新工艺等情况。

（6）招标单位的倾向性（即招标单位倾向于让哪个施工单位来承包工程）和困难（如工期要提前、投资不足、材料供应困难等），应探明业主的主要困难是什么。

（7）各竞争对手的基本情况，如有多少单位参加投标？每个标段各有几个单位投标，他们的名称、资质、技术水平高低、装备能力、管理水平、队伍作风、是否急于想中标、投标报价动向、与业主之间的人际关系等。

（8）类似工程的施工方案、报价、工期等，如本企业是否承担过类似的工程及其报价、施工方案、施工工期等情况。

(9)本企业内部今年和明年任务是否饱满,是否有力量投入新的投标项目。

(10)本企业想完成本项目投标工程和同类已完成工程的技术经济指标,如形象进度、成本降低率、单位工程的人工、材料耗用情况和造价、劳动定额的执行情况等。

(11)企业为本投标项目购置新设备、采用新技术的可能性。

3. 投标资格的取得

投标资格的取得有两种形式,一种形式要求事先参加资格预审,只有通过了资格预审的单位才有资格参加投标。资格预审的内容、程序和要求详见《合同管理》教材。另一种形式并不需要参加资格预审,投标单位的资格只要(自认为)符合招标广告中规定的资格要求,在递交了投标申请后即可取得投标资格,参加下一阶段的投标工作。无论是哪种形式,投标单位都应认真检查自己的资格是否符合要求,否则,下一阶段的投标工作是徒劳无益的,只会白白地浪费时间和精力,即使侥幸取得了中标资格,签订了施工承包合同,这样的合同也是不受法律保护的(主体不合格的合同是无效合同,不受法律保护)。

二、投标报价基本程序

施工投标的基本程序可用图 4-1 表示。其主要内容和工作步骤是:

(1)精读、分析招标文件。

(2)考察施工现场。

(3)核实工程数量。

(4)参加标前会议。

(5)调查收集影响投标报价的资料和数据。

(6)制订施工方案、编制施工组织计划(填写质询表)。

(7)进行成本分析、编制成本预算。

(8)编制施工图预算。

(9)分析投标环境、制订投标策略。

(10)制订报价方案、填写工程量清单。

(11)填写投标书、办理投标担保手续。

三、精读、分析招标文件的要点与注意事项

精读、分析招标文件的目的如下:

(1)全面了解承包人在合同中的权利和义务。

(2)深入分析施工承包中所面临的和需要承担的风险。

(3)缜密研究招标文件中的漏洞和疏忽,为制定投标策略寻找依据,创造条件。

1. 认真研究合同条件

合同条件对投标报价影响较大的主要内容有:

(1)承包人权利、义务的基本规定。通常承包人义务越多、风险责任越大,其成本和报价越高。

(2)工期。包括对开工日期的规定、施工期限以及是否有分段、分批竣工的要求。工期对

制订施工计划、施工方案、施工机械设备和人员配备均是重要依据。通常情况下,工期合理能降低施工成本和投标价(图 1-1)。

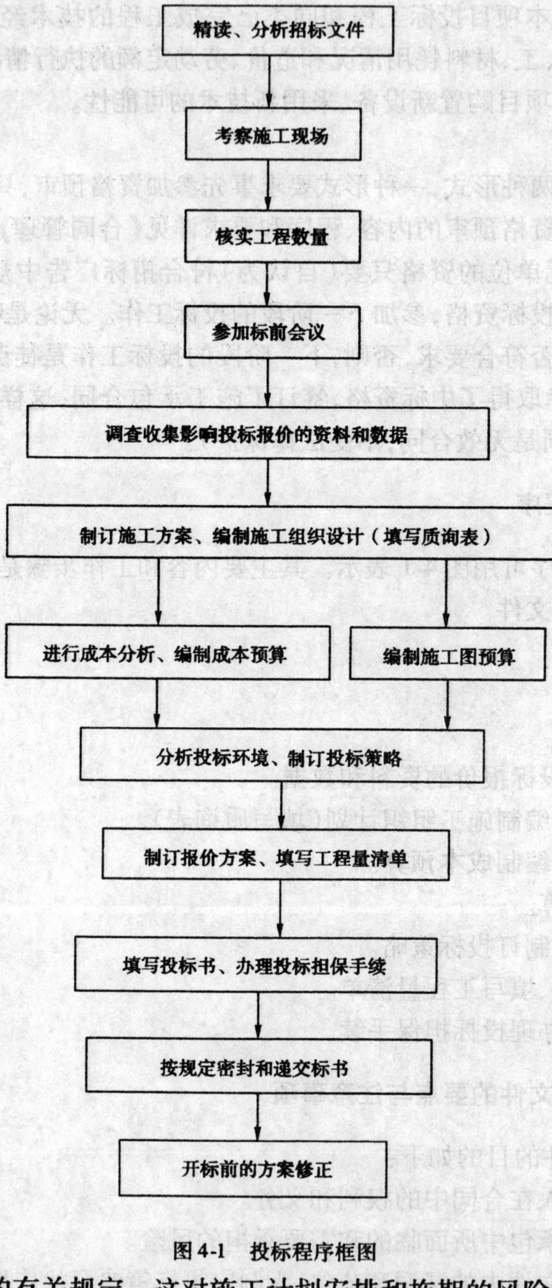

图 4-1　投标程序框图

(3)拖期损失偿金的有关规定。这对施工计划安排和拖期的风险大小有影响。

(4)保修期的有关规定。这对何时可收回工程"尾款"、承包人的资金利息和保函费用计算有影响。

(5)保函的要求。保函包括履约保函、预付款保函、临时进口施工机具税收保函以及维修期保函等,保函数值的要求和有效期的规定,允许开保函的银行限制。这与投标者计算保函手续费和用于银行开保函所需占用的抵押资金有重要关系。

(6)保险。是否指定了保险公司、保险的种类(例如工程一切保险、第三方责任保险、现场人员的人身事故和医疗保险、社会保险等)和最低保险金额。这将影响保险费用的计算。通常保险尽管需要保险费的支出,但同时减少承包人的风险责任,相应降低投标报价。

(7)付款条件。是否具有预付款,如何扣回,材料设备到达现场并检验合格后是否可以获得部分材料设备预付款,是否按订货、到工地等分阶段付款。期中付款方法,包括付款比例、保留金比例、保留金最高限额、退回保留金的时间和方法,拖延付款的利息支付等,每次期中付款有无最小金额限制、业主付款的时间限制等。这些是影响承包人计算流动资金及其利息费用的重要因素。

(8)税收。是否免税或部分免税,可免何种税收,可否临时进口机具设备而不收海关关税。这些将严重影响材料设备的价格计算。

(9)货币。支付和结算的货币规定,外汇兑换和汇款的规定,向国外订购的材料设备需用外汇的申请和支付办法。

(10)劳务国籍的限制。这对计算劳务成本有用。

(11)战争和自然灾害等人力不可抗拒因素造成损害的补偿办法和规定,中途停工的处理办法和补救措施等。

(12)有无提前竣工的奖励。

(13)争议、仲裁或诉诸法律等的规定。

(14)有关工程变更、索赔及价格调整的规定。表面上这些规定会增加业主支出,但由于承包人风险责任减小,相应能降低投标报价。

2. 认真研究技术规范

技术规范中质量标准和验收标准越高,承包人的义务越多,施工难度越大,其施工成本和投标报价越高。另外,技术规范中的计量支付方法,是承包人进行单价分析以及编制相应单价的依据。

因此,承包人在投标报价中,要按照招标文件的技术规范要求和工程量清单中开列的项目及对每个工程细目的工作内容的说明进行,任何疏忽都将造成失误。在新项目投标前,要逐条逐句阅读技术规范条文,千万不要认为有些条目与其他投标项目大体相同而不再认真阅读分析。因为,同样的工作项目所含的内容并不一定完全相同。对于综合性项目(如一延米涵管的提供和安装)尤其要注意所罗列的工作内容。

对于技术规范规定的工作内容,在工程量清单中未列出来的或未明文包括进去的,也要在所列项目中计算进去,否则将成为漏项。如有不明确之处,则可在标前会议向业主提出澄清。

此外,应了解有无特殊施工技术要求和有无特殊材料设备技术要求,有关选择代用材料、设备的规定,以便针对相应的定额,计算有特殊要求项目的价格。

3. 认真报价要求

报价要求通常列明在工程量清单、投标人须知、合同条件、技术规范等文件中,要特别认真加以研究。

(1)应当注意合同种类是属于总价合同、单价合同、成本补偿合同、“交钥匙”合同或是单价与包干混合制合同。例如有的住房项目招标文件,对其中的房屋部分要求采用总价合同方式;而对室外工程部分,由于设计较为粗略,有些土石方和挡土墙等难以估算出准确的工程量,因而要求采用单价合同。对承包人来说,在总价合同中承担着工程量方面的风险,就应仔细校核工程量并对每一子项工程的单价做出详尽细致的分析和综合。

(2)应当仔细研究招标文件中的工程量表的编制体系和方法。例如是否将施工详图的设计、勘察、临时工程、机具设备、进场道路、临时水电设施等列入工程量表。对于单价合同方式特别要认真研究工程量的分类方法,及每一个子项工程的具体含义和内容。

(3)要研究永久性工程之外的项目有何报价要求。例如对旧建筑物和构筑物的拆除、监理工程师的现场办公室和各项开支(包括他们使用的家具、车辆、水电、试验仪器、服务设施和杂物费用等)、模型、广告、工程照片和会议费用等,招标文件有何具体规定,以便考虑如何将之列入到工程总价中去。弄清一切费用纳入工程总报价的方法,不得有任何遗漏或归类的错误。

又如,对某些部位的工程或设备提供,是否必须由业主确定"指定的分包人"进行分包。文件规定总包对分包人应提供何种条件,承担何种责任以及文件是否规定分包人计价方法。

再如,对于材料、设备和工资在施工期限内涨价及当地货币贬值有无补偿,即合同有无任何调价条款以及调价计算公式。

4.认真研究承包人风险

承包人的风险责任规定,在招标文件的各份文件中都能直接或间接的体现。通常,承包人的风险责任越大,其报价越高。因此,应认真研究招标文件中对承包人不利,需承担很大风险的各种规定和条款。例如有些合同中,业主有这样一个条款"承包人不得以任何理由索取合同价格以外的补偿",那么承包人就得考虑加大风险费。但如果采用《公路工程国内招标文件范本》或 FIDIC 条款,则承包人承担的风险相对较小,主要是那些通过加强管理可以克服的风险。

总之,认真研究招标文件是做好投标报价的前提和基础。施工招标过程中,投标时间是紧张的,有时甚至比较仓促,国内招标的工程更是如此。但绝不能因时间仓促而削弱招标文件的分析与研究,投标人员可能是参加过多个项目投标的有经验的专家,靠经验办事是他们的优势和传统,但绝不能以经验代替对招标文件的分析与研究。否则,易给自己带来投标失误甚至是无法弥补的损失。

在研究和分析招标文件的过程中,有时会发现一些漏洞和疏忽,这些漏洞和疏忽对自己有利的,可以在制订投标策略时作为参考;对自己不利的,可以按规定向业主提出,由业主在标前会议中解答。对招标文件中的其他疑问,也应逐项记录,有些疑问可以通过现场考察找出答案,有些疑问则需要业主在标前会议中说明和澄清。

在要求业主澄清招标文件时,应注意如下事项:

(1)招标文件中对投标者有利之处或含糊不清的条款,不要轻易提请澄清(可以成为投标单位制订报价手法的突破口)。

(2)不要轻易让竞争对手从投标单位提出的问题中窥探出投标者的设想和施工方案。

(3)对含糊不清的重要合同条款,如工程范围不清楚、招标文件和图纸相互矛盾、技术规范明显不合理等问题,均可要求业主或招标单位澄清解释。

(4)关于业主或招标单位的澄清或答复,应以书面文件为准,切不可以口头答复为依据来制订投标报价。

在研究招标文件时，还应注意投标中的时间安排及投标中应遵守的有关事项和编写标书的规定和要求，避免造成废标。

四、现场考察的重要性和主要内容

现场考察是承包人投标前全面了解现场施工环境、风险的重要途径，是投标单位做好投标报价的先决条件。通常，在招标过程中，业主会组织正式的现场考察，按照国际国内招标的有关规定，投标单位应参加业主（招标单位）安排的正式现场考察，不参加正式考察者，可能会被拒绝参与投标。投标单位提出的报价应当是在现场考察的基础上编制出来的，而且应包括施工中可能遇见的各种风险和费用。在投标有效期内及工程施工过程中，承包人无权以现场考察不周、情况不了解为由而提出修改标书或调整标价给予补偿的要求。因此，投标单位在报价以前必须认真地进行现场考察，全面、细致地了解工地及其周围的政治、经济、地理、法律等情况，收集与报价有关的各种风险与数据。当考察时间不够时，投标单位的编标人员在标前会议结束后，一定要再留下几天，再到现场查看一遍，或重点补充考察，并在当地作材料、物资等调查研究，收集编标用的资料。

投标单位在现场考察之前，应先拟定好现场考察计划，提出考察提纲和疑点，设计好现场调查表格，做到有准备、有计划地进行现场考察。现场考察的主要内容如下：

1. 政治方面（指国外承包工程）

（1）项目所在国政局是否稳定，有无发生政变的可能。

（2）项目所在国与邻国的关系如何，有无发生边境冲突的可能。

（3）项目所在国与我国的双边关系如何。

2. 地理、地貌、气象方面

（1）项目所在地及附近地形地貌与设计图纸是否相符。

（2）项目所在地的河流水深、地下水情况、水质等。

（3）项目所在地近 20 年的气象，如最高最低气温、每月雨量、雨日、冰冻深度、降雪量、冬季时间、风向、风速、台风等情况。

（4）当地特大风、雨、灾害情况。

（5）地震灾害情况。

（6）自然地理：修筑便道位置、高度、宽度标准；运输条件及水、陆运输情况。

3. 法律、法规方面

（1）与承包合同有关的经济合同法、外汇管理法、税收法、劳动法、环境保护法、建筑市场管理法、涉外经济合同法等法律及相应的法规。

（2）国外承包工程除上述有关法律法规外，尚应了解项目所在地的民法，与本项目施工有关的具体规定，如劳动力的雇佣、设备材料的进出口及运输施工机械使用等规定。

4. 工程施工条件

（1）工程所需当地建筑材料的料源及分布地。

（2）场内外交通运输条件，现场周围道路桥梁通过能力，便道、便桥修建位置、长度、数量。

（3）施工供电、供水条件，外电架设的可能性（包括数量、支线长度、费用等）。

(4)新盖生产生活房屋的场地及可能租赁民房情况、租地单价。

(5)当地劳动力来源、技术水平及工资标准情况。

(6)当地施工机械租赁、修理能力。

5. 经济方面

(1)工程所需各种材料,当地市场供应数量、质量、规格、性能能否满足工程要求及其价格情况。

(2)当地土源地点、数量、单价、运距。

(3)国外承包工程还要了解当地工人工作时间,年法定假日天数,工人假日,冬、雨、夜施工及病假的补贴,工人所交所得税及社会保险金比例。

(4)监理工程师工资标准。

(5)当地各种运输、装卸及汽柴油价格。

(6)当地主副食供应情况和近3~5年物价上涨率。

(7)保险费情况。

6. 健康、安全、环保方面

工程所在地有关健康、安全、环保和治安情况,如医疗设施、救护工作、环保要求、废料处理、保安措施等。

7. 其他方面

现场考察需带有业主(招标单位)发的以1/2 000比例为宜的平面图,详细标绘施工便道、便桥现场布置及数量;调查路基范围内拆迁情况;需填筑水塘面积大小、抽水数量、淤泥深度和数量;了解开山的岩石等级、打洞放炮设计施工方法;调查桥梁位置、水深水位、便桥架设、钻孔(打桩)工作平台架设、深水基础、承台、下部构造如何施工、上部构造如何预制、预制场设在哪里及怎样布置、安装等有关具体问题,以便为施工组织设计做好准备。

投标单位完成标前调查和现场考察工作后,可根据调查结果,编制出材料和机械台班单价,为施工组织设计准备了大量第一手资料,为制定合理报价做准备。

五、核实工程量的重要性及注意事项

招标项目的工程量在招标文件的工程量清单中有详细说明,但由于种种原因,工程量清单中的工程数量有时会和图纸中的数量存在不一致的现象。因此,有必要进行复核,核实工程量的主要作用如下:

(1)全面掌握本项目需发生的各分项工程的数量,便于投标中进行准确的报价。

(2)及时发现工程量清单中关于工程量的错误和漏洞,为制订投标策略提供依据(可以使用不平衡报价法,工程量偏高的项目报低价,工程量偏低的项目报高价)。

(3)有利于促使投标单位对技术规范中的计量支付规定做进一步的研究,便于精确地编写各工程细目的单价。

核实工程量时应做好如下几项工作:

(1)全面核实设计图纸中各分项工程的工程量。

(2)计算受施工方案(施工方法)影响而需额外发生(设计图纸中未能计算进去的)和消耗的工程量。

(3)根据技术规范中计量与支付的规定折算出新的工程量(在折算过程中有时需要对设计图纸中的工程量进行分解或合并)。

六、施工组织计划的编制要求及注意事项

1. 施工组织计划的内容

施工组织计划的编制内容应满足招标文件合同条款、技术规范、计划工期的要求,并作为对投标文件进行详细评审的重要依据。在合同中,施工组织设计又叫做工程进度计划,通常应包含如下内容:

(1)施工方案和施工方法。

(2)分项工程施工进度计划(可用规定的横道图、斜条图、网络图等表示)。

(3)与施工进度计划相适应的工、料、机配备数量及进场计划。

(4)与施工进度计划相适应的用款计划。

(5)施工总体布置图及当地材料供应地点,开采山场。

(6)冬雨季施工计划及措施。

(7)工地(项目)施工组织机构图。

(8)土方工程调配图。

(9)临时工程及临时设施的(初步)设计图。

(10)质量、安全、环境保护措施和方法。

(11)其他。

2. 工程进度计划

在投标阶段,编制的工程进度计划不是工程施工计划,可以粗略一些,一般用直线条计划即可,但应考虑和满足以下要求:

(1)总工期符合招标文件的要求,如果合同要求分期分批竣工交付使用,应标明分期交付的时间和分批交付的数量。

(2)表示各项主要工程(例如土方工程、基础工程、混凝土结构工程、屋面工程、装修工程、水电安装工程等等)的开始和结束时间。

(3)合理安排各主要工序,体现出相互衔接。

(4)有利于基本上均衡安排劳动力,尽可能避免现场劳动力数量急剧起落,这样可以提高工效和节省临时设施(如工人居住营地、临时性建筑等)。

(5)有利于充分有效地利用机械设备,减少机械设备占用周期。例如,尽可能将土方工程集中在一定时间内完成,以减少推土机、挖掘机、铲运机等大型机具设备占用周期。这样就可以降低机械设备使用费,或是有利于组织分包施工。

(6)制订的计划要便于编制资金流动计划,有利于降低流动资金占用量,节省资金利息。

可以看出,进度计划安排是否合理,关系到工程成本和报价价格。

3. 施工方案

弄清工程分项的内容和工程量,考虑制订工程进度计划的各项要求,即可研究和拟定合理的施工方案,确定施工方法。但是也要注意投标时拟定的施工方案一定要合理和现实,不能只为降低标价争取中标,而造成在实施中很难实现甚至不能实现的局面,由此引起不得不加大成

本或采用新的施工方案，常使施工陷于被动。因此，编制施工方案时要比较细致地研究技术规范要求，现场考察时对施工条件要充分了解。制订施工方案要服从工期要求、技术可能性、保证质量、降低成本等方面的综合考虑。

(1)根据分类汇总的工程数量和工程进度计划中该类工程的施工周期，合同技术规范要求以及施工条件和其他情况选择和确定每项工程的主要施工方法。例如土方工程，对于大面积开挖，根据地质水文情况，需降低地下水位施工，是采用井点降水，还是地下截水墙方案；在混凝土工程中，根据工程量大小是采用商品混凝土还是自建混凝土搅拌站；在混凝土构件安装工程中根据施工条件，是采用移动式吊车方案还是固定式塔吊方案等。对各种不同施工方法应当从保证完成计划目标、保证工程质量、节约设备费用、降低劳务成本等多方面综合比较，选定最适用的、经济的施工方案。

(2)根据上述各类工程的施工方法，选择相应的机具设备，并计算所需数量和使用周期；研究确定是采购新设备，或调进现有设备，或在当地租赁设备。

(3)研究确定哪些工程由自己组织施工，哪些分包，提出寻求分包的条件设想，以便询价。

(4)用概略指标估算直接生产劳务数量，考虑其来源及进场时间安排。如果当地有限制外籍劳务的规定，则应提出当地劳务和外籍劳务的工种分配。另外，从所需直接劳务的数量，可参照自己的经验，估算所需间接劳务和管理人员的数量，并可估算生活性临时设施的数量和标准等。

(5)用概略指标估算主要和大宗的建筑材料的需用量，考虑其来源和分批进场的时间安排，从而可以估算现场用于存储、加工的临时设施(例如仓库、露天堆放场、加工场地或工棚等)。如果有些地方建筑材料(如砂石等)拟自行开采，则应估计采砂、采石场的设备、人员，并计算出自行开采砂石的单位成本价格。如有些构件(如预制混凝土构件、钢构件等)拟在现场自制，应确定相应的设备、人员和场地面积，并计算自制构件的成本价格。

(6)根据现场设备、高峰人数和一切生产和生活方面的需要，估算现场用水、用电量，确定临时供电和供排水设施。

(7)考虑外部和内部材料供应的运输方式，估计运输和交通车辆的需要和来源。

(8)考虑其他临时工程的需要和建设方案，例如进场道路、停车场地等。

(9)其他必需的临时设施安排。例如现场保卫设施，包括临时围墙或围篱，警卫设施、夜间照明等；现场临时通讯联络设施等。

在编制施工组织计划过程中，高效率和低消耗是编制施工组织计划的总原则。施工组织设计的基本原则包括：连续性原则、均衡性原则、协调性原则和经济性原则，其中，经济性原则是施工组织设计原则的核心和落脚点，因此，在编制施工组织计划时，应注意如下事项：

(1)充分满足技术上的先进性和可靠性，以最大限度地提高劳动生产率，降低施工成本。

(2)充分利用现有的施工机械设备，提高施工机械的使用率以降低机械施工成本。

(3)采用先进的进度管理手段，优化施工进度计划，选择最优施工排序，均衡安排施工，尽量避免施工高峰的赶工现象和施工低谷中的窝工现象，机动安排非关键线路上的剩余资源，从非关键线路上要效益。

(4)适当聘用当地员工或临时工，降低施工队伍调遣费，减少窝工现象。

总之，投标竞争是技术与管理的竞争，技术和管理的先进性应充分体现在施工组织计划中，先进的施工组织计划可以达到降低成本缩短工期的目的。例如，当年日本大成公司在我国鲁布革水电工程招标中一举取得中标资格，靠的就是先进的技术和管理手段，高效率和低消耗是他们投标制胜的法宝。

七、编制报价方案的工作内容

1. 投标报价分析与预测

一个项目的投标报价由施工成本、利润和税金以及风险费用三部分组成。

(1)施工成本。包括直接成本(即工、料、机等直接费)、间接成本(包括现场管理费、公司管理费等)等各项费用。

①人工费。用工数量根据工程量及企业劳动定额来确定，人工单价根据企业核算的人工单价成本及调查所得人工市场单价来确定。

②材料费。材料用量根据工程量及材料消耗定额来确定，材料单价根据市场价格加计运费、场外运输损耗费及采购保管费。

③机械使用费。机械使用数量根据工程量及企业定额来确定，机械台班单价采用企业成本核算所确定的机械台班单价。

④其他直接费。其他直接费一般包括如下费用：

a. 现场勘察费。业主移交现场后，应立即进行补充测量或者勘探，可根据工程场地面积估算。

b. 现场清理费。包括清除树木、旧有建筑物等，可根据现场考察实际情况进行估算。

c. 进场临时道路费。如果需要时，应考虑其长度、宽度和其是否有小桥、涵洞及相应的排水设施等，并应考虑其经常维护费用。

d. 业主代表和监理工程师设施费。如标书规定了具体内容和要求，则应根据其要求计算报价。

e. 现场试验设施费。如标书中有具体规定，应按其要求计算，否则可按工程规模考虑简易的试验设施并计算其费用，如混凝土配料试块、试验等，而其他材料、成品的试验可送往附近的研究试验机构鉴定，考虑一笔试验费用即可。

f. 施工用水电费。根据施工方案中计算的水电用量，结合现场考察调查，确定水电供应设施。例如水源地、储水设施、供水管网、外接电源或柴油发电站、供电线路等，并考虑水费、电费或发电的燃料动力费用。

g. 脚手架及小型工具费。根据施工方案，考虑脚手架的需用量并计算总费用。

h. 承包人临时设施费。按施工方案中计算的施工人员数量，计算临时住房、办公用房、仓库和其他临时建筑物等，并按简易标准计算费用，还应考虑生活营地的水、电、道路、电话、卫生设施等费用。

i. 现场保卫设施和安全费。按施工方案中规定的围墙、警卫室和夜间照明等计算。

j. 职工交通费。根据生活营地远近和职工人数计算交通车辆和职工由住地到工地往返费用。

其他直接费还有冬季施工增加费、雨季施工增加费、夜间施工增加费、高原地区施工增加费、行车干扰增加费、职工劳动保护和施工安全措施等费用，可按施工方案的安排估算，这些内容一般在技术规范的第一章出现,哪些进入工程量,由技术规范中的计量与支付内容规定。

⑤现场管理费。根据施工项目现场管理费的成本核算结果来确定。现场管理费一般包括:

a. 投标费用。包括投标文件购置费、投标人员差旅费和工资、外事活动费等。

b. 保函手续费。包括投标保函、履约保函、预付款保函和维修保函等,可按估计各项保证金乘以银行保函年费率,再乘以各种保函有效期(以年计)即可。

c. 保险费。包括工程全险、第三方责任险、车辆保险等,至于施工人员的人身事故和医疗保险及强制性的社会福利保险费可计入事故人员的工资(工日基价内),材料设备运输过程中的保险计入材料设备基价内。

d. 管理人员费。从生产和辅助生产劳务数量按比例(国外工程一般用8% ~10%),并结合管理岗位计算管理人员数量,并参照前面所述工日基价计算管理人员工资和费用。

e. 行政办公费。包括管理部门的文具、纸张、表册、邮电及办公室用家具、器具和日常使用低值易耗品,移交水电、空调、采暖等开支。

f. 生活设施费。如厨房设施、卫生设施、洗澡、环境清洁等设施费用。

g. 交通车辆使用费。办公人员的交通工具(如卧车、面包车等)的折旧、保险、维修和油料费用等。

h. 试验仪器设备使用费。包括购置、维修和摊销的有关费用及其他工具用具竣工清理费用。如未列工程量表,可计入现场管理费中。

i. 其他费用。如差旅交通费、工程保修费、职工探亲路费、工地转移费、竣工清理费等。

⑥企业管理费。包括企业管理人员工资、差旅交通费、办公费、固定资产折旧维修费、职工教育经费等费用,根据本企业公司管理费的收取比例来确定。

⑦流动资金贷款利息。根据招标文件中的预付款额、付款周期,按施工进度计划计算流动资金数量,根据流动资金贷款利率计算流动资金贷款利息。

⑧其他费用。在调查及以往成本核算资料的基础上计算确定。

(2)利润和税金。税金是由国家统一征收的费用,按有关税率计算确定;利润根据本项目的具体情况和公司的利润目标及投标策略来制订。

(3)风险费用。即在各种风险发生后需由承包人承担的风险损失,根据《公路工程国内招标文件范本》,承包人在报价中应考虑的风险费用有:

①恶劣及异常恶劣的气候条件引起的停工窝工费。

②各种自然灾害等造成的承包人的风险损失(可通过保险来避免)。

③由于技术不成熟引起的工程质量问题或管理人员及工作人员造成的工程质量事故。

④承包人在施工中给第三方造成的损失或损害,等等。

投标报价中,要科学地编制以上三项费用,使总报价既有竞争力,又有一定的利润空间,这是件相当复杂的工作。

2. 工程量清单报价

工程量清单在本章第一节已作了详细介绍。工程量清单报价是投标人根据合同条款、图纸、技术规范以及拟定的施工方案,根据本企业的条件、经验及通过单价分析,对工程量清单中的各项进行报价,以逐项汇总为各章和整个工程的投标报价。

工程细目的单价分析方法是：

(1)分析列出本细目所包含的工程内容及工程量。

(2)分别计算有关工程内容的施工成本(直接成本)。

(3)确定本细目应摊入的间接费、利税及风险费等费用。

(4)汇总上述费用进而确定各细目的单价。

在进行工程量清单报价时应主要注意工程量清单中有关报价的要求和说明。除非采用不平衡报价或有其他特别考虑，通常情况下，工程量清单中所报单价和总额价均应包括为实施和完成合同工程所需劳务、材料、机械、质检(自检)、安装、缺陷修复、管理、保险(工程一切险和第三方责任险)、税费、利润等费用，以及合同示明或暗示的所有责任、义务和一般风险；工程量清单中本合同工程的每一个细目，都需填入单价；符合合同条款规定的全部费用应被计入有标价的工程量清单所列各细目之中，未列细目不予计量的工作，其费用应分摊在本合同工程的有关细目的单价或总额价之中。

另外，在计算总报价时应注意：图纸中所列的工程数量及数量汇总表仅是提供资料，不是工程量清单的外延。当图纸与工程量清单所列数量不一致时，以工程量清单所列数量作为报价的依据。

八、投标策略及其使用

1. 基本策略

(1)赢利策略。即在报价中以较大的利润为投标目标的策略。这种投标策略通常在建筑市场项目多，投标单位对该项目拥有技术上的垄断优势、工期短、竞争对手少时才予采用。

(2)微利保本策略。即在施工成本、利税及风险费三项费用中，降低利润目标，甚至不考虑利润的一种策略。这种投标策略通常在企业工程任务不饱满，建筑市场供不应求(任务少，施工企业多)，竞争对手强以及业主按最低标价定标时可采用。

(3)低价亏损策略。即在报价中不仅不考虑企业利润，相反考虑一定的亏损后提出的报价策略。这种报价策略通常只在市场竞争激烈，承包人又急于打入该建筑市场(甚至独占该建筑市场)而采用的投标策略。使用该种投标策略时应注意以下事项：第一，业主肯定是按最低价确定中标单位；第二，这种报价方法属于正当的商业竞争行为(不正当竞争行为是一种违法行为)。根据我国《招标投标法》的规定，这种方法不得采用。

(4)冒险投标策略。即在报价中不考虑风险费用，这是一种冒险行为，如果风险不发生，即意味着承包人的报价成功；如果风险发生，则意味着承包人要承担极大的风险损失。这种报价策略同样只在市场竞争激烈，承包人急于寻找施工任务或着眼于打入该建筑市场甚至独占该建筑市场(以后靠长期经营挽回损失)时才予采用。

2. 附加策略

以上是投标报价的四种常见策略，投标报价过程中，可以在以上四种策略的基础上采用以下几种附加策略：

(1)优化设计策略。即发现并修改原有施工图设计中存在的不合理情况或采用新技术优化设计方案。如果这种设计能大幅度降低工程造价(或缩短工期)，且设计方案可靠，则这种设计方案一经采纳，承包人即可获得中标资格。

（2）缩短工期策略。即通过先进的施工方案、施工方法、科学的施工组织或者优化设计来缩短合同工期。当投标工期是关键工期时，则业主在评标过程中会将缩短工期后所带来的预期受益定量考虑进去，此时对承包人获取中标资格是有利的。

（3）附加优惠策略。即在得知业主资金较紧张或者“三大材”供应有一定困难的情形下，附带地向业主提出相应的优惠条件来取得中标资格的一种投标策略。例如，当承包人在得知业主的建设资金紧张的情况下，可以提出减免预付款甚至垫资施工，利用这种优惠条件，解决业主暂时困难，替业主分忧，为夺标创造条件。

（4）低价索赔策略。即在发现招标文件中存在许多漏洞甚至许多错误或业主不能提供必要的施工条件，开工后必然违约的情形下有意将价格报低，先争取中标，中标后通过索赔来挽回低报价的损失。这种策略只有在合同条款中关于索赔的规定明显对己方有利的情形下方可采用，对于以 FIDIC 条款作为合同条款的项目招标不宜采用这种方法。

九、报价决策与报价编制

在报价分析工作的基础上，根据自己所确定的投标策略，即可进行投标决策，确定投标报价，在总报价确定后，可根据单价分析表中的数据综合考虑其他因素后确定工程量清单中各工程细目的单价。在确定工程细目的单价时，有平衡报价法和不平衡报价法两种方法，平衡报价法将间接费和利润等费用平均分摊到各工程细目的单价中（按某固定的比例），不平衡报价法与此相反。就时间而言，有早期摊入法、递减摊入法、递增摊入法和平均摊入法四种方法。

（1）早期摊入法。即将投标期间和开工初期需发生的费用全部摊入早期完工的分项工程中。这些费用有投标期间的各种开支、投标保函手续费、工程保险费、部分临时设施费、由承包人承担的监理设施费、施工队伍调遣费、临时工程及其他开支费用。采用不平衡报价法，可以将工程量清单中的这些费用支付项目适当提高报价，由于这些费用支付时间较早（通常在开工初期支付），这样报价便于承包人尽早收回成本或减少周转资金。

（2）递减摊入法。即将施工前期发生较多而后逐步减少的一些费用，按随时间发生逐步减少分摊比例的方法摊到各分项工程中。这些费用有履约保函手续费、贷款利息、部分临时设施费、业务费、管理费。

（3）递增摊入法。其方法与递减摊入法相反。这些费用有物价上涨费等费用。当承包人预测物价上涨率在施工后期较高甚至超过银行利率时，可以采用递增摊入法来报价。

（4）平均摊入法。即将费用平均分摊到各分项工程的单价中。这些费用有意外费用、利润、税金等费用。

十、投标决策中的报价手法及注意事项

1. 投标决策中的报价手法

（1）不平衡报价法。具体表现形式如下：

①先期开工的项目（如开工费、土方、基础等）的单价报价高，后期开工的项目如高速公路的路面、交通设施、绿化等附属设施的单价报价低。

②估计到以后会增加工程量的项目的单价报价高，工程量会减少的项目的单价报价低。

③图纸不明确或有错误的，估计今后会修改的项目的单价报价高，估计今后会取消的项目

的单价报价低。

④没有工程量，只填单价的项目（如土方超运），其单价报价高（这样既不影响投标总价，又有利于多获利润）。

⑤对暂定金额项目，承包人做的可能性大时，其单价报价高，反之，报价低。

⑥对于允许价格调整的工程，当预计计算所得的调价系数高于利率及物价上涨带来的影响时，则后期施工的工程细目的单价报价高，反之，报价低。

（2）扩大标价法。即除了按正常的已知条件编制价格外，对工程中变化较大或没有把握的工作，采用扩大单价、增加“不可预见费”的方法来减少风险。

（3）多方案报价法。这是利用工程说明书或合同条款不够明确之处，以争取达到修改工程说明书和合同为目的的一种报价方法。其方法是，按原工程说明书和合同条款报一个价格，并加以注释：“如工程说明书和合同条款可作某些改变时，可降低多少费用”。使报价成为最低的，以吸引业主修改说明书和合同条款（使用该方法时注意不要违反招标文件中规定的投标一致性，否则会作为废标处理）。

（4）开口升级报价法。这种方法将报价看成是协商的开始，报价时利用招标文件中规定的不明确的有利条件，将造价很高的一些单项工程的报价抛开作为活口，将标价降低至无法与之竞争的数额。利用这种“最低标价”来吸引业主，从而取得与业主商谈的机会，利用活口进行升级加价，以达到最后赢利的目的。

（5）突然降价法。这是一种迷惑对手（或保密）的竞争手段。在整个报价过程，仍按一般情况报价，甚至有意无意的将报价泄露，或者表示对工程兴趣不大，等到投标截止期来临之时，来一个突然降价，使竞争对手措手不及，从而解决标价保密问题，提高竞争能力和中标机会。

2.报价决策注意事项

（1）施工企业在投标中应从自身条件、兴趣、能力和近远期经营战略目标出发来进行报价决策。一个企业，首先要从战略眼光出发，投标时既要看到近期利益，更要看到长远目标，承揽当前工程要为今后的工程创造机会和条件。在投标中，企业要注意扬长避短，注重信誉，报价中要量力而行，不顾实际情况，盲目压低标价的行为应予批制。

（2）报价决策中应重视对业主的条件和心理方面的分析。施工条件是否具备是投标中应予重视的问题，它与承包人的利益密切相关，条件不成熟的项目对承包人是一种风险，应在报价决策中作出相应的考虑。其次是对业主的心理分析，业主资金短缺者一般考虑最低标价中标；工程急需开工者和完工者，通常要求工期尽量提前。因此加强对业主的心理分析和情报收集对做好报价决策是很重要的。

（3）做好报价的宏观审核。标价编好后，是否合理，有无可能中标，可以采用工程报价宏观审核指标的方法进行分析判断。例如，可采用单位工程造价、全员劳动生产率、个体分析整体综合控制、各分项工程价值比例、各类费用的正常比例、单位工程用工用料等正常指标进行审核。

十一、综合形成投标文件

投标人编写的投标文件，应包括下列各项内容：

(1)投标书及投标书附录。

(2)投标担保。

(3)授权书。

(4)联合体协议书(如有)。

(5)标价的工程量清单。

(6)投标书附表(其格式见《公路工程国内招标文件范本》)。

(7)施工组织设计。

(8)资格预审的更新资料(如果有)或资格后审资料(如系资格后审)。

(9)选择方案及其报价(如果有)。

(10)其他资料。

投标人向招标人递交投标文件,份数按资料表规定,其中一份为正本并标记,其余为副本,副本应是正本的复印件。正本与副本应分别包装,包装必须使用内外两层封套,并在内外层封套上都要加贴封条,上有“正本”、“副本”标记。外层封套上不应有任何投标人的识别标志。未密封的投标文件将不予签收。

〔思考题〕

1. 工程量清单的作用有哪些?

2. 简述工程量清单的组成。

3. 为什么工程量清单中的开办项目要采用总额为单位?

4. 编制工程量清单时,工程细目的划分应坚持哪些原则? 项目划分太细或太粗对费用监理工作的开展有哪些影响?

5. 编制工程量清单时,工程量的错误对工程造价和费用监理会带来哪些影响?

6. 简述投标报价的基本程序。

7. 承包人的报价应包括哪些基本费用?

8. 承包人的报价必须根据《公路工程概、预算编制办法》及相应的定额来编制,这种说法是否正确? 为什么?

9. 简述各种投标策略及使用条件。

10. 不平衡报价的表现形式有哪些? 各有何特点?

11. 试简述标书的组成。

第五章 工程计量

第一节 工程计量概述

一、工程计量的基本规定和要求

1. 工程计量的概念和内涵

工程计量是按照《公路工程技术规范》所规定的方法对承包人符合要求的已完工程的实际数量所进行的测量、计算、核查和确认的过程。计量是监理工程师的基本职责和基本权力，也是费用监理的基本环节。没有准确和合理的计量，就会破坏工程承包合同中的经济关系，影响承包合同的正常履行。

工程计量的任务是确定实际工程数量的多少。工程量有预估工程量和实际工程量之分，工程量清单的工程量仅是估算工程量，不能作为承包人应予完成的工程之实际和确切的工程量。这是因为工程量清单中的数量是在制定招标文件时，在图纸和规范的基础上估算出来的，与实际工程量相比存在或多或少的误差甚至计算错误，只能作为投标报价的基础，而不能作为结算的依据。实际工程量的多少只有通过计量才能确定。按实际完成的工程量付款可以减少工程量的估计误差给双方带来的风险，增强工程费用结算结果的公平性，这正是单价合同的优点之一。

工程的计量必须以净值为准。《公路工程国内招标文件范本》(2003 年版)第 57 条明确规定：无论通常和当地的习惯如何(除非合同中另有规定)，工程计量必须以净值为准。

计量必须准确、真实、合法和及时。准确指计量结果是正确地按照规定的计量方法和工程量计算原则而得出的，方法正确、结果准确无误，使已完工程的实际数量得到了正确的确定，没有漏计和错计。真实指被计量的工程内容真实可靠，没有虚假的部分，即被计量的工程中没有质量不符合要求的，也没有重复计量，隐蔽工程的数量没有弄虚作假，工程量中没有虚报成分。合法指计量是按规定的程序合法地进行。因为计量结果是支付的直接基础和依据，直接关系到业主和承包人双方的经济利益。监理组织机构会制定严格的计量管理程序和指定专人按分级管理的原则进行分工负责，明确谁负责现场计量、谁复核、谁审查、谁审定等各项工作。只有通过了程序严格审查产生的计量结果才是合法的。及时指计量必须按合同规定的时间进行，不得无故推延。

2. 工程计量的原则

工程计量不仅直接涉及业主与承包人双方的经济利益，而且是监理工程师的重要权力和监理手段，在工程计量中遵守有关基本原则，是做好监理工作的有效保障。

(1)合同原则

监理工程师在进行工程计量时，必须全面理解合同条件、技术规范、设计图纸和工程量清单等合同文件的各组成部分。如技术规范的每一章节都有计量的规定，详细说明了各工程细目的内容及要求，对哪些内容不单独计量和支付，其价值如何分摊，都具体作了规定。工程量清单中的单价是承包人按招标文件的要求和合同条件的规定填报的，是支付的单价依据。因此监理工程师必须严格遵守合同中的有关规定来进行计量，使每一项工程的计量都符合合同要求。

(2)公正性原则

监理工程师在工程计量环节中拥有广泛的权力，承包人与业主的货币收支是否合理，取决于监理工程师签认的工程量是否准确和真实。只有监理工程师保持公正的立场和恪守公正的原则，才能在计量与支付工作中正确地使用权力，准确地计量，实事求是地处理好业主与承包人之间的有关纠纷，合理地确定工程费用。如果监理工程师不公正，就无法正确地做出正确的判断。特别是当施工过程中发生工程变更、工程索赔和各种特殊风险时，就更要求监理工程师公正而独立地做出判断和估价。因此，监理工程师在工程计量中，必须认真负责，以实事求是的精神和客观公正的态度做好每一项工作，确保业主与承包人之间的交易公平。唯有公正，才能分清业主和承包人各自的权利和责任，才能准确地协调好双方之间的利益关系，才能保证工程计量的准确、真实和合法。

(3)时效性原则

工程计量具有严格的时间要求，时效性极强。计量不及时，会影响承包人的施工进度；支付不及时，直接产生合同纠纷。《公路工程国内招标文件范本》(2003 年版)分别在第 56 条和第 60 条中对计量与支付规定了严格的时间限制。因此，监理工程师一定要按时进行计量和支付。

(4)程序性原则

为了保证工程计量准确、真实和合法，合同条款和各项目的监理组织都规定了严格的程序。这些程序规定了各项工程细目和各项工程费用进行计量与支付的条件、办法以及计算、复核、审批的环节，从合同上、组织上和技术上对计量与支付加以严格管理，以确保准确和公正。如计量必须以质量合格为前提，支付必须以计量为基础等。因此，工程计量必须遵守严格的程序，通过按程序办事来提高数据的准确性、真实性和合法性，以保证工程计量准确、合理。

3. 工程计量的作用

工程计量一方面是施工合同中的关键内容，是经济利益关系的集中体现，在施工活动中有着极为重要的作用；另一方面也是监理工作的关键和核心，为确保监理工程师的核心地位提供手段。

(1)调节合同中的经济利益关系，促使合同的全面履行

工程计量是施工合同的重要内容，是合同中各类经济关系的全面反映，同时，还揭示了施工活动的经济本质。通过工程计量这个经济杠杆，调节合同双方利益，使承包人严格遵守合

同，准确地按设计图纸和技术规范进行施工；促使业主履行其义务，及时向承包人支付，确保施工活动中资金运动与物质运动平衡地进行，使施工合同得到全面的履行。

(2)确保监理工程师的核心地位

工程建设项目管理中，在业主与承包人之间引入独立的第三方——监理工程师，由监理工程师对工程的质量、进度和费用进行全面控制。通过计量与支付来确保监理工程师的核心地位，对工程施工进行全面而有效地控制，对业主和承包人的合同行为进行有效地调控。计量与支付为监理工程师开展监理工作提供最基本的手段。

监理工程师掌握了计量支付权，就抓住了主要矛盾，掌握了控制施工活动和调控承包人施工行为最有效的基本手段，抓住了指挥棒。如果承包人的施工工艺不符合规范要求，监理工程师可要求其自费改正；如果所用材料不合格，监理可以对材料拒收；如果工程质量不合要求，监理将不予计量和支付，并要求承包人返工使其达到要求；如果承包人不执行有关指令，则将受到罚款或驱逐。计量支付权使监理工程师可以有效地从经济上制约承包人，严格按合同要求办，确保工程的质量目标。同样，如果承包人进度过慢，监理工程师将令其支付拖期违约损失赔偿金和延误罚款，如果进度严重落后，监理工程师还可以提议驱逐承包人，这就有效地保证了监理工程师对工期的控制。

总之，计量与支付工作是控制工程造价的核心环节，是进行质量控制的主要手段，是进度控制的基础，是保证业主和承包人合法权益的重要途径。

4.工程计量的条件

工程计量一方面是准确地测定和计算已完工程的数量，另一方面也是对已完工程进行综合评价，因此，对进行计量的工程，必须满足以下条件：

(1)计量的项目应符合合同要求

合同规定计量的项目包括以下三个方面：

①清单中的工程细目

清单中的工程细目全部需要进行计量，合同文件规定，没有填写单价与金额的项目其费用已包括在清单的其他单价或款项中，因此对于清单中没有填写单价与金额的项目，仍需进行计量，以确认承包人是否按合同条件完成了该项工程。

②合同文件中规定的项目

除了清单中的工程细目外，在合同文件中通常还规定了一些包干项目，对于这些项目也必须根据合同文件规定进行计量。

③工程变更项目

工程变更中一般附有工程变更清单，工程变更清单同工程量清单具有相同的性质，因此对于工程变更清单项目亦必须按合同有关要求进行计量。

上述合同规定以外的项目，例如承包人为完成上述项目而进行的一些辅助工程，监理工程师没有进行计量的义务。因为这些辅助工程的费用已包括在上述项目的单价中。

(2)质量必须达到合同规范标准的要求

由《监理概论》课程介绍的内容可知，一项工程全过程的监理分为质量监理和工程费用监理两个阶段。承包人所完成的工程细目的质量必须经监理工程师检查并达到合同规范的标准后，才能由监理工程师签发中间交工证书，在此基础上进行计量。工程质量没有达到合同规范标准的任何工程或工序，一律不得进行计量。

(3)验收手续必须齐全

对一项工程或一道工序的验收应有以下资料和手续：

①监理工程师批准的开工申请单。

②承包人自检的各种资料和试验数据，同时各种试验的频率要符合合同规定。

③监理工程师检验的各种试验数据。

④中间交工证书。

总之，上述验收手续和资料齐全后才能进行计量。

二、监理工程师在计量工作中的职责与权限

要做好任何一项工作，首先必须明确职责，其次必须确定权限。有责无权或有权无责，必然无法达到目标。在公路工程施工监理活动中，必须明确作为监理活动主体的监理工程师的职责与权限，只有这样，才能确保监理工作达到预定的目标。

根据合同条件的规定，监理工程师在工程费用监理中的职责与权限主要体现在工程计量与工程费用支付两个方面。为了真正做好费用监理工作，必须明确监理工程师在工程计量和工程费用支付中的职责并赋予相应的权力，若监理工程师对工程计量不负责任或无权过问，实际完成的工程量就无法准确掌握，工程价值就无从确定。同样，若监理工程师对工程费用支付不负责任或无权过问，就无法保证工程费用支付符合合同要求，无法利用经济杠杆协调业主和承包人在施工活动中的关系，从而不仅不能完成和做好工程费用监理，而且还直接影响监理工程师对工程进度和工程质量进行监理，最终导致无法对承包合同实现监理。总之，明确规定监理工程师在工程计量和工程费用支付中的职责和权限，是进行工程费用监理的基本条件和前提。

1. 计量的职责

计量的根本职责就是按照合同文件的有关规定，按时准确测定已完工程的实际工程量。由于公路工程施工中一般采用单价合同，工程量的多少直接关系到某次付款的金额，涉及业主和承包人双方之间的直接经济利益，而工程量清单中的工程量只是一种估算的工程量，所以完成某一工程细目的实际工程量必须由监理工程师按照清单前言和技术规范中有关计量规定来确定。因此，计量既是监理工程师的一项基本职责，也是费用监理最重要的一个方面。

2. 计量的权力

合同条件中明确规定计量工作由监理工程师负责。在监理工程师独自计量、承包人独自计量以及监理工程师与承包人联合计量这三种方式中，无论采用哪一种计量方式，最终确认工程量多少的权力归监理工程师。因此监理工程师的计量权力实际上是对计量结果的确认权。具体说来，监理工程师有权拒绝对质量不合格部分的计量，同样也有权审查和核实承包人的计量记录，删除那些不合理的部分。所谓不合理是指虽然质量合格，但没有按规范指定的计量规则和计量方法计量，或者有多计、冒计部分，或者大多数工程是合格的，但其中混有不合格的部分等。总之，要按技术规范，工程量清单前言及通用条件中关于计量的规定来判定是否合理。

3. 权力的限制

尽管合同文件中没有直接给出有关权力限制的内容，但这一思想已隐含其中。由于监理

工程师拥有工程量的确认权，因而，承包人会想方设法地让监理工程师尽可能多批工程量，最终达到多获得工程进度款的目的。为了防止监理工程师与承包人串通，合同文件中对监理工程师总的工作原则作出了明确规定，例如，不得损害业主的利益，必须公正独立地进行工作，认真地行使职权，这就是对这种权力的一种约束和限制。同时，还可由政府机关按有关法律和条例对监理工程师的工作加以监督，交通部颁发的《公路施工监理办法》第 21 条规定：监理单位或人员营私舞弊，损害建设单位、施工单位利益或因监理人员失职造成重大事故和经济损失的，除按法律规定承担其法律责任外，其行政、资质主管机关可视情节轻重，分别给予扣减监理服务费、责令停业整顿、警告、降低资质等级、吊销监理资格证书的处罚。这实质上就是对监理工程师的权力和职责从外部加以约束和限制。除此之外，《公路工程国内招标文件范本》（2003 年版）第 56 条中赋予监理工程师计量权力的同时，也对这种权力的应用给予了一定的约束。

三、计量的程序与管理

1. 计量程序

工程计量由承包人向监理工程师提出并附有必要的中间交工验收资料或质量合格证明。监理工程师对工程的任何部分进行计量时，《公路工程国内招标文件范本》应按照 56 条规定，事先通知承包人或承包人的代表，承包人或承包人的代表应立即委派合格人员前往协助监理工程师进行计量工作，还应提供必要的人员、设备和交通工具。计量工作可以由监理工程师和承包人双方委派合格人员在现场进行，也可以采用记录和图纸在室内按计量规则进行计算，其结果都必须经监理工程师和承包人双方同意，签字认可。

如果承包人在收到监理工程师的计量通知后，不参加或未派人参加计量工作，根据通用条件第 56 条规定，由监理工程师派出人员单方面进行的工程计量，经监理工程师批准的应认为是正确的工程计量，可以用做支付的依据。如果承包人对监理工程师计量核实结果不予同意，应在 7 天之内向监理工程师提出申辩，监理工程师收到此申辩后，应同承包人查对记录和图纸的计量审核，或予确认，或予修改。

如果对永久工程采用记录和图纸的方式计量，则监理工程师应准备该项工程项目的图纸和记录。当承包人被通知要求参加此项计量时，应在通知发出 7 天内同监理工程师一道查阅和确认记录与图纸，并在双方取得同意时，在上面签字。如果承包人不参加或不委派参加上述记录和图纸的审查与确认，则应认为这些记录和图纸是正确无误的。除非承包人在上述计量后 7 天内向监理工程师提出申辩，说明承包人认为上述记录和图纸有不正确之处，要求监理工程师予以决断。监理工程师在收到承包人的申辩后应进一步检查记录和图纸，或者维持原议或者进行修改，并将复议后的结果通知承包人。

2. 计量的分工

在一个驻地监理机构中，一般配有项目工程师（如道路工程师、材料工程师、结构工程师、测量工程师、合同工程师、计量支付工程师等）。计量工程师专门负责计量与支付，为了控制本合同段的工程费用，他不仅应认真尽职地做好计量支付，承担起本合同段的计量与支付职责；而且应将不同细目的计量支付控制目标明确，在工程费用预算和本段工程费用分析的基础上，找出计量支付的重点，并责任到人，将本段支付额较好地控制在合同价款的范围内。

3. 计量的管理

除了职责分工明确,目标具体落实外,监理工程师还应加强对计量的管理工作。计量工作既重要,又需要大量资料和表格,工作很繁琐,因此,监理工程师必须建立起行之有效的管理办法,建立计量与支付档案,不断改进管理工作。

(1)落实计量职责

为使计量的责任分明,监理机构中一般设有专门负责计量的工作班子,并在每个驻地办事机构中设一名专门的计量工程师。如京津塘的计量由驻地监理工程师办公室负责,高级驻地中心试验室有时配合,就计量进行抽查。驻地计量工程师主要负责的是各细目的工程计量。在组织计量工作时,采用按专业分工,分别进行计量的办法,做到计量职责分明。具体工程内容的计量应落实到人,以免重复计量和漏计。如果职责不明,势必造成计量混乱,从而造成计量工作的不准确。因此,一定要注意计量工作由谁负责,并且为了保证计量的准确性,还必须有负责检查、复核的人员以及最终签认的人员,使计量工作按规定的程序进行。

通过对计量工作的分工,使工程计量责任到人,并通过对计量的复核、审定等程序和制订计量人员的岗位责任制,对计量工作进行有效管理。

(2)做好计量记录

计量记录与档案是计量管理中的重要内容,对于公路工程这样大型的复杂项目,要进行多次计量,将形成一系列的计量资料,只有在完善计量记录的基础上加强对计量的档案管理,才能使项目的计量工作顺利完成。因此,为便于合同管理,正确评价工程和查询监理计量工作,必须加强工程计量(中间计量)档案管理。

计量应根据合同的要求做好记录。符合要求的记录应能说明哪些已经计量,哪些尚未计量,哪些已经签发支付证书,哪些尚未签发证书。计量时监理工程师还应完成以下工作:

①应有一套图纸(最好挂在墙上),用彩笔将所进行的工程的位置在图纸上标示出来,并在适当的位置作详细补充说明,如工程的开始、结束及几何尺寸等数据,这将有助于做好计量记录。

②应有一套档案,包括计量证书的号码及所计量的数量。所有计量证书必须是承包人和监理工程师共同签署的,只有这样才能作为支付的凭证。

③记录工程量清单中所列出的分类细目的数量与计量后数量的差异及双方同意的任何进度支付证书应付的款额。

④对计日工应记录在有号码的计量证书上,并由承包人代表及监理工程师代表共同签名。计日工应详细记录如下内容:

记录已指令进行的工程计日工的估计数量和已获同意的付款额,记录计日工已完成的数量及付款金额;如果计日工的时间超过一个月,应在暂时计量单上记账,并在计量证书上另立系列号码,这些记录应与累计账册一同归档;记录已同意的计日工单价、付款的金额、付款报表号码。

⑤工程变更应记录已下达的变更指令依据、已同意的单价和价格调整,增加费用的计量证书应另编系列号码分开存档。

⑥对于现场存放的材料应每月计量记录一次,其计量表中应记录已发到现场的材料的种类和数量及这些材料的发票面值;已计量的数量应记录每一次报表中的预付金额及回收金额,

材料计量证书应另编系列号码，并应与发票及所有材料的累计账册一同归档。

（3）计量分析

为了做好计量的管理工作，除落实职责和加强记录与档案管理外，还应加强计量分析，一方面及时发现计量工作中的问题，另一方面及时掌握工程进度，为进度监理和费用支付提供基础。

为了便于计量的分析与管理，对计量的表格应统一，使其标准化和规范化。监理工程师应设计好表格让承包人和具体从事计量的人员按此填写，这便于采用计算机辅助计量和进行计量分析。

计量分析时一方面应对照原工程量清单和设计图纸进行分析，将实际工程量与原设计的工程量进行对比，发现偏差并分析偏差的原因。另一方面以计量的工程量为依据，计算出实际进度，将实际进度与批准的进度比较，发现进度偏差，并找出原因从而采取措施改进。

计量分析也应对计量的方法是否恰当、计量的结果是否准确以及是否有质量不合格的工程等进行分析，通过分析找出是否有多计、错计的部分。

除以上所述三项基本内容外，计量管理还包括计量争端的协调与处理。因为计量是费用支付的直接基础，也是对承包人工作的一种基本评价，因此，在计量工作中难免发生争端与分歧，监理工程师必须协调各方，尽快解决争端。

计量是一项综合性极强的工作，涉及内容多，处理复杂，并且承包人在申请时要申报大量的报表和资料，因此，必须在质量管理的基础上进行综合管理。另外，计量工作的计算和资料管理工作都很繁重，应推行表格和报表的标准化管理，尽力争取用计算机来处理报表，以提高计量支付工作的准确性和工作效率。

四、工程计量的基本方法

1. 工程计量的类型

工程计量一般有三种组织类型，即监理工程师单独计量、承包人单独计量和监理工程师与承包人联合计量。这三种计量各有特点，但无论如何，计量必须符合合同的要求，其结果必须由监理工程师确认。

（1）监理工程师独立计量

监理工程师独立计量时，可以由监理工程师完全控制被计量的部位，质量不合格的工程肯定不会被计量，也很少出现多计的情况，能够确保记录结果的准确性。但监理工程师的工作量较大，且容易引起承包人的异议而延误计量工作时间。

（2）承包人独立计量

这种方式可以减轻监理工程师的工作，让监理工程师有时间进行计量分析和计量管理，但承包人自行计量时，可能会出现多计和冒计的问题，有时计量细节和计量方法甚至算术计算也可能有差错，并且一些质量不合格的工程也可能被计量。因此，在这种情况下，监理工程师一定要认真细致地审查计量结果，并定期派人对承包人的测量工作进行检查，最好派有经验的计量人员经常检验及控制承包人的计量工作，即当由承包人独立计量时，监理工程师一定要对计量结果的准确性和测量方法及计算规则进行严格审查。

（3）联合计量

这种方式有利于消除双方的疑虑，当场解决分歧，减少争议，又能较好地保证计量结果的公正性和准确性，简化程序，节约时间。因此公路工程合同中，较多地采用联合计量，即承包人和监理工程师共同进行计量工作。

2. 工程计量的依据

计量的依据一般有质量合格证书，工程量清单前言，合同条件中的“计量支付”条款，技术规范中有关计量支付的内容（或独立的计量支付说明）和设计图纸及各种测量数据。也就是说，计量时必须以这些资料为依据。

（1）质量合格证书

计量的基本条件和前提是质量合格，质量不合格部分不予计量。因此，计量工程师进行计量时，一定要同质量工程师配合，只有通过了质量监理，由质量监理工程师签发了质量合格证书的工程内容，才能进行计量。

（2）清单前言和技术规范

因为清单前言和技术规范中的“计量支付”规定了清单中每一项工程的计量方法，同时还规定了按规定的计量方法确定的单价即包括的工作内容和范围。例如关于路面面层的计量，计量条款中规定：路面面层的计量单位为 m^2，该项目应按图纸上所示的该层顶面的平面面积计量并包括图 5-1 所示该层断面内所有的材料及工作。

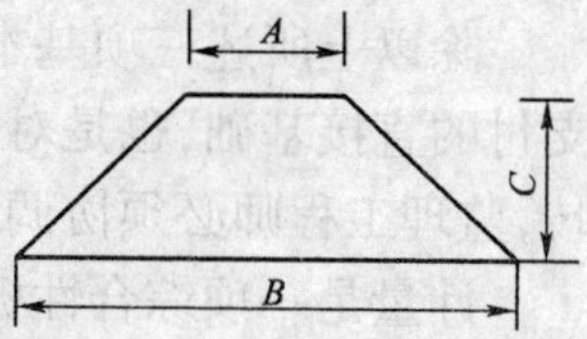

图 5-1

图中 A 为面层顶面宽度，B 为底面宽度。根据上述的规定，计量面层的数量时，只能以顶面宽 A 进行计算，以底面宽或以 $A+B$ 的平均值计量都是不允许的。因为投标时，承包人根据规定，应当把该层断面内所有的材料及工作发生的费用，都包括在以顶面面积所确定的单价内。

（3）设计图纸

工程量清单的数量是该工程的估算工程量，但是被计量的工程数量，并不一定是承包人实际施工的数量，因为计量的几何尺寸应当以设计图纸为准。图 5-2 为就地灌注桩施工实测图。根据计量规定：对就地灌注桩的支付计量，应根据图纸所示由监理工程师确定的从设计基础表面到下方桩端间的长度考虑。因此，图中实际施工的灌注桩的长度虽然为 L_1+L_2，但是被计量支付的长度为 L_1。

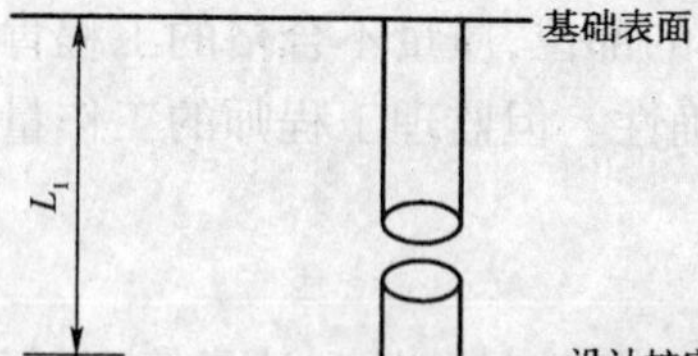

图 5-2

（4）测量数据

与计算有关的测量数据有原始地面线高程的测量数据、土石分界线的测量数据、基础高程的测量数据、竣工测量数据等。测量数据的准确性严重影响计量结果的准确性。

3. 计量的内容、时间、方式与方法

（1）计量内容

理论上，所有工程事项均应加以计量，以便获得完整的记录；实际上，只是对所有需要支付的细目加以计量，这是计量工作范围的最低要求。这些细目由技术规范中每一节“计量与支付”条款及工程量清单的“前言”明确规定了计量方法与付款内容，除了对已完成的工程细目进行计量和记录外，监理工程师最好对那些涉及付款的工程细目在施工中发生的一切问题进行详尽的记录，以便发生索赔时有据可查。

因此,计量工作的范围有最高与最低要求,具体达到什么样的要求,由具体工程项目的内容及施工情况而定。

(2)计量时间

根据合同规定监理工程师应及时对已经完成且质量合格的工程细目进行计量,并且对一切进行中的工程,均须每月粗略计量一次,到该部分工程完工后,再根据规范的条款进行精细的计量。每月进行计量以便掌握工程进度情况及核定月进度款(即期中支付证书),为此,监理工程师一般须填制"中间计量单"。

对于隐蔽工程,则须在工程覆盖之前进行计量。否则,在覆盖后再进行计量将使工作更复杂和更困难。

(3)计量单位与计量精度

计量单位分两类,一类是物理计量单位,一类是自然计量单位。物理计量单位以公制计量,自然单位通常采用十进位自然数计算。

对于物理计量单位长度常用米、延米、千米、公里,面积常用平方米、千平方米、公顷;体积常用立方米、千立方米;质量常用克、千克、吨;自然计量单位常用个、片、座、株;时间单位常用日、星期、月、年等。

对于精度,为方便起见,浮点数须四舍五入至小数点后恰当的位数。应对不同的细目分别作出统一规定。

虽然这是一简单问题,但实际工作中,常常出现计量名称、符号及取位错误和不规范。同时,还应该注意的是:各细目的计量单位必须与工程量清单中所用单位一致,同时还应注意,所有计量都以净值为准。

(4)计量方式

计量方式一般有如下三种:

①实地测量与实地勘查。如土方工程,一般对横断面宽度、挖方的边长等需实地测量和勘查,又如场地清理也需按野外实地测得的数据,根据计算规则进行计算。

②室内按图纸计算。对于钢筋混凝土结构物以及多数永久工程,一般可按图纸计算工程量。

③根据现场记录。如计日工必须按现场记录来计算,又如灌注桩抽芯应按取芯时的钻探记录,又如打桩工程的施工记录等,还有100章的大部分内容为现场检查和记录。

一般工程量的计算由承包人负责,工程量审核由监理工程师负责。通常,一个工程项目的计量往往是三种方式综合运用。不论采用何种方式,其结果都须经监理工程师和承包人双方同意,共同签字,有争议时,协商解决,协商解决不了仍由监理工程师决定。

(5)计量规则和计量方法

计量规则和计量方法主要在技术规范的有关内容和工程量清单的前言中明确给予规定。在进行计量时必须遵守其要求,并且,在不同的合同中,这些计量规则和计量方法会有差别(即使对同一工程内容)。不同的合同均有各自的计量规定与要求,这些要求在技术规范每一节的计量与支付和工程量清单的前言中已经给出。因此,计量时必须严格按本合同计量细则的规定进行计量,不能按习惯计量方法,也不能按别的计量细则。

应该注意的是:监理工程师除了对工程量清单的各个细目进行计量外,还应对所有有关支付的其他事务进行计量。如计日工使用的具体数量,各种工程意外事件以及工程变更后的工程量等等,均应加以计量,以便进行支付。这些内容主要采取记录计量方式。

第二节 公路工程计量方法

一、开办项目计量方法

开办项目主要有保险费、竣工文件、施工环保费、临时道路、临时用地、临时供电设施、临时电讯设施、承包人驻地建设等项目。这些项目在清单中按项报价,均属于包干支付项目。因此,在计量规则中很简单,计量方法都是现场检查和统计。

需注意的是,对这类按项计量支付的项目,一定要在现场进行认真的检查和核实,并按照技术规范规定的工作内容和程序逐项查实。开办项目中的保险费需提供保单才能计量,临时道路、临时用地、承包人驻地建设等在工程完工后的拆除与恢复不另行计量。

二、路基工程计量方法

路基工程包括清理与挖除、路基土石方、特殊地区路基处理、排水设施、边坡防护、支挡工程、坡面防护、预应力锚索及锚固板、抗滑桩、河床及护坡铺砌等工程。

路基工程是工程计量的主要内容,应对其认真的计量。在进行路基工程计量时,应特别注意以下几个问题:

(1)施工单位复测的路基横断面图要仔细复查,并保证挖方与填方的平衡。

(2)路基土石方的界定,严格按照工程量清单前言或技术规范的要求进行界定,并按照合同文件的规定提供有关试验证明资料。

(3)土石方体积用平均断面法计算。但与似棱体公式计算方式结果比较,如果误差超过5%时,采用似棱体公式计算。

(4)路基填方计量中应扣除跨径大于5m(或技术规范中规定的某一跨径)的通道、涵洞及小桥的空间体积。

(5)为保证路基压实度,两侧需加宽填筑的体积,零填零挖的翻松压实,挖方路基的路床顶面以下,土方断面挖松深300mm再压实;石方断面应辅以人工凿平或填平压实,作为承包人应做的附属工作,均不予计量。

(6)桥涵台背回填按设计图纸和监理工程师指示进行的桥涵特殊处理数量。但在路基填方计量中应扣除涵洞、通道台背及桥梁桥长范围内台背特殊处理的数量。

(7)技术规范未明确指出的工程内容:临时道路养护、场地清理、临时排水与防护、脚手架、模板的安装与拆除及场内运输等均包含在相应的工程项目中,不另行计量。

(8)排水、防护、支挡工程中的钢筋、锚杆、锚索的除锈、制作、安装、运输及锚具锚垫板、注浆管、封锚、护套、支架等,砌筑工程中的嵌缝材料、砂浆勾缝、抹面、泄水孔、滤水层以及基础的开挖和回填等有关作业,均作为承包人应做的附属工作,不另行计量。

路基工程中主要工程的计量细则如下:

1. 场地清理

(1)施工场地清理的计量应按监理工程师书面指定的范围,进行验收后现场实地测量,按投影水平面积以平方米计量。借土场的场地清理与拆除(包括临时工程)均应列入土方单价之内,不另行计量。

(2)砍伐树木仅计胸径(即离地面1.3m高处的直径)大于150mm的树木,以棵计量。

(3)掘除旧路面应按各种不同结构类型的路面分别以平方米计量;拆除原有公路结构物应分别按结构物类型,用监理工程师现场指示范围和量测方法量测,以立方米计量。

(4)所有场地清理、拆除与挖掘工作的一切挖方、回填、压实,以及适用材料的移运、堆放和废料的移运处理等作业均不另行计量。

2. 路基土石方

(1)路基挖方(图5-3)。路基挖方以批准的路基设计图纸所示界限为限,以天然密实体积计量,其中包括边沟、排水沟、截水沟、改河、改渠、改路的开挖。

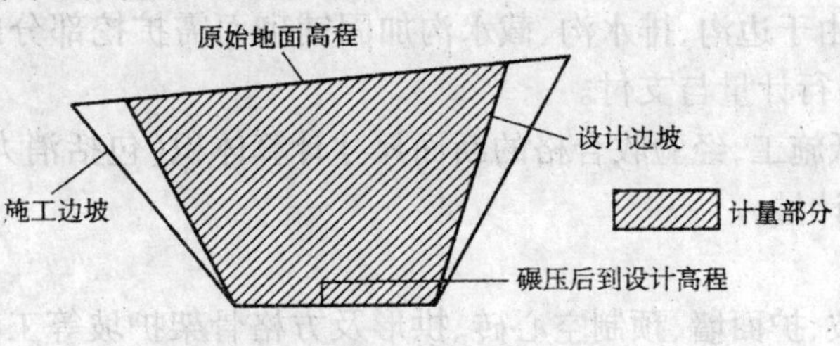

图5-3 路基挖方计量示意图

(2)路基填方(图5-4)。路基填方以批准的路基设计图纸所示界限为限,按压实后路床顶面设计高程计算,压实后体积以立方米计量。包括挖台阶、摊平、整形、压实及借土填方的运输,其借土填方中的开挖在路基挖方中计量。

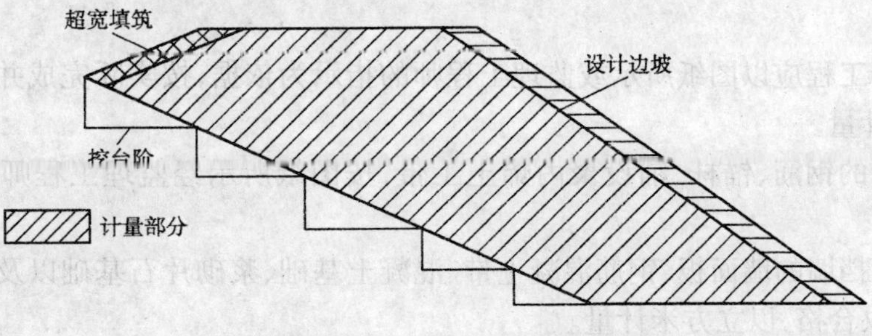

图5-4 路基填方计量示意图

(3)除非监理工程师另有指示,超过图纸或监理工程师规定尺寸的开挖与填筑,均不予计量。

(4)石方爆破的安全措施、弃方的运输和堆放、质量检验作为承包人应做的附属工作不另行计量。

(5)结构物台背回填按压实体积,以立方米计量,计价中包括挖运、摊平、压实、整形等一切与此有关的作业费用。

3. 特殊地区路基处理

(1)挖除原有路基一定深度及范围内的淤泥以立方米计量;换填的土方,包括由于施工过程中地面下沉而增加的填方量以立方米计量。

(2)抛石挤淤、砂垫层、砂砾垫层及灰土垫层、预压和超载预压,按图纸或验收的尺寸以立方米计量,包括材料、机械及有关的一切作业。

(3)袋装砂井、塑料排水板、粉喷桩、碎石桩、砂柱,按不同规格及深(长)度分别以米计量,包括材料、机械及有关一切作业。

(4)土工织物、膨胀土路基、湿陷性黄土采用强夯处理、盐渍土路基处理换填,按平方米计量,包括材料、机械及有关一切作业。

(5)滑坡处理、岩溶洞填筑、黄土陷穴开挖和回填体积,按实际发生挖除及回填体积,经监理工程师验收合格后以立方米计量。

(6)工地沉降观测作为承包人应做的工作,不予计量与支付。

4. 坡面排水

(1)边沟、排水沟、截水沟的加固铺砌及路基盲沟,按图纸施工经验收合格的实际长度分不同规格以米计量。由于边沟、排水沟、截水沟加固铺砌而需扩挖部分的开挖,均作为承包人应做的附属工作,不另行计量与支付。

(2)急流槽按图纸施工,经验收合格的断面尺寸计算体积(包括消力池、消力槛、抗滑台等附属设施),以立方米计量。

5. 护坡、护面墙

(1)浆砌片石护坡、护面墙、预制空心砖、拱形及方格骨架护坡等工程的计量,应以图纸所示和监理工程师的指示为依据,按实际完成并经验收的数量按不同工程细目的不同砂浆砌体分别以立方米计量。

(2)种草及铺草皮,应以图纸所示面积为依据,按实际完成并经验收的数量以平方米计量。

6. 挡土墙

(1)挡土墙工程应以图纸所示或监理工程师的指示为依据,按实际完成并经验收的数量,分别以立方米计量。

(2)挡土墙的钢筋、锚杆、铺设聚丙烯土工带,按图纸所示经监理工程师验收后,以千克(kg)计量。

(3)加筋土挡墙的墙面板、钢筋混凝土带、混凝土基础、浆砌片石基础以及混凝土帽石,经监理工程师验收合格,以立方米计量。

三、路面工程计量方法

路面工程包括垫层、底基层、基层、沥青混凝土面层、水泥混凝土面层、其他面层、透层、黏层、封层、路面排水及路面其他工程。

总的说来,路面工程计量比较简单,但却是计量的主要内容。其主要工程的计量细则如下:

1. 各类路面

(1)各类路面,应按图纸所示和监理工程师指示铺筑,经监理工程师验收合格的面积,按不同厚度分别以平方米计量。

(2)对个别特殊形状的面积,应采用适当的计算方法计量,并经监理工程师批准以平方米计量。除监理工程师另有指示,超过图纸规定的面积均不计量(图5-5)。

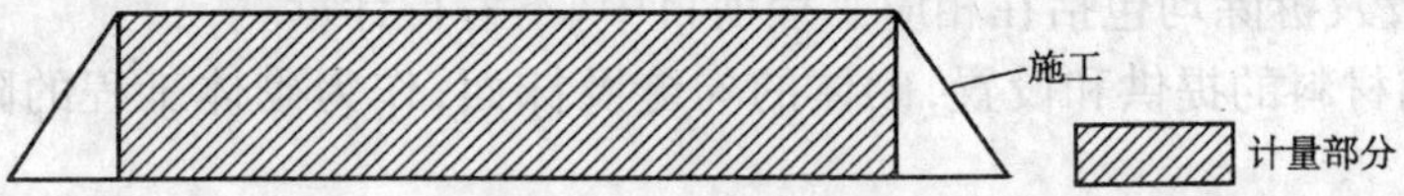

图5-5　路面计量示意图

路面工程在计量时需注意以下问题:

(1)水泥混凝土路面的模板及缩缝、胀缝的填缝材料、高密度橡胶板,均包含在浇筑不同厚度水泥混凝土面层的工程项目中,不另行计量。

(2)水泥混凝土路面养生用的养护剂、覆盖的麻袋、养护器材等,均包含在浇筑不同厚度水泥混凝土面层的工程项目中,不另行计量。

(3)水泥混凝土路面所用的拉杆、传力杆、接缝材料和所需的补强钢筋等,不单独计量与支付。

(4)沥青混凝土路面和水泥混凝土路面所需的外掺剂不另行计量。

(5)沥青混凝土、水泥混凝土和(底)基层混合料拌和站、储料场的建设和拆除、恢复均包括在相应工程项目中,不另行计量。

2.路面其他工程

(1)培土路肩及中央分隔带回填土按压实后并经验收的工程数量分别以立方米为单位计量。

(2)水泥混凝土加固土路肩经验收合格后,沿路肩表面量测其长度以延米为单位计量,加固土路肩的混凝土立模、摊铺、振捣、养生、拆模、预制块预制铺砌、接缝材料等及其他有关加固土路肩的杂项工作均属于承包人的附属工作,均不另行计量。

(3)路缘石按图纸所示的长度进行现场量测,经验收合格以延米为单位计量。埋设缘石的基槽开挖与回填、夯实等有关杂项工作均属于承包人的附属工作,均不另行计量。

四、桥梁工程计量方法

桥梁工程主要包括:桥梁荷载试验、补充地质勘探、模板、拱架及支架、钢筋、基础挖方、桩基础、沉井基础、结构混凝土及预应力混凝土工程、砌石工程、桥面铺装、桥梁支座、涵洞工程等。桥梁工程的计量内容较多且比较复杂,应注意以下问题:

(1)基础、下部结构、上部结构混凝土的钢筋,包括搭接钢筋、钢筋骨架用的铁丝、钢板、套筒、焊接、钢筋垫块或其他固定钢筋的材料以及钢筋除锈、制作、安装、成品运输,作为钢筋工程的附属工作,不另行计量。

(2)附属结构、圆管涵、倒虹吸管、盖板涵、拱涵、通道的钢筋,均包含在各项目内,不另行计量。附属结构包括缘石、人行道、防撞墙、栏杆、护栏、桥头搭坂、枕梁、抗震挡块、支座垫块等构造物不另行计量。

(3)预应力钢材、斜拉索的除锈、制作、安装、运输及锚具、锚垫板、定位筋、连接件、封锚、护套、支架、附属装置和所有预埋件,包括在相应的工程项目中,不另行计量。

(4)桥梁及涵洞、通道工程项目所涉及的养护、场地清理、吊装设备、拱盔、支架、工作平台、脚手架的搭设及拆除、模板的安装及拆除,均包括在相应工程项目内,不另行计量。

(5)混凝土拌和场(站)、构件预制场、储料场的建设、拆除、恢复,安装架设设备摊销、预应力张拉台座的设置及拆除均包括在相应工程项目中,不另行计量。

(6)砌体垫铺材料的提供和设置,砌体的勾缝及抹面,作为砌体工程的附属工作,不另行计量。

(7)材料的计量尺寸为设计净尺寸。

(8)设计图纸标明的及由于地基出现溶洞等情况而进行的桥涵基底处理按路基工程中特殊路基处理的规定计量。

桥梁工程中主要工程的计量细则如下:

1. 钢筋

根据图纸所示及钢筋表所列,按实际安设并经监理工程师验收的钢筋以千克(kg)计量。其内容包括钢筋混凝土中的钢筋和预应力混凝土中的非预应力钢筋及混凝土桥面铺装中的钢筋。计算公式为:

$$W = \sum L \cdot R \tag{5-1}$$

式中:W——应计量的钢筋质量;

L——各类型钢筋的设计长度;

R——各类型钢筋单位质量。

2. 基础挖方及回填(图 5-6)

(1)基础挖方应按下述规定,取用底、顶面间平均高度的棱柱体体积,分别按干处、水下及土、石,以立方米计量。干处挖方与水下挖方是以监理工程师认可的施工期间实测的地下水位为界限,在地下水位以上开挖的为干处挖方,在地下水位以下开挖的为水下挖方。

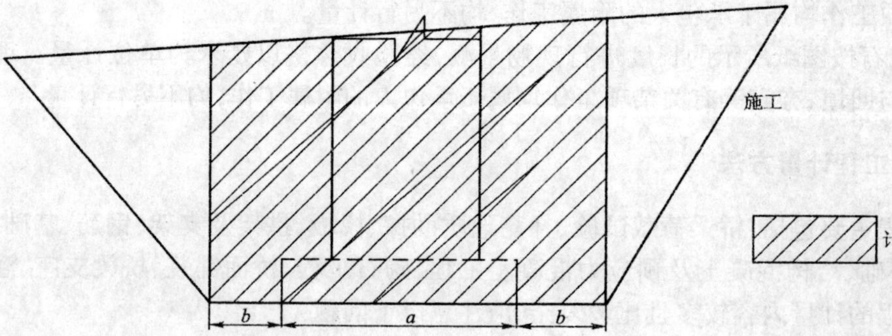

图 5-6 基坑计量示意图

基础底面、顶面及侧面的确定应符合下列规定:

①基础挖方底面:按图纸所示或监理工程师批准的基础(包括地基处理部分)的基底高程线计算。

②基础挖方顶面:按监理工程师批准的横断面上所标示的原地面线计算。

③基础挖方侧面:按顶面到底面,以超出基底周边 0.5m 的竖直面为界。

(2)当承包人遇到特殊或非常规情况时,应及时通知监理工程师,由监理工程师定出特殊的基础挖方界线。凡未取得监理工程师批准,承包人以特殊情况为理由而完成的任何挖方将不予计量，其基坑超深开挖，应由承包人用砂砾或监理工程师批准的回填材料予以回填压实。

(3) 为完成基础挖方所做的地面排水及围堰、基坑支撑及抽水、基坑回填与压实、错台开挖、斜坡开挖及基坑土的运输等，作为挖基工程的附属工作，不另行计量。

3. *桩基础*(图 5-7)

(1) 桩基础以实际完成并经监理工程师验收后数量，按不同桩径的桩长以米计量。未经监理工程师批准，由于超钻(挖)而深于所需的桩长部分，不予计量。

(2) 设置支撑和护壁、开挖、钻孔、清孔、钻孔泥浆、护筒、混凝土、破桩头以及必要时在水中填土筑岛、搭设工作台架、浮箱平台、栈桥、桩的无破损试验及预埋的钢管等其他为完成工程的项目，作为桩基础的附属工作，不另行计量。

(3) 监理工程师要求钻取的芯样，经检验，如混凝土质量合格，钻取的芯样应予计量，否则，不予计量。混凝土取芯按取回的混凝土芯样的长度以米计量。

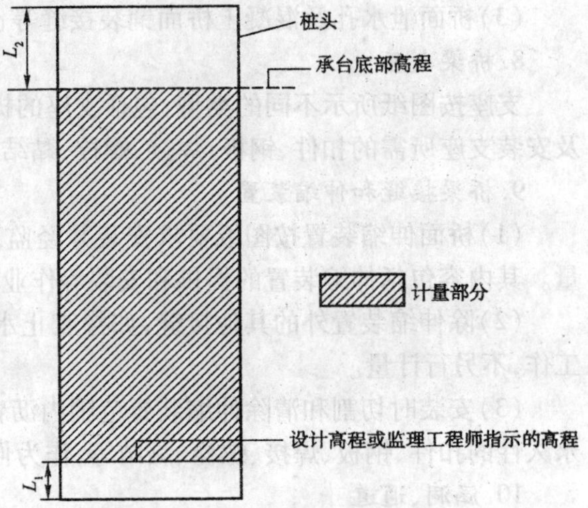

图 5-7 桩基础计量示意图

4. *沉井*

(1) 沉井制作完成，符合图纸规定要求，经监理工程师验收后，混凝土按就位后沉井顶面以下各不同部位(井壁、顶板、封底、填芯)和不同混凝土级别的体积以立方米为单位计量。

(2) 沉井制作及下沉奠基，其中包括场地准备，围堰筑岛，模板、支撑的制作安装与拆除，沉井浇筑、接高，沉井下沉，空气幕助沉，井内挖土，基底处理等工作，均应视为完成沉井工程所必需的工作，不另行计量。

(3) 沉井刃脚所用钢材，视作沉井的附属工程材料，不另行计量。

5. *结构混凝土工程及预应力混凝土工程*

(1) 以图纸所示或监理工程师指示为依据，按现场已完工并经验收的混凝土，分别以结构类型及强度等级，以立方米计量。

(2) 直径小于 200mm 的管子、钢筋、锚固件、管道、泄水孔等所占混凝土体积不予扣除。作为砌体砂浆的小石子混凝土，不另行计量。

(3) 预应力钢材，按图纸所示或预应力钢材表所列数量以千克计量。后张法预应力的长度按两端锚具间的理论长度计算；先张法预应力钢材的长度按构件的长度计算。

6. *砌石工程*

(1) 以图纸所示或监理工程师指示为依据，按工地完成并经验收的各种石砌体或预制混凝土块砌体，以立方米计量。

(2) 计算体积时，所用尺寸应由图纸标明或监理工程师书面规定的计价线或计价体积定之。相邻不同石砌体计量中，应包括不同石砌体间灰缝体积的一半。镶面石突出部分超过外轮廓线者不予计量。泄水孔、排水管或其他面积小于 $0.02m^2$ 的孔眼不予扣除，削角或其他装饰的切削，其数量为所用石料的5%或者小于5%者，不予扣除。

(3)砂浆或作为砂浆的小石子混凝土，作为砌体工程的附属工作，不另行计量。

7. 桥面铺装

(1)桥面铺装应按图纸所示的尺寸，或按实际完成并经监理工程师验收的数量，分不同材料及级别，按平方米计量。由于施工原因而超铺的桥面铺装，不予计量。

(2)桥面防水层按图纸要求施工，并经监理工程师验收的实际数量，以平方米计量。

(3)桥面泄水孔及混凝土桥面铺装接缝等作为桥面铺装的附属工作，不另行计量。

8. 桥梁支座

支座按图纸所示不同的类型，包括支座的提供和安装，以个计量。支座的清洗、运输、起吊及安装支座所需的扣件、钢板、焊接、螺栓、黏结等，作为支座安装的附属工程，不另行计量。

9. 桥梁接缝和伸缩装置

(1)桥面伸缩装置按图纸要求安装并经监理工程师验收的数量，分不同结构形式以米计量。其内容包括伸缩装置的提供和安装等作业。

(2)除伸缩装置外的其他接缝，如橡胶止水片、沥青类接缝填料等，作为有关工程的附属工作，不另行计量。

(3)安装时切割和清除伸缩装置范围内沥青混凝土铺装和安装伸缩装置所需的临时性或永久性的扣件、钢板、焊接、螺栓、黏结等，作为伸缩装置安装的附属工作，不另行计量。

10. 涵洞、通道

(1)各类涵洞、通道，以图纸规定的洞身长度或监理工程师同意的现场沿涵洞中心线量测的进出洞口之间的洞身长度，分不同孔径及孔数，经监理工程师检查验收后以米计量。

(2)图纸中标明的基底垫层和基座，圆管的接缝材料，沉降缝的填料与防水材料等，洞口建筑，包括八字墙、一字墙、帽石、锥坡、铺砌、跌水井以及基础挖方及运输、地基处理与回填等，均作为承包人应做的附属工作，不另行计量与支付。

(3)洞口(包括倒虹吸管)建筑以外涵洞上下游沟渠的改沟、铺砌、加固以及急流槽消力坎的建造等均列入坡面排水内计量。

(4)通道范围(含端墙外各20m)内的土方、路面工程及锥坡填筑均作为通道的附属工作，不单独计量。

五、隧道工程计量方法

隧道工程包括洞口与明洞工程、洞身开挖、洞身衬砌、防水与排水、洞内防火涂料和装饰工程、风水电作业及通风防尘、监控测量及特殊地质地段的施工与地质预报等项目。隧道工程计量中应注意以下内容：

(1)场地布置，核对图纸、补充调查、编制施工组织设计，试验检验、施工测量、环境保护、安全措施、施工防排水、围岩类别划分及施工监控、通信、照明、通风、消防等设备、设施预埋构件的设置与保护，所有准备工作和施工中应采取的措施均为各工程项目的附属工作，不另行计量。

(2)风水电作业及通风、防尘、照明为不可缺少的附属设施和作业，均应包括在各有关工程项目中，不另行计量。

(3)隧道铭牌、模板安装、拆除、钢筋除锈、拱盔、支架、脚手架搭拆、养护清场等均作为各细目的附属工作,不另行计量。

(4)连接钢板、螺栓、螺帽、拉杆、垫圈等作为钢支护的附属构件,不另行计量。

(5)混凝土拌和场(站)、储料场的建设、拆除、恢复均包括在相应工程项目中,不另行计量。

(6)洞身开挖包括主洞、竖井、斜井的开挖。

(7)洞外路面、洞外消防系统土石开挖、洞外弃渣、防护等计量规则见其他有关章节。

(8)材料的计量尺寸为设计净尺寸。

(9)泄水孔、砂浆勾缝、抹面、施工缝及沉降缝等,以及图纸示出而支付细目表中未列出的零星工程和材料,均包括在相应工程细目单价内,不另行计量。

(10)弃方运距在图纸规定的弃土场内为免费运距,弃土超出规定弃土场的距离时(比如图纸规定的弃土场地不足要另外增加弃土场,或经监理工程师同意变更的弃土场),其超出部分另计超运距运费,按立方米公里计量。若未经监理工程师同意,承包人自选弃土场时,则弃土运距不论远近,均为免费运距。

隧道工程中主要工程项目的计量细则如下:

1. 洞口与明洞工程

(1)各项工程,应按图纸所示和监理工程师指示为依据,按实际完成并经过验收的工程数量,进行计量。

(2)洞口路堑等开挖与明洞洞顶回填的土石方,不分土、石的种类,只区分为土方和石方,以立方米计量。

(3)隧道洞门的端墙、翼墙、明洞衬砌及遮光棚(板)的混凝土(钢筋混凝土)或石砌圬工,以立方米计量。钢筋(锚杆)以千克计量。

(4)截水沟(包括洞顶及端墙后截水沟)圬工以立方米计量。

(5)防水材料(无纺布)铺设完毕经验收以平方米计量,与相邻防水材料搭接部分不另行计量。

2. 洞身开挖

(1)洞内开挖土石方符合图纸所示(包括紧急停车带、车行横洞、人行横洞以及监控、消防设施的洞室)或监理工程师指示,按隧道设计横断面加允许平均超挖量计得的土石方工程量,不分围岩类别,以立方米计量。

(2)不论承包人出于任何原因而造成的超过允许范围的超挖和由于超挖所引起增加的工程量,均不予计量。

(3)支护的喷射混凝土按验收的受喷面积乘以厚度,以立方米计量,钢筋以千克计量。喷射混凝土其回弹率、钢纤维以及喷射前基面的清理工作均包含在工程细目单价之内,不另行计量。

(4)洞身超前支护所需的材料,按图纸所示或监理工程师指示并经验收的各种规格的超前锚杆或小钢管、管棚、注浆小导管、锚杆以米计量;各种型钢以千克计量;木材以立方米计量。

(5)隧道开挖的钻孔爆破、弃渣的装渣作业均为土石方开挖的附属工作,不另行计量。

(6)隧道开挖过程,洞内采取的施工防排水措施,其工作量应含在开挖土石方工程的报价之中,不另行计量。

3. 洞身衬砌

(1)洞身衬砌的拱部(含边墙)、仰拱、铺底混凝土,按实际完成并经验收的工程量,分不同级别水泥混凝土和圬工,以立方米计量。洞内衬砌用钢筋,按图纸所示以千克计量。

(2)任何情况下,衬砌厚度超出图纸规定轮廓线的部分,均不予计量。

(3)对个别允许欠挖的侵入衬砌厚度的岩石体积,计算衬砌数量时不予扣除。

(4)预制或就地浇筑混凝土边沟及电缆沟、按实际完成并经验收后的工程量,以立方米计量。

(5)洞内混凝土路面工程经验收合格以平方米计量。

(6)各类洞门按图纸要求,经验收合格以个计量。其中材料采备、加工制作、安装等均不另行计量。

4. 防水与排水

(1)洞内排水用的排水管按不同类型、规格以米计量。

(2)压浆堵水按所用原材料(如水泥浆液、水泥 - 水玻璃浆液)以立方米计量。压浆钻孔以米计量。

(3)防水层按所用材料(防水板、无纺布等)以平方米计量;止水带、止水条以米计量。

(4)隧道洞身开挖时,洞内外的临时防排水工程应作为洞身开挖的附属工作,不另行计量支付。为此,洞身支付细目的土方及石方工程报价时,应考虑本节支付细目外的其他施工时采取的防排水措施的工作量。

5. 洞内防火涂料和装饰工程

喷涂防火材料、镶贴瓷砖、喷涂混凝土专用漆,以平方米为单位计量。其工作内容包括材料的采备、供应、运输、支架、脚手架的制作安装和拆除,基层表面处理,找平用的砂浆,防火涂料喷涂后的养生,施工照明、通风等一切与此有关的作业。

六、安全设施及预埋管线计量方法

安全设施及预埋管线内容包括护栏、隔离栅、道路交通标志、道路交通标线、防眩设施、通信和电力管道与预埋(预留)基础,收费设施及地下通道工程。计量时应注意以下问题:

(1)护栏的地基填筑、垫层材料、砌筑砂浆、嵌缝材料、油漆涂料以及混凝土中的钢筋、钢缆索护栏的封头混凝土等均不另行计量。

(2)隔离设施工程所需的清场、挖根、土地平整和设置地线等工程均为安装工程的附属工作,不另行计量。

(3)安全设施及预埋管线工程中,所有挖基、回填及压实、预埋件、连接件、立柱基础混凝土及钢构件的焊接、所有支承结构、底座、硬件和为完成组装而需要的附件,均包括在各支付细目的单价中,不另行计量。

(4)道路诱导设施中的路面标线玻璃珠包含在涂敷面积内,附着式轮廓标的后底座、支架连接件,均不另行计量。

(5)凡未列入计量项目的零星工程,均包含在相关工程项目内,不另行计量。

安全设施及预埋管线工程中的主要工程计量细则规定如下：

1.护栏

(1)设置在中央分隔带的混凝土护栏，应按图纸和监理工程师指示验收，其长度以米计量，混凝土基础以立方米计量。

(2)波形梁钢护栏(含立柱)为安装就位(包括明涵、通道、小桥部分)并经验收合格，其长度沿栏杆面(不包括起终端段)量取并按米计量。钢护栏起、终端头以个计量。

(3)中央分隔带开口处活动式钢护栏应拼装就位准确，验收合格，以个计量。

2.隔离栅

(1)隔离栅应安装就位并经验收，分别按铁丝编织网隔离栅、刺铁丝网隔离栅、钢板网隔离栅、电焊网隔离栅等，从端柱外侧沿隔离栅中部丈量，以米计量。

(2)桥上防护网以米计量，安设网片的支架、预埋件及紧固件等不另行计量。

(3)钢立柱及钢筋混凝土立柱安装就位并经验收以根计量，钢筋及立柱斜撑不另行计量。

3.道路交通标志

(1)标志应按图纸规定提供、装好、埋设就位和经验收的不同类型、规格分别以个为单位计量。

(2)里程碑和公路界碑等均应按埋设就位和验收的数量以个为单位计量。

4.道路交通标线

(1)路面标线应按图纸所示，经检查验收后，以热熔型涂料、溶剂常温涂料和溶剂加热涂料的涂敷实际面积，以平方米为单位计量。

(2)突起路标、轮廓标和立面标记安装就位经检查验收后以个计量。

(3)立面标记设置经检查验收后以处计量。

5.防眩设施

防眩板、防眩网设置安装完成并经验收后以延米计量。

6.通信和电力管道与预埋(预留)基础

(1)人(手)孔应根据图纸的形式及不同尺寸按个计量。

(2)紧急电话平台应按底座就位和验收的个数计量。

(3)预埋管道工程应按铺筑就位并验收的以米计量，计量是沿着单管和多管的管道中线进行。过桥管箱的制作、安装以米计量。

7.收费设施及地下通道

(1)收费亭按图纸的形式组装或修建，经监理工程师验收，分别按单人收费亭和双人收费亭以个为单位计量。

(2)收费天棚按图纸组装架设，经监理工程师验收以平方米为单位计量。

(3)收费岛浇筑按图纸形式及大小经监理工程师验收，分别按单向收费岛和双向收费岛以个为单位计量。

(4)地下通道按图纸要求经监理工程师验收，其长度沿通道中心量测洞口间距离，以米为单位计量，计量中包含了装饰贴面工程及防排水处理等内容。

(5)预埋及架设管线按图纸要求规定铺设就位经监理工程师验收以米为单位计量。

七、绿化及环境保护工程计量方法

绿化及环境保护主要包括撒播草种和铺植草皮、人工种乔木、灌木、声屏障等工程，计量时应注意以下问题：

(1)绿化工程为植树及中央分隔带及互通立交范围内和服务区、管养工区、收费站、停车场的绿化种植区。

(2)除按图纸施工的永久性环境保护工程外，其他采取的环境保护措施已包含在相应的工程项目中，不另行计量。

(3)由于承包人的过失、疏忽或者未及时按设计图纸做好永久性的环境保护工作，导致需要另外采取环境保护措施，这部分额外增加的费用应由承包人负担，不另行计量。

(4)在公路施工及缺陷责任期间，绿化工程的管理与养护以及任何缺陷的修复与弥补，是承包人完成绿化工程的附属工作，均由承包人负责，不另行计量。

1. 铺设表土

(1)表土铺设应按完成的铺设面积并经验收以立方米计量。

(2)铺设表土的准备工作(包括提供、运输等)为承包人应做的附属工作，不另行计量。

2. 绿化及环境保护

(1)撒播草种按监理工程师验收的成活草种的面积以平方米为单位计量。

(2)草种、水、肥料等，作为承包人撒播草种的附属工作，均不另行计量。

(3)铺草皮按监理工程师验收的数量以平方米为单位计量，当采用叠铺时，按叠铺程度确定一叠铺系数(经监理工程师同意)增计面积。

(4)需要铺设的表土，按表土的来源在铺设表土内计量。

(5)人工种植经监理工程师按成活数验收，乔木、灌木及人工种植攀缘植物均以棵计量。

(6)绿地喷灌设施按图纸所示，敷设的喷灌管道以米计量。喷灌设施的闸阀、水表、洒水栓等均不另行计量。

(7)种植用水，设置水池储水，均作为承包人种植植物的附属工作，不另行计量。

3. 声屏障

消声板声屏障应按图纸施工完成经监理工程师验收的现场量测的长度，以米为单位计量；吸声砖及砖墙声屏障以立方米为单位计量。声屏障的基础开挖、基底夯实、基坑回填、立柱、横板安装等工作为砌筑吸声砖声屏障及砌筑砖墙声屏障所必需的附属工作，均不另行计量。

〔思 考 题〕

1. “在计量过程中按合同办事”这句话有何具体要求?
2. 不计量是不是就是不计价?
3. 计量过程中为什么要使用净值计量法?
4. 计量的基本原则是什么?

5. 工程计量的条件是什么?

6. 简述监理工程师计量的职责和权力。

7. 工程计量的依据是什么?

8. 基坑的计量方法与概预算的基坑土方数量确定方法有何差别?

9. 简述路堤填方数量的计量方法。

10. 简述混凝土数量的计量方法。

11. 简述钻孔灌注桩数量的计量方法。

第六章　工程费用支付

第一节　工程费用支付概述

支付是工程费用监理的两大关键工作之一，同时也是监理工程师控制工程施工活动的最后一个环节。

工程活动中同时存在着物质运动和资金运动。在商品经济条件下，工程承包是一种商业行为，只有当物质运动与资金运动平衡地进行时，社会生产活动才能得以正常运转，商业行为的根本目标是经济利益，它最终都必然经费用支付结束并由费用收支做最终评价。另外，由于工程施工具有复杂性、风险性和周期长、费用巨大以及生产必须连续性等特点，使得工程施工活动与一般商品生产又存在较大区别，如果承包人垫付的资金不能及时收回，将会造成周转困难、导致工程进展不顺利，因此，工程合同的全面履行，必然有工程费用支付的要求。

一、费用支付的基本规定与要求

1. 费用支付原则

工程费用支付的目标是组织和协调好业主与承包人之间的收支行为，使双方发生的每一笔工程费用都符合合同的规定，并做到公平合理。监理工程师在工程费用支付中责任重大，必须站在公正的立场上，客观、准确地评价承包人的施工活动，仔细、正确地计算各项工程费用，并及时签发付款证书。为了真正做好这一工作，监理工程师必须遵循以下几个基本原则：

(1)支付必须以工程计量为基础

对于单价合同，没有准确的计量就不可能有准确的支付，质量合格是工程计量的前提，而计量则是支付的基础，所以工程费用支付必须在质量监理和准确计量的基础上进行。因此，在进行工程费用支付时，应当对这两个环节的工作进行严格检查和认真分析，以确保费用支付准确可靠。

(2)支付必须以合同为依据

合同文件中，技术规范、工程量清单以及合同条件是办理支付的重要合同依据。

①技术规范

该文件的每一章每一节都有支付的有关规定，它详细地说明了各工程细目的工作内容以及支付要求，如哪些内容不单独计量和支付，其价值摊入到哪一细目中，都具体作了规定；同时，技术规范还对每一工程项目的支付细目进行了划分。因此，技术规范既是承包人报价时的指导文件和依据，也是监理工程师支付工程费用的指导文件和依据，进行工程费用支付时，必须认真细致地阅读和理解。

②报价单（有标价的工程量清单）

工程量清单经承包人填报价格后就成为了报价单，报价单是工程费用支付时确定各支付细目单价的依据。合同履行中，报价单里的单价不能变动，除非发生工程变更。

对于费用已摊入到其他工程细目单价中的工程内容，报价单中如没有填写单价，则其单价按零单价处理，相应的支付额为零。但承包人必须完成技术规范和图纸所规定的全部工作内容并达到合同规定的要求；对于有单价的工程细目，则以单价支付工程费用，但应该注意其单价的包容程度，单价的包容程度一方面是指单价的价值构成，另一方面是指单价所包含的工作内容，例如，路基挖方与填方的单价中除了路基的压实和成形等主要费用外，还包含了人工挖土质台阶、修正边坡、路基整形和临时排水的内容，因此，在支付路基挖方和填方的工程费用时，必须等路基达到设计规定的要求才能支付。又如浇筑水下钻孔灌注桩基础时，需要搭设施工便桥或租用船只，但搭设便桥和租用船只的费用包括在钻孔灌注桩的单价中，不能另外单独支付。

③合同条件

合同条件是办理支付的另一重要合同依据，该文件不仅规定了支付的程序和期限，而且对清单外的支付内容做了较为详细的规定。例如，价格调整、工程变更和施工索赔等支付内容在工程量清单中并未明确，而是通过合同条款来规定的，并且合同条款中也只给出了一些原则性的规定。因此，监理工程师必须将合同条款规定的原则与工程实施中的日常记录结合起来，才能做好这方面的支付工作。

(3)支付必须遵循严格的程序

我国公路建设项目的费用支付普遍采用三级管理模式，即驻地监理的一级管理、高级驻地监理的二级管理及总监代表处的三级管理。

由于费用支付工作非常重要，且又需要大量的资料和表格，工作十分繁杂，所以一方面必须加强对支付工作的管理，另一方面支付必须严格遵循规定的程序。

(4)支付必须及时、准确

及时支付工程费用是合同的基本要求，在《公路工程国内招标文件范本》合同通用条款第60.15款中规定了相应的支付期限。另外，根据合同的精神及《公路工程施工监理规范》，支付必须做到准确无误，以确保业主、承包人任何一方的合法权益不受到丝毫损害。

2. 有关支付的几项基本规定

(1)支付期限

总的原则是按合同规定的时间支付。《公路工程国内招标文件范本》合同通用条款第60.15款规定，监理工程师根据本条或合同的其他条款发出的任何期中支付证书项下应付给承包人的款额，业主应该在收到该期中支付证书后21天内或在投标书附录中另有规定并以此为准的天数内支付给承包人；或按第60.13款规定的最后支付证书项下应付给承包人的款额，业主应在收到该最后支付证书42天内支付给承包人。如果业主在上述期限内未能付款，则业主应按投标书附录中规定利率向承包人支付全部未付款额的利息，利息时间从应付而未付该款额之日算起（不计复利）。

(2)支付的最低限额

在《公路工程国内招标文件范本》合同通用条款第60.2款中规定,监理工程师在收到符合第60.1款条件下的月结账单21天或专用条款数据表中另有规定的天数内应签发期中支付证书,签发时应写明他认为应该到期结算的价款及需要扣留和扣回的款额并报业主审批。如果该月应结算的价款经扣留和扣回后的款额少于投标书附录中列明的期中支付证书的最低金额,则该月监理工程师可不核证支付,上述款额将按月结转,直至累计应支付的款额达到投标书附录中列明的期中支付证书的最低金额为止。公路招投标项目中一般规定每月支付金额不低于合同总价的2%。

(3)支付范围

监理工程师对所有到期并符合合同要求的工作内容都应计价支付。

(4)支付方法

根据清单支付和合同支付的特点和支付要求分项、分类计算,汇总后再扣减承包人对业主的支付。首先将工程量清单中的内容按各工程细目的支付项目分项计算,将合同支付项目按类计算,然后汇总各分项和各类金额。按规定比例扣减承包人对业主的支付主要是三种:开工预付款和材料、设备预付款以及保留金的支付与扣回。根据《公路工程国内招标文件范本》合同通用条款规定,月结账单按第60.1款计算,交工结账单按第60.10款计算,最后结账单按第60.11款计算,至于开工预付款和材料、设备预付款以及保留金的支付与扣回则参照第60.3款至第60.8款执行。

(5)支付货币

如果属于国际招标项目,工程费用中外币种类以及人民币与外币的比例应按投标书附表所列的种类和比例确定。值得指出的是,投标书附表对工程费用的支付具有重要的参考价值,它既规定了外汇需要估算量和明细项目,又有合同支付计划表和价格调整指数表,因此监理工程师进行工程费用支付时,应认真阅读投标书附录表中的内容。

二、监理工程师在费用支付中的职责与权限

《公路工程国内招标文件范本》合同条件下的工程费用支付就是承包人向监理工程师提出付款申请,监理工程师审核后开出付款证书送交业主,业主在规定时间内向承包人付款的过程。

毫无疑问,工程费用支付既是工程费用监理的最后一道程序,也是监理工程师进行合同管理的最后一个环节,因此,它就成为最终落实业主与承包人经济利益的关键工作。由于《公路工程国内招标文件范本》合同条件下的工程支付与一般工程支付相比,在支付的范围、条件和方式等方面都存在很大差别,所以,为了有效地做好整个监理工作和圆满地完成费用监理任务,必须根据合同条件的规定明确监理工程师在工程费用支付中的职责与权限。

1.工程费用支付的职责

监理工程师在工程费用支付中的职责就是定期审核承包人的各种付款申请,为业主提供付款凭证,从而保证业主对承包人的支付公平合理。具体来说,监理工程师的主要职责就是审核和开具付款证书。一方面,监理工程师必须按时处理承包人的付款申请,以便承包人能够及时获得各种应收的款额;另一方面,监理工程师必须根据合同文件的要求和原则进行审核,向

业主证明承包人在每一阶段所完成各项工作的实际价值，为业主所支付的每一笔资金严格把关。总之，监理工程师只有站在公正的立场才能确保业主和承包人双方的利益。

2. 工程费用支付的权力

《公路工程国内招标文件范本》合同条件涉及监理工程师在工程费用支付方面权限的内容很多，相关条款对每一支付项目都赋予了监理工程师相应的权力，现简要归纳如下：

(1)审查、签发期中支付证书，合同得到正常履行的最终支付证书以及合同中止后任何款项的支付证书。

(2)对不符合技术规范和合同条件要求的工程细目和施工活动，有权暂时拒绝支付，待上述细目和活动达到要求后才予以支付。

(3)具有对合同价格进行调整的权力。在合同执行期间，由于下述两种情况可能导致工程费用发生变化(增加或减少)，一是后续法律、法令、法规和条例的使用，二是资源价格的涨落。无论出现哪一种情形，监理工程师都必须与业主和承包人协商，以确定新的合同价格。

(4)具有确认工程变更和索赔所产生费用的权力。这主要是指确认工程变更的单价和索赔细目的单价与费率的权力。

(5)其他有关支付方面的权力。例如，下令使用计日工、动用暂定金额以及有关保留金、提前竣工奖金支付等方面的权力。

3.《公路工程国内招标文件范本》合同条件中有关工程费用支付条款的分类

从整体上来说，《公路工程国内招标文件范本》合同条件的所有条款几乎都与工程费用的支付有关，因此，监理工程师只有在实际工作中全面掌握并融会贯通，才能做好支付工作。下面从支付角度将直接涉及工程费用监理的条款作如下分类：

(1)主体条款：有通用条款第12、52、59、60、64、66、70条共7条。其中第60条直接以支付条款出现，明确规定了支付程序、时间和种类，是支付的核心条款。

(2)配合条款：有通用条款第10、15、44、47、48、49、50、51、58、62、65条共11条，它们与上述7条紧密配合，以便监理工程师明确运用。

(3)其他零星条款：除上面所列条款外，还有许多与支付有关的内容，例如，6.4关于图纸延误所造成的费用，14.4关于合同用款计划的提交，17.1关于施工定线与放样所产生的费用以及18.1,19.1,20.2,20.3,21.1,22.1,22.2,22.3,23.2,24.1,25.2,25.3,25.4,26.1,27.1,28.1,28.2,30.1,30.2,30.3,31.2,36.2,36.3,36.4,38.2,39.2,40.2,40.3,42.2,42.3,46.1,53.5,54.6,63.2,69.4,71,72等共计28条43款。

《公路工程国内招标文件范本》通用条款第72条中有46条与支付有关，占64%，由此可以看出，《公路工程国内招标文件范本》合同条款的指导思想是以支付作为核心控制手段，通过对费用支付的有效控制来保证工程施工合同的全面履行。

三、费用支付种类

在工程费用监理中，监理工程师处理的费用支付种类很多，而不同种类的支付有不同的规定程序和办法，因此，监理工程师必须全面了解支付的分类。

1. 按时间分类

按时间分类，工程费用支付可分为前期支付、期中支付、交工支付以及最终支付。

2. 按支付内容分类

按支付内容可分为工程量清单内的付款和工程量清单外的付款，即所谓的清单支付和合同支付。

工程量清单内的支付就是监理工程师首先按照合同条件、技术规范和工程量清单的有关规定进行计量，确认已完的实际工程量，然后根据已确认的工程数量和报价单中的单价，计算和支付工程量清单中各项工程费用，因此简称为清单支付。工程量清单之外的支付，就是监理工程师按照合同条件的规定，根据日常记录、现场实证资料和工程实际进展情况，计算和支付工程量清单以外的各项费用，故简称为合同支付。

3. 按工程内容分类

按工程内容可分为路基土石方工程、路面工程、桥梁工程、隧道工程、排水工程、防护工程等支付内容。

4. 按合同执行情况分类

根据合同执行情况分为正常支付和合同终止支付两类。正常支付指业主与承包人双方共同努力使整个合同得以顺利履行而产生的支付结果。合同终止支付是指由于工程遇到战争、骚乱等合同规定的特殊风险、承包人违约以及业主违约三方面原因导致合同无法继续履行而出现的支付结果。无论何种原因导致合同终止，监理工程师都应按照合同条件、技术规范等有关文件的规定处理好各项费用的支付。

第二节　费用支付项目及支付程序

根据《公路工程国内招标文件范本》和《公路工程国际招标文件范本》规定以及我国高速公路工程承包合同实践，费用支付项目按内容不同可分为清单支付项目和合同支付项目两大类，具体内容如图6-1所示。

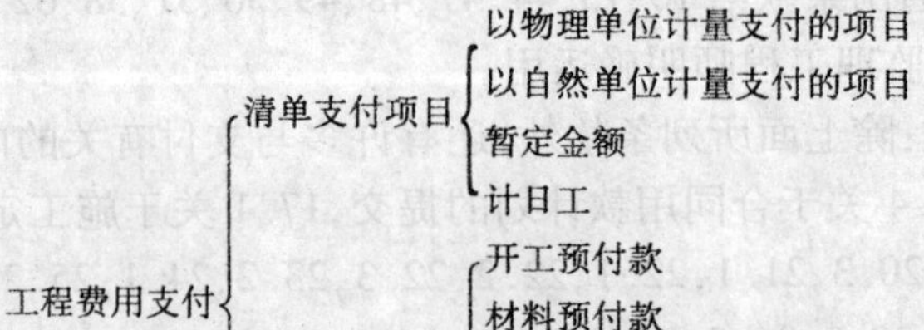

图6-1　费用支付项目

根据发生时间的不同，费用支付可分为前期支付、期中支付、交工支付、最终支付等形式。

一、清单支付项目

清单支付项目在工程费用支付中所占比重很大，包括以物理单位计量支付的项目、以自然单位计量支付的项目、暂定金额和计日工四类。

1. 以物理单位计量支付的项目

工程量清单中的绝大部分工程内容是以物理单位计量支付的，其费用约占工程总费用的85%左右，其支付条件和费用计算方法应满足下列要求：

(1)支付条件是完成了技术规范和设计图纸所规定的工作内容，且质量合格，计量结果准确无误，并使监理工程师满意。

(2)费用计算方法是以每月完成工程项目的计量的数量与报价单中相应的单价相乘来求得支付金额的。如果某一项目是一次完成的，则十分简单；如果是分多次完成的，则应在计量单上列出设计数量、上期累计完成数量和本期完成数量并附上计算公式和简图。

2. 以自然单位计量支付的项目

以自然单位计量支付的项目分为按项支付和单纯按自然单位计价支付两种情形。

工程量清单中多数开办项目如承包人的驻地建设、临时工程等，都属于按项支付项目。这些项目的特点是总额包干，因此，在合同有关文件中被称为总额支付细目。为做好这些项目的支付工作，根据《公路工程国内招标文件范本》合同通用条件第57.2款的规定，承包人应在签订合同协议书后28天内，并在总额价支付细目支付前，向监理工程师提交其工程量清单每个总额支付细目的分目，且该分目须经监理工程师的批准。

工程量清单中另有一些支付细目属于单纯按自然单位计价支付的项目。如桥梁支座以块计价、照明灯柱以根计价以及砍伐树木以棵计价等，它们都只需将实际数量与报价单中的单价相乘即可。

3. 暂定金额

(1)暂定金额的主要特点

暂定金额是工程量清单中比较特殊的一类项目。暂定金额顾名思义，是指合同工程量清单中因所发生的项目及所需要的金额不明确而暂时确定的一笔金额。根据《公路工程国内招标文件范本》通用条款第58.1款规定："暂定金额"是指包括在合同之内，并在工程量清单中以"暂定金额"名称标明的一项金额，其目的是：

①实施本工程中尚未以图纸最后确定其具体细节或某一工程部分或在施工过程中可能增加的工程细目或者支付细目，如大桥荷载试验或可能增加一个匝道收费亭等，而这些细目或附属、零星工程在投标时尚未能肯定下来，可列为专项暂定金额；

②为了专项工程施工或供货、供材、供设备而由特殊分包人或供货人提供专业服务；

③留作不可预见费，或用于计日工的一项金额。

因此，广义的暂定金额有三种形式，即：计日工、专项暂定金额以及一定百分率的不可预见因素的预备金(又称预留费或不可预见费)。狭义的暂定金额主要是指后面两项。暂定金额下的项目具有如下特点：

①发生项目的不确定性。除专项暂定金额所对应的支付项目相对确定外，计日工和预留费所对应的支付项目并不确定。它们是某些新增的附属工程、零星工程等变更工程，也可能是提供货物、材料、设备或劳务等工作，还有可能是因不可预见因素引起的一些意外事件的费用(如索赔、价格调整等发生的费用)。

②发生金额的不确定性。暂定金额中的项目到底需要多少金额事先并不确定，即使专项

暂定金额下的项目也是如此。例如,即使由特殊分包人承担的项目,其所需要的金额也要等到特殊分包合同的招标工作完成、特殊分包合同签订后才能确定。又如某些合同中,“工程一切险”和“第三者责任险”是暂定金额项目,其具体发生的费用要等到业主、承包人办理相应保险后才能确定。正因为如此,工程量清单中的相应金额是“暂定”的,有时与实际情况有较大差距。如计日工清单中的数量完全是假定的,实践中具体会发生多少事先根本不知道,因此,可能与实际情况有较大差距。

③承担单位的不确定性。暂定金额中的项目具体由谁承担,事先并不确定。可能由承包人承担,也可能由特殊分包人或其他第三者承担,并且承担单位是谁事先并不完全知道。例如,特殊分包人是谁要等到特殊分包合同的招标工作完成、特殊分包合同签订后才能确定;上例中的“工程一切险”和“第三者责任险”等暂定金额项目的承担者要等到保险公司落实后才能确定。

(2)暂定金额的使用

除合同另有规定外,暂定金额应根据监理工程师指示(由监理工程师报业主批准后指令)全部或部分地使用,或者根本不予动用。承包人有权得到的暂定金额应限于监理工程师根据本条规定决定动用暂定金额的工程、供应或不可预见费用方面的金额。监理工程师应将根据本款做出的每项决定报业主批准并通知承包人。

动用暂定金额时,监理工程师应审批承包人提交的相应工程的施工组织计划及其所需要的人工费、材料费、机械费、设备费及计算说明,并与业主和承包人就暂定金额的支付进行协商。

(3)暂定金额项目的执行

暂定金额项目可由承包人或指定的分包人(特殊分包人)完成。具体由谁承担,应根据合同条款(特殊分包人)、特殊分包人的招标情况或监理工程师的指示来确定。

(4)暂定金额项目的计价与支付

属于特殊分包项目的专项暂定金额,根据特殊分包合同的价格来计价(根据《公路工程国内招标文件范本》第59.4款,承包人可收取一定的手续费及利润提成),在监理工程师签发支付证书后由业主支付给承包人,承包人再付给特殊分包人。当承包人不履行向特殊分包人付款的义务时,业主有权根据监理工程师签发的支付证书,直接向特殊分包人支付分包合同内规定而承包人未支付的一切款项(扣除保留金),并从应付给承包人的款项中扣回。监理工程师在发给承包人下一期的支付证书时,应从该证书的支付款额中扣除已由业主支付的款额。

对于其他暂定金额项目,如属于计日工的,按计日工的有关规定办理;如属于新增工程、附加工程等变更工程的,按变更工程的有关规定办理;如属于价格调整的,按价格调整的有关规定办理;如属于施工索赔的,按施工索赔的有关规定办理等。根据监理工程师的要求,承包人应提交有关暂定金额项目开支的全部报价、发票、凭单、账目和数据,经审核后才能进行暂定金额项目的费用支付。

4.计日工

计日工的发生应以监理工程师的指示为依据,计日工的单价应以工程量清单中的所报单价为基础,完成的计日工数量应有监理工程师的认定和批准。

《公路工程国内招标文件范本》通用条款第52.4款规定,如果监理工程师认为必要和可取,可以指令承包人按计日工完成任何需变更的工作。对于这种变更的工作,应该按合同中包括的计日工明细表所定的细目和承包人在其投标书中对此所报的单价或总额价,按经监理工程师认定、批准的计日工数量,确定计日工应付款额,向承包人付款。

承包人应向监理工程师提交已付款的凭证、收据或其他凭单,并应在订购材料之前,向监理工程师提交订货报价单,以供批准。

对所有按计日工方式施工的工程,承包人应在该工程持续进行过程中,每天向监理工程师提交从事该项工作的所有工人的姓名、工种及工时的清单一式两份,以及表明该项工程所用的材料和承包人装备(计日工明细表中已包括在劳务费用中的承包人装备除外)的名称和数量的报表一式两份,如果清单和报表的内容正确或经同意时,应由监理工程师在每种清单和报表的一份上签字,并退还给承包人。

在每月结束时,承包人应向监理工程师送交一份所用劳务、材料和承包人装备(以上提到的除外)的附有价格的账单,除非已完全而准确地提交了上述清单与报表,否则,承包人无权获得任何款项。但如监理工程师认为承包人由于某种原因不可能按上述规定报送清单或报表时,他仍应有权核准为此种工作付款。此项付款可以是对该工程所用的劳务、材料和承包人装备按计日工计算的,也可以是按监理工程师认为是对该项工程公平合理的价格计算。

值得注意的是,用于计日工的劳务,未经监理工程师同意不得按加班情况计算费用;用于计日工的施工机械应由承包人提供,因故障或闲置的施工机械不支付费用。

二、合同支付项目

虽然合同支付在工程费用支付中所占比重不大,但其灵活性比清单支付人得多,比较难以把握和控制,是监理工程师在支付工作中的重点和难点。合同支付项目包括开工预付款、材料预付款、保留金、工程变更费用、索赔费用、价格调整、拖期损失偿金(违约罚金)、提前竣工奖金和迟付款利息9项。

1. 开工预付款

开工预付款是一项业主提供给承包人用作开办费用的提前付款(又称前期付款)。开工预付款的额度由业主在编制招标文件时综合确定(承包人可根据自己的财务状况提出不同的百分比)。国际上规定的范围是0%~20%。我国的京津塘高速公路为8%,济青高速公路为10%。提供这项资金的目的在于减轻承包人资金周转的压力。

(1)开工预付款的支付规定

根据《公路工程国内招标文件范本》通用条款第60.5款的规定,在承包人提交了履约担保和签订了合同协议书并提交了开工预付款担保14天内,监理工程师应按投标书附录中规定的金额签发开工预付款支付证书,并报业主审批。

业主应在该支付证书收到后14天内核批,并支付开工预付款的70%的价款;在投标文件载明的主要设备进场后,再支付预付款的30%。投标文件应载明工程初期尤其是土石方工程的关键设备,业主应在专用条款中写明要求哪些主要设备此时进场。承包人不得将该预付款用于与本工程无关的支出,监理工程师有权监督承包人对该项费用的使用,如经查实承包人滥用开工预付款,业主有权立即通过向银行发出通知收回开工预付款保函的方式,将该款收回。

(2)开工预付款的担保

开工预付款的担保金额应等于开工预付款额,提供这种担保的银行须与合同通用条款第10.1款的要求相同,所需费用由承包人承担。银行担保函的正本由业主保存,该保函在业主将开工预付款全部扣回之前一直有效,担保金额将随开工预付款的逐次扣回而减少。

(3)开工预付款的收回

根据《公路工程国内招标文件范本》合同通用条款第60.6款规定,开工预付款在期中支付证书的累计金额未达到合同价格的30%之前不予扣回,在达到合同价格30%之后,开始按工程进度以固定比例(即每完成合同价格的1%,扣回开工预付款的2%)分期从各月的期中支付证书中扣回,全部金额在期中支付证书的累计金额达到合同价格的80%时扣完。

这种方法的特点是按完善的工程量的一定百分率扣款。扣回时间开始于期中支付证书中工程量清单累计支付金额超过合同价值的30%的当月,但止于支付金额达合同价值的80%的当月。在此期间,按期中支付证书当期完成的工程款占合同价值50%的比例,予以扣回。扣回的货币种类和比例与付款时的货币种类和比例相一致。

计算公式为:

$$G = M \times B/(\text{合同价} \times 50\%) \tag{6-1}$$

式中:G——期中支付证书扣回预付款数额(元);

M——在规定工程支付金额范围内期中支付证书当期完成的工程量清单金额(元);

B——已付开工预付款(元)。

例6-1 某工程合同价为1 500万元,开工预付款在投标书附录中规定的额度为10%,5月份完成200万元的工程内容,且到第5个月时累计支付工程金额为600万元,试计算该月应扣回开工预付款的金额。

解:1 500×30% =450(万元)

5月份累计支付600万已超过合同价的30%,即已超过(600 - 450 = 150万元),则150万元应按合同规定扣回开工预付款。

本月应扣回开工预付款:

$$G = M \times B/(\text{合同价} \times 50\%) = 150 \times 1\,500 \times 10\%/(1\,500 \times 50\%) = 30(\text{万元})$$

即,五月份应扣回开工预付款30万元。

2. 材料预付款

根据《公路工程国内招标文件范本》合同通用条款第60.7款规定,业主应给承包人支付一定比例的材料、设备预付款,以供购进将用于和安装在永久工程中的各种材料、设备之用。此项金额应按投标书附录中写明的主要材料、设备单据所列费用(进口的材料、设备为到岸价,国内采购的为出厂价或销售价,地方材料为堆场价)的百分比支付。

(1)材料预付款的支付条件

监理工程师必须在下列要求满足后,才能签发支付材料、设备预付款的证书。

①材料、设备符合规范要求并经监理工程师认可。

②承包人已出具材料、设备费用凭证或支付单据。

③材料、设备已在现场交货,且存储良好,监理工程师认为材料、设备的储存方法符合要求。

则监理工程师应将此项金额作为材料、设备预付款计入下一次的期中支付证书中。这种支付不应被视为是对上述材料或设备的批准。

在预计竣工前3个月，将不再支付材料、设备预付款。

(2)材料预付款的收回

根据《公路工程国内招标文件范本》通用条款第60.8款规定，当材料、设备已用于或安装在永久工程之中时，材料、设备预付款应从期中支付证书中扣回，扣回期不超过3个月。已经支付材料、设备预付款的材料、设备的所有权应属于业主，工程竣工时所有剩余的材料、设备的所有权应属于承包人。

(3)扣回材料、设备预付款的计算方法

对于材料预付款的扣回，实践工作中常采用下列两种方法：

①定期扣回法

该方法之一是对本月到现场材料设备支付预付款的同时，扣回上月已支付的预付款。因此，当合同文件规定材料预付款按所购材料、设备支付单据开列费用的75%支付时，本月实际预付款金额为：

本月预付款金额 = 本月末现场材料设备价值的75% - 上月末现场材料设备价值的75%

例6-2　某工程施工工期为8个月，经监理工程师每月对现场材料的盘点，每月现场材料价值见表6-1。合同中规定材料预付款的支付额度为材料、设备价值的75%，现将计算出每月材料预付款的支付金额列于表6-2中。

材料盘点统计表　表6-1

月份	材料价值（元）	材料价值的75%（元）	备注
1	5 000 000	3 750 000	开工的第一个月
2	4 000 000	3 000 000	
3	5 000 000	3 750 000	
4	2 000 000	1 500 000	
5			工程结束

材料支付款统计表（一次扣回）表6-2

月份	本月末现场材料价值的75%	上月末现场材料价值的75%	本月支付金额
1	3 750 000		3 750 000
2	3 000 000	3 750 000	-750 000
3	3 750 000	3 000 000	750 000
4	1 500 000	3 750 000	-2 250 000
5		1 500 000	-1 500 000

表6-2中本月支付金额为负数时为扣回金额，例如，第2个月扣回材料预付款750 000元，这是因为上月已支付3 750 000元，而本月现场材料价值的75%只有3 000 000元，因此，扣回750 000元实际是上个月的材料预付款全部扣回后又支付本月现场材料价值75%的付款。这样逐月进行支付与扣回，当工程结束时，可将材料预付款全部扣回。

这种方法计算简单，操作方便。根据《公路工程国内招标文件范本》通用条款第60.8款规定，采用定期扣回法时，还可以采用按3个月平均扣回的方法。上例的预付款可按表6-3的形式扣款。

②最后扣回法

这种方法较之更合理、更科学。使用该方法时，预付款的起扣时间是当未完工程所需主要材料、设备的价值与备料款数额相当时开始起扣。即：

$$未施工工程主要材料、设备的价值 = 材料预付款数额 \quad (6\text{-}2)$$

材料支付款统计表(平均3月扣回)　　表6-3

月份	本月末现场材料价值的75%	上月末现场材料价值的75%	本月支付金额	月份	本月末现场材料价值的75%	上月末现场材料价值的75%	本月支付金额
1	3 750 000		3 750 000	5		2 750 000	-2 750 000
2	3 000 000	1 250 000	1 750 000	6		1 750 000	-1 750 000
3	3 750 000	2 250 000	2 500 000	7		500 000	-500 000
4	1 500 000	3 500 000	-2 000 000				

未施工工程主要材料、设备的价值 = 未施工工程价值 × 主要材料、设备价值所占的比重　(6-3)

由上述两式可得出：

未施工工程的价值 = 材料预付款 / 主要材料、设备价值所占的比重　(6-4)

则：

开始扣回材料预付款时的工程价值(起扣点价值) = 单项工程总值 - 未施工工程价值
= 单项工程总值 - 材料预付款 / 主要材料、设备价值所占的比重　(6-5)

第一次应扣回材料预付款 = (累计完成工程量 - 起扣点价值) × 主要材料、设备所占的比重　(6-6)

以后各次应扣回材料预付款 = 每次结算的已完工程价值 × 主要材料、设备价值所占的比重　(6-7)

例6-3　某工程沥青混凝土(路面)总额为600万元，沥青材料预付款额度为总额价的25%，假定沥青材料占总额价的62.5%，此单项工程2003年上半年各月实际完成施工产值见表6-4，求如何扣回材料预付款。

各月实际完成施工产值　　表6-4

二月	三月	四月	五月
100万元	140万元	180万元	180万元

解：①材料预付款：600×25% = 150(万元)

②求起扣点：600 - 150/62.5% = 600 - 240 = 360(万元)

③四月份应扣回材料预付款 = (420 - 360)×62.5% = 37.5(万元)

④五月份应扣回材料预付款 = 180×62.5% = 112.5(万元)

尽管上述第二种方法从开工预付款满足承包人资金周转需要出发要更为科学合理一些，但它与《公路工程国内招标文件范本》的规定不符，因此，使用时要注意合同的具体规定是否允许。

(4)材料、设备预付款支付的注意事项

为了搞好材料、设备预付款的支付，监理工程师在签收材料、设备预付款支付证明时，必须注意如下几点：

①单项材料预付款价格不应该超过清单报价。这可确保材料预付款的支付能紧密结合工程量清单来进行，例如，钢筋、混凝土、桥梁支座以及护栏等在清单中都有明确的报价，支付时

不得突破此报价。

②累计支付材料、设备预付款的材料、设备数量，不应超过工程所需的实际总量，否则，属于不合理支付。

③材料、设备预付款所涉及的材料、设备品种应与工程计划进度相匹配，例如当混凝土等构造物工程基本完工时，不应有大量的混凝土材料在施工现场，也不应对混凝土材料再支付预付款。

3. 保留金

保留金是为了确保在施工阶段或在缺陷责任期间，承包人履行缺陷的修复义务而事先从应付给承包人款项中扣留的一笔费用。如果承包人未能履行缺陷修复义务，须由业主（或监理工程师）指定他人完成应由承包人承担的工作所发生的费用时，这些费用可首先用扣留下的保留金支付。因此，设置保留金的目的是使承包人能完全履行合同，如果承包人未能履行合同中规定应承担的责任，则扣除额就成为业主的财产，显然，这是对业主的一种保护措施。

（1）保留金的扣除

根据《公路工程国内招标文件范本》通用条款第60.3款规定，保留金应按投标书附录中规定的百分率乘以承包人应得的款项（所得的材料、设备预付款不扣保留金），从每期应支付给承包人的工程结算款额中扣留，直至保留金的金额达到投标书附录中规定的限额为止。

其中：承包人应得的款项应计算保留金的款项＝本月完成的工程价款＋本月完成的计日工价款＋本月应支付的暂定金额＋根据合同规定本月应结算的其他款额＋费用和法规的变更发生的款额

例6-4　某施工合同，其保留金的扣留比例为5%。设承包人在该月完成的工程价款为400万元，完成的计日工价款为20万元，发生的暂定金额为60万元，设备、材料预付款为80万元，其他应付费用为20万元。求本月应扣的保留金。

解：根据《公路工程国内招标文件范本》通用条款第60.3款规定，本月应扣的保留金为：

$$(400+20+60+20)\times 5\% = 25\text{（万元）}$$

（2）保留金的使用

保留金主要使用于在施工和缺陷责任期内，应当由承包人支付的各种费用。例如，在施工阶段，承包人未能按照监理工程师的指示进行对缺陷工程的修补或其他事项，则业主可以雇用他人完成有关工作，其费用由承包人承担，业主可从保留金中支付。在缺陷责任期内对任何缺陷工程，如果承包人未能合理地进行修补，则也可以采取上述办法，从保留金中支付应当由承包人承担的费用。

（3）保留金的退还

通常情况下，只要工程不出现质量缺陷，或者出现质量缺陷后承包人能主动承担无偿返工和修复的义务，则根据《公路工程国内招标文件范本》第60.4款的规定，保留金在整个工程缺陷责任期满并发给缺陷责任终止证书后14天内，由监理工程师签发保留金支付证书，之后由业主将保留金退还给承包人。

4. 工程变更费用

工程变更费用是指根据《公路工程国内招标文件范本》通用条款第51款和第52款所确定的支付费用。工程变更费用的支付依据是工程变更令和工程变更清单，支付方式采用列入期中支付证书的形式进行，支付货币与其他支付项目相同，即按承包人投标时所提出的货币种类和比例进行付款。

鉴于变更项目的复杂性和特殊性，监理工程师应对变更项目的审批制定严格的管理程序，并且应特别注意的是，变更的权力在总监理工程师，一般不得进行委托。有些合同还在专用条款中对监理工程师进行工程变更的权力作了某种限制，要求变更超过一定限度后，必须由业主授权。

5. 索赔费用

索赔费用是指监理工程师根据《公路工程国内招标文件范本》通用条款第 53 款规定的索赔处理程序所确定的赔偿费用。就监理工程师处理的所有支付项目而言，索赔费用是最复杂的支付项目之一。在进行索赔费用支付时，监理工程师必须谨慎处理，否则，会因为对索赔费用的支付管理不善而导致对整个工程费用的失控。

因为导致索赔的原因多种多样，所以其费用的计算和确定原则就各不相同。因此，为了客观、公正地处理好索赔费用支付，监理工程师不仅要对“合同条款”和“技术规范”十分熟悉，而且还要有深刻的理解，并能结合实际情况正确运用。

在处理索赔费用时，监理工程师应对承包人提供的索赔证据和细节账目等有关资料进行审查核实，在与业主和承包人协商后，确定承包人有权得到的全部或部分的索赔款额。最后，以期中支付证书的形式进行支付，支付货币与其他支付项目相同。

6. 价格调整

价格调整是指根据《公路工程国内招标文件范本》通用条款第 70 款所确定的调价费用。由于公路工程项目施工所跨越的时间较长，施工成本容易受市场物价波动的影响，所以《公路工程国内招标文件范本》通用条款第 70.1 款规定，在合同执行期间，凡是合同工期在 24 个月以上的项目，当劳务和材料或影响工程施工成本的任何其他事项的价格涨落引起费用（施工成本）增减时，应根据规定的价格调整公式给予调价，将此费用加到合同价格或从合同价格中扣除。

价格调整涉及两个方面：

(1) 工程施工中所需要耗用的主要和大宗材料，对这一部分的价格要按合同条件给定的公式准确计算调价费用。

(2) 后继的法规及其他有关政策改变而产生的费用。

将上述两方面费用计算出来后，在期中支付证书中支付即可。

工程变更费用、索赔费用和价格调整三项费用的支付将在第七章中重点讨论。

7. 拖期损失偿金（违约罚金）

(1) 拖期损失偿金的合同规定

《公路工程国内招标文件范本》通用条款第 47 款规定，如果承包人未能按照合同规定的工期完成合同工程，则必须向业主支付按投标书附录中写明的金额，作为拖期损失偿金。时间自预定的交工日期起到合同工程交工证书中写明的交工日期或已批准的延长工期止，按天计算。拖期损失偿金应不超过投标书附录中写明的限额。业主可以从应付或到期应付给承包人的任何款额中扣除此偿金，但不排除其他扣款方法。扣除拖期损失偿金，并不解除合同规定的承包人对完成本工程的义务和责任。

如果在合同工程完工之前，已对合同工程内按时完工的单项工程签发了交工证书，则合同工程的拖期损失偿金,应按已签发交工证书的单项工程的价值占合同工程价值的比例予以减少,但本款的规定不应影响拖期损失偿金的规定限额。

(2)拖期损失偿金的限额

通常规定,每拖期1天,赔偿合同价的0.01%～0.05%,京津塘高速公路和济青高速公路都采用了0.05%的额度,但赔偿总额一般不超过合同价的10%,这些都由投标附件做出明确规定。

(3)费用支付

拖期损失偿金可从承包人的履约保证金或期中支付证书中扣除,公路工程项目一般采用从期中支付证书中扣除的方式,但此项扣除不应解除承包人对完成该项工程的义务或合同规定的其他义务和责任。

8. 提前竣工奖

为了调动承包人的积极性,使其合理地加快工程进度,从而提前完成工程施工,使业主提前受益,在合同条款中设立了与拖期损失偿金相对应的一个支付项目,即提前竣工奖金。

如果承包人按照《公路工程国内招标文件范本》通用条款第43款规定的工期提前完成了合同工程或某区段或某单项工程,则业主应按投标书附录中写明的金额,发给承包人________元/日的提前竣工奖。时间自合同工程或某区段或某单项工程的交接证书中写明的竣工日期算起,到按第43款规定的该有关竣工日期止(即:合同工期－实际工期＋批准的延长工期),按天计算。提前竣工奖金应不超过投标书附件中写明的限额。监理工程师应在承包人提交的竣工结账单核证,并支付给承包人。

9. 迟付款利息

(1)迟付款利息的合同规定

《公路工程国内招标文件范本》通用条款第60.15款规定,监理工程师根据本条或合同的其他条款发出的任何期中支付证书项下应付给承包人的款额,业主应该在收到该期中支付证书后21天内或在投标书附录中另有规定并以此为准的天数内支付给承包人;或按第60.13款规定的最后支付证书项下应付给承包人的款额,业主应在收到该最后支付证书42天内支付给承包人。如果业主在上述期限内未能付款,则业主应按投标书附件中规定的利率向承包人支付全部未付款额的利息,利息时间从应付而未付该款额之日算起(不计复利)。

(2)计算公式

当采用复利法时,迟付款利息按下式计算:

$$\text{迟付款利息} = P[(1+r)^n - 1] \tag{6-8}$$

式中:P——迟付的人民币或外币数额;

r——日利率;

n——迟付款天数。

当采用单利法时,迟付款利息的计算公式是:

$$\text{迟付款利息} = P \cdot n \cdot r \tag{6-9}$$

关于日利率r,世行推荐值为0.033%～0.04%,京津塘高速公路项目采用的是0.022%,济青高速公路项目则为0.033%,具体多少以所在项目的合同文件规定为准。迟付款天数指业主的实际付款时间超过规定的期中支付或最终支付的截止日期的天数。

(3)计算示例

例 6-5 某工程第 6 期期中支付证书,支付金额为 5 600 000 元,监理工程师提交支付证书的日期为 5 月 10 日,而业主到 8 月 5 日才支付该证书的付款,如果合同条件规定期中支付证书应在 45 天内支付,且 $r=0.033\%$,那么这笔款项的迟付款利息额为多少?

解:①迟付款天数:$n=86-45=41$(天)

②迟付款利息:采用复利法时,迟付款利息为:

$$5\,600\,000\times[(1+0.000\,33)^{41}-1]=76\,272(\text{元})$$

采用单利法时,迟付款利息为:

$$5\,600\,000\times41\times0.000\,33=75\,768(\text{元})$$

总之,监理工程师在工程费用监理中需要处理的支付项目就是本节所述的两大类共计 13 项。为了搞好整个项目的费用支付工作,监理工程师应对每一个支付项目认真审查,精确计算,并按规定的程序进行支付。

三、期中支付

期中支付是合同在履行过程中每月所发生的付款申请、审查和支付工作,它包括承包人的付款申请、监理工程师的审查与签证、业主付款等工作环节。

1. 承包人的付款申请

承包人应通过监理工程师向业主提出付款申请。申请的形式是填报月报表或月结账单。

根据合同规定,承包人应在每月末向监理工程师提交由其项目经理签署的按监理工程师格式要求填写的月结账单(付款申请书)一式 6 份,该月结账单包括以下栏目,承包人应逐项填写清楚:

(1)自开工截至本月末止已完成的工程价款。

(2)自开工截至上月末止已完成的工程价款。

(3)本月完成的(应结算的)工程价款,即(1)-(2)。

(4)本月完成的应结算的计日工价款。

(5)本月应支付的暂定金额价款。

(6)本月应支付的材料设备预付款。

(7)根据合同规定本月应结算的其他款项。

(8)价格调整及法规变更引起的费用。

(9)本应扣留的保留金、材料设备预付款及开工预付款。

(10)根据合同规定,本月应扣除的其他款项。

付款申请书(月结账单)一般采用表格形式,其格式可按本书附录的有关表格填写。

2. 监理工程师的审查与签证

根据《公路工程国内招标文件范本》,监理工程师应在合同规定的时间内(收到月结账单后 21 天内)分级审核并签发期中支付证书。签证时应写明他认为应该到期结算的价款及需要扣留和扣回的款项。审查的主要工作有:

(1)对承包人所完成的工程价款,应审查各工程细目所完成的工程量是否质量合格(有质量验收单或中间交工证书),是否有相应的计量证书,所采用的单价是否与清单中的单价相符，计算结果是否准确无误。

(2)对计日工付款申请，应审查计日工是否有监理工程师的书面指示，计日工数量是否有监理工程师的签字和认可，计日工单价是否与清单中的单价相符，计日工金额是否计算无误。

(3)对材料设备预付款付款申请，应审查是否是合同规定应给予预付款的主要材料和设备，到场材料和设备是否有监理工程师的现场计量和确认，是否提交了材料和设备的付款发票或费用凭证，支付百分率是否与投标书附录的规定相符，金额是否计算无误。

(4)对变更工程付款申请，应审查是否有监理工程师的书面变更指令，所完成的变更工程量是否已通过质量验收，所采用的单价是否符合《公路工程国内招标文件范本》通用条款第52款规定，是否有相应的计量证书，计算结果是否准确无误。

(5)对价格调整付款申请，应审查调价方法是否符合合同规定，所调查的人工与材料价格指数是否准确，调整金额的计算结果是否正确无误。

(6)在审查其他款项的付款申请过程中，对延迟付款利息，应审查其计算方法和计算结果是否正确；对费用索赔，应审查是否有相应的索赔审批证书。

以上是审查期中支付申请中应重点审查的主要内容。要求期中支付申请书做到：

(1)申请的格式和内容应满足合同要求。

(2)各项资料、证明文件手续齐全。

(3)所有款项计算与汇总无误。

审查中若发现各项资料、证明文件不齐全，则要求承包人补充；若发现所列出的数量不正确或者任何一个工程项目的质量不符合要求，则调整承包人的月报表；如各方面出入较大，计算有重大错误，则完全可以拒绝签发付款证书，退回给承包人重做或累计到下期付款申请中重新审查签证。

在审查完应付款项后，对应扣回的各种款项特别是开工预付款、材料和设备预付款以及保留金等应认真计算并及时从月结账单中扣回或扣留。

3. 期中支付证书的签发

(1)监理工程师审核并修正承包人的支付申请后，计算付款净金额(计算付款净金额时，应将需扣留的保留金和扣回的预付款从承包人月报表中应得的金额中扣除)。

(2)将付款净金额与合同中规定的支付最低限额比较。若净金额小于最低限额，则不签发期中支付证书；若净金额大于最低限额，监理工程师应向业主签发期中支付证书，副本抄送承包人。

(3)除了特殊项外(如计日工、暂定金额和费用索赔等)，监理工程师签发的期中支付证书中的支付数量应基本正确；对工程变更、费用索赔等支付项目，如一时难以确定，监理工程师可先确定一笔临时付款金额。

(4)根据《公路工程国内招标文件范本》通用条款第60.9款规定，监理工程师可用签发期中支付证书的方式对他过去签发的任何证书做更正或修改。如果监理工程师认为任何正在进行的工程不符合合同要求，监理工程师有权在任何一次期中支付证书中扣除或折减该工程的价款。

(5)监理工程师在签发期中支付证书时应做好分级审查工作，做到不重不漏，准确无误。

4. 业主付款

根据《公路工程国内招标文件范本》通用条款第60.15款的有关规定，业主应在收到期中支付证书后21天内或在投标书附录规定的时间内将应付款项支付给承包人,如果业主未能在规定期限内付款,则业主应按投标书附录规定的利率支付全部未付款额的利息。如果延迟付款期限超过42天,承包人有权根据第69款终止合同或停工索赔。

四、交工支付

1. 承包人的交工支付申请

交工支付又称交工结算。根据《公路工程国内招标文件范本》通用条款第60.10款的规定,在合同工程交工证书签发42天内,承包人应以监理工程师批准的格式向监理工程师提交一份交工结账单,并附上用详细资料说明的证实文件,表明:

(1)合同规定,直到交工证书中写明的交工日期为止按合同完成的全部工程的最终价值。

(2)承包人认为应付给他的其他款项。

(3)承包人认为合同项下(整个合同期)到期应付给他的各项款额的估算值。

上述三款各项款额估算值应在完工结账单内单独填报。

通常情况下,交工支付的付款内容和付款范围比期中支付更广泛。一方面,在所完成的工程价款中,合同中的全部工程细目都已发生,都需要办理结算;另一方面,有些工程变更、费用索赔等支付项目在期中支付中并未完全解决,需要全面清理;再者,有些交工支付中独有的支付项目需要专门处理,如拖期损失偿金的扣留、提前竣工奖金的支付、特别是根据《公路工程国内招标文件范本》通用条款第52.3款的"变更超过15%"所引发的索赔或反索赔的处理等等。

2. 交工支付申请的审定与支付

交工支付的审查要求与期中支付的审查要求相同,但其难度更大,也更复杂。如遗留下来的工程变更、费用索赔的处理,需要监理工程师在事过境迁的情况下进一步查实索赔(或变更)原因和核实索赔(或变更)金额,这本身就是一项难度很大的工作;又如,要确定拖期损失偿金的扣留或提前竣工奖金,首先需要根据合同规定工期以及合理延期,运用网络计划技术确定项目是提前完工还是推迟完工;如果涉及"变更超过15%"的合同价格调整,则需要监理工程师对整个项目合同的合理造价重新进行估算,之后才能做出是否调整及调整多少的结论。

另外,交工支付的准确性要求更高。期中支付不准确,可通过下一期中支付纠正,而交工支付一旦出错,可能是无法挽回的。因此,对交工支付的审查,更应做到深入细致,一丝不苟,准确无误。

五、最终支付

1. 最终支付申请

根据《公路工程国内招标文件范本》通用条款第60.11款的规定,在合同缺陷责任终止证书签发28天内,承包人应以监理工程师批准的格式向监理工程师提交一份最后结账单草案,并附上用详细资料说明的证实文件,表明:

(1)根据合同规定已完成的全部工程的价值。

(2)承包人根据合同规定认为应付给他的任何其他款项。

最终支付涉及的主要款项有:

(1)承包人在缺陷责任期内完成的合同剩余工程。

(2)在缺陷责任期内承担的监理工程师指示的附加工作或变更工程。

(3)应退回给承包人的保留金。

2. 最终支付申请的审核与签证

监理工程师应在合同规定的时间内,按合同规定完成对最终支付申请的审核与签证。

如果监理工程师不同意或者不核证最后结账单草案的任何一部分,承包人应按监理工程师要求提交进一步的资料,并对最后结账单草案作出他们之间协商同意的修改,然后由承包人编制,并向监理工程师提交双方同意的最后结账单。

在提交最后结账单时,承包人应给业主一份书面清账书,并抄送监理工程师,确认最后结账单中的总金额代表了根据合同规定应付给承包人的全部款项的最后结算。

根据《公路工程国内招标文件范本》通用条款第 60.13 款,在最后结账单和清账书收到后 14 天内,监理工程师应签发一份最后支付证书报业主审批,并抄送给承包人,说明:

(1)监理工程师认为根据合同规定的最后应付款额。

(2)在对业主以前所付的全部款额和业主根据合同规定应得的全部款项予以确认后,业主欠承包人或承包人欠业主(视具体情况)的差额。

3. 业主付款

根据《公路工程国内招标文件范本》通用条款第 60.15 款的有关规定,业主应在收到最后支付证书后 42 天内对监理工程师提交的最后支付证书进行审批,将应付款项支付给承包人,如果业主未能在规定期限内付款,则业主应按投标书附录规定的利率支付全部未付款额的利息。

根据合同规定,除非承包人已在最后结账单中列入了索赔请求,业主在按时办理最后支付手续后,对承包人由于履行合同或工程实施而产生的或与此二者有关的任何问题或事情不再承担任何责任。

六、案例分析

例 6-6　某工程项目建设单位与施工单位签订了工程施工承包合同。合同中估算工程量为 5 300m^3,原价 180 元/m^3。合同工期为 6 个月,有关支付条款如下:

(1)开工前,建设单位向施工单位支付估算合同价 20% 的预付款。

(2)建设单位从第 1 个月起,从施工单位的工程款中,按 5% 的比例扣留保留金。

(3)当累计实际完成工程量超过(或低于)估算工程量的 10% 时,价格应予调整,调价系数为 0.9(或 1.1)。

(4)每月签发付款证书最低金额为 15 万元。

(5)预付款从施工单位获得累计工程款超过估算合同价的 30% 以后的下一个月起至第 5 个月均匀扣除。

施工单位每月实际完成并经签认认可的工程量见表 6-5。

表 6-5

承包人完成的工程量统计表

月　份	1	2	3	4	5	6
完成工程量(m^3)	800	1 000	1 200	1 200	1 200	500
累计完成工程量(m^3)	800	1 800	3 000	4 200	5 400	5 900

问题：

(1)估算合同总价是多少？

(2)预付工程款是多少？预付工程款从哪个月起扣留？每月扣预付工程款是多少？

(3)每月工程量价款是多少？应签证的工程款为多少？应签发的付款凭证金额是多少？

解:(1)估算合同总价为95.4万元，即5 300m^3 ×180元/m^3 =95.4(万元)

(2)预付工程款为19.08万元，即95.4×20% =19.08(万元)

因为第一、二期累计工程款：

1 800×180=32.4(万元)>95.4×30% =28.62(万元)，根据合同规定，累计工程款超过估算合同价的30%以后的下一个月起至第5个月均匀扣除，可知预付工程款从第3个月开始扣留。

每月应扣预付工程款:19.08/3=6.36(万元)

(3)第1个月工程款:800×180=14.4(万元)

本月应扣留保留金:14.40×0.05=0.72(万元)

本月应签证的工程款:14.40×0.95=13.68(万元)<15(万元)(本月不予付款)

第2个月工程款:1 000×180=18(万元)

本月应扣留保留金:18×0.05=0.9(万元)

本月应签证的工程款:18×0.95=17.10(万元)

本月应签发的工程款:17.01+13.68=30.78(万元)

第3个月工程款:1200×180=21.60(万元)

本月应扣留保留金:21.60×0.05=1.08(万元)

本月应扣预付款:6.36(万元)

本月应签证的工程款:21.60×0.95-6.36=14.16(万元)<15(万元)(本月不予付款)

第4个月工程款:1 200×180=21.60(万元)

本月应扣留保留金:21.60×0.05=1.08(万元)

本月应扣预付款:6.36(万元)

本月应签证的工程款:21.60×0.95-6.36=14.16(万元)

本月应签发的工程款:14.16+14.16=28.32(万元)

第5个月累计完成5 400m^3 比原估算的工程量超过100m^3，但未超过估算10%，仍按原价估算工程价款:1 200×180=21.60(万元)

本月应扣留保留金:21.60×0.05=1.08(万元)

本月应扣预付款:6.36(万元)

本月应签证的工程款:21.60×0.95-6.36=14.16(万元)<15(万元)(本月不予付款)

第6个月累计完成5 900m^3 比原估算的工程量超过600m^3，已超过估算10%，对超过部分应调整单价。应调整单价的工程量:5 900-5 300(1+10%)=70(m^3)

本月完成的工程价款:70×180×0.9+(500-70)×180=8.874(万元)

本月应扣留保留金:8.874×0.05=0.443 7(万元)

本月应签证的工程款:8.874-0.443 7=8.43(万元)

本月应签发的工程款:14.16+8.43=22.59(万元)

〔思 考 题〕

1. 工程费用支付的依据有哪些?
2. 简述费用支付的原则以及监理工程师在费用支付中的职责权限。
3. 什么是清单支付? 什么是合同支付?
4. 工程费用按支付内容可分为哪几种类型? 各有哪些支付项目?
5. 简述开工预付款的支付条件及合同规定的扣回方法。
6. 简述材料预付款的支付条件和注意事项。
7. 简述月结账单应填写的主要内容。
8. 简述开具期中支付证书的程序及审查内容。
9. 简述期中支付与最终支付的区别。

第七章 合同其他费用监理

第一节 工程变更

一、工程变更的合同规定

根据《公路工程国内招标文件范本》第51款和52款，工程变更的基本规定如下：

1. 变更范围

监理工程师如认为有必要时，可根据第2.1款的规定对本合同工程或其任何部分的形式、质量、等级或数量做出变更，为此，监理工程师有权指令承包人进行下述变更、增加或取消：

(1)增加或减少本合同中的任何工程的数量。

(2)取消合同中的任何单项工程。

(3)改变合同中的任何工作的性质、质量或种类。

(4)改变本工程任何部分的高程、线形、位置和尺寸。

(5)完成本工程所必要的任何种类的附加工作。

(6)改变本工程任何分项工程规定的施工顺序或时间安排。

上述变更均不应使本合同作废或无效。所有这类变更工程(如果有)的结果应该根据第52款规定予以作价。但是，如果发出本工程的变更指令(简称变更令)是因承包人过错、承包人违反合同或承包人责任造成的，则这种违约引起的任何额外费用应由承包人承担。

2. 变更指令

没有监理工程师的指令，承包人不能进行任何工程变更。但如果工程量的增减是由于实际工程量超过或少于工程量清单中估算的数量而并非监理工程师指令的结果，则这类增减不需变更指令。

3. 变更后的作价

根据《公路工程国内招标文件范本》第52.1款，变更工程价格的增加或减少额，应以工程量清单中的单价或总额价为依据。如果工程量清单中未包含适用于变更工程的单价，则采用工程量清单中监理工程师认为适合的单价用于作价的依据。如果不合适，则由监理工程师和承包人协议一个合适的单价或总额价并报业主批准。如果不能达成协议，则监理工程师应根据情况在报业主批准后，定出他认为合理的单价或总额价，并通知承包人，抄送业主。如果此单价或总额价一时不能议定，监理工程师可以确定暂时的单价或总额价，作为暂付账款列入根据第60款规定签发的期中支付证书中，待议定后再在其后的期中支付证书中调整。

4. 工程变更后价格调整的条件

(1)单项工程

根据《公路工程国内招标文件范本》第52.2款，如果合同的工程量清单中某一个支付细目所列的“金额”或“合价”超过签约时合同价格的2%，而且该支付细目变更后的工程实际数量超过或少于工程量清单中所列数量的25%，则该支付细目的单价或总额价应予以调整。

(2)工程变更总费用超过“有效合同价格”的15%

根据《公路工程国内招标文件范本》第52.3款，如果在签发交工证书时，发现合同价格的增加或减少总共超过“有效合同价格”的15%（这里的“有效合同价格”是指扣除暂定金额后的合同价格），这种总额超过或减少15%以及以上是产生于：

①根据第52.1款和第52.2款作价过的全部变更工程的工程累计结果。

②根据实际计量对工程量清单中的估算工程量所做的一切调整，但不包括暂定金额和物价因素引起的价格调整。

如果发生这种情况，监理工程师应与业主和承包人协商后确定一笔管理费调整额，从合同价格中扣除或加到合同价格上。该调整金额是针对承包人用于本合同的现场管理费及总管理费用中不受上述①、②调整额影响的相应间接费的合理调整，监理工程师应将根据此款规定做出的决定通知承包人，并抄送业主。这笔调整金额应只依据上述增加或减少超过有效合同价格的15%的那一部分款额。

二、工程变更的单价分析与计算

对变更工程的计价，通常在确定变更工程单价的基础上，对变更工程的工程量进行计量的量价分离原则。根据合同的有关规定，变更工程单价的确定方法有四种。

1. 采用工程量清单中相应工程细目的单价

这是确定变更工程单价的首要依据。即工程量清单中有相应工程细目者，原则上应按工程量清单中相应的工程细目的单价来确定工程造价。由于工程量清单的价格是承包人投标时填报的，用于变更工程，容易为业主、承包人及监理工程师所接受，而且从合同意义上来说也比较公平合理。

例如，某项目由于设计变更，使得利用填方增加10 000m^3，且增加直径1m的圆管涵2道共60m。合同中，利用填方的单价为12元/m^3，直径1m的圆管涵（含基础）的单价是2 000元/m。求变更工程的造价。

上述变更由于工程量清单中有相应单价，因此，应采用工程量清单中的相应单价作为计价依据。

采用工程量清单中相应工程细目的单价作为计价依据，能充分起到单价合同的作用，减少变更工程协商定价的分歧，尽快确定变更工程造价，及时办理变更工程的计量支付。所以，只要变更工程数量不大，都可以采用工程量清单中相应工程细目的单价作为计价依据。

实践中，采用工程量清单的价格分三种情形，一是直接套用，即直接采用工程量清单上的价格；二是间接套用，即依据工程量清单，经换算后采用；三是部分套用，即依据工程量清单，取用其价格中的某一部分。

例 7-1 某高速公路项目的原设计中虽然考虑了沿线乡村交通的需要,设置了一些人行通道,但由于间距较大,沿线村民抱怨会带来生活不便。应当地政府的要求,业主决定在适当的地方增设几条人行通道,在处理这个工程变更时考虑到承包人原报价中有几十条类似的通道,现只增加几座,故可采用工程量清单上的报价。监理工程师综合分析通道长度、断面尺寸、地理位置以及施工条件等各种情况后,在清单上几十条通道的价格中,选择了最接近新增工程情况的通道价格,作为确定此项变更工程的价格依据。

例 7-2 在某合同新增加的附属工程项目中,需要浇筑 C25 混凝土,在工程量清单中,虽然可以找到 C25 混凝土的价格,但在不同的构造物中,由于几何尺寸、地理位置和施工条件不尽相同,尽管混凝土强度等级相同,单价却不一样,并且没有明显可与新增的附属工程情况靠近的单价。监理工程师在处理这项变更的定价问题时,首先将工程量清单中所有 C25 混凝土价格取出,然后计算其平均值,并以此平均值作为新增工程中 C25 混凝土的单价。

例 7-3 在某合同工程中要使用的钻孔桩有如下 3 种:直径为 1.0m 的共计长 1 501m,直径为 1.2m 的共计长 8 178m,直径为 1.3m 的共计长 2 017m,原合同规定选择直径为 1.0m 的钻孔桩做静载破坏试验。显而易见,如果选择直径为 1.2m 的钻孔桩做静载破坏试验,对工程更具有代表性和指导意义。因此,监理工程师决定进行变更。但在原工程量清单中仅有 1.0m 静载破坏试验的价格,没有可以直接套用的价格。经过认真分析,监理工程师认为钻孔桩静载破坏试验的费用主要由两部分组成,其一为试验费用,其二为桩的费用,而试验方法及设备并未因试验桩直径的改变而发生变化。因此,费用增减主要是由钻孔桩直径的变化而引起的,而试验费用可认为没有变化。由于普通钻孔桩的单价在工程量清单中可以找到,故改用直径为 1.2m钻孔桩进行静载破坏试验的费用 = 直径 1.0m 桩静载破坏试验费 + 直径 1.2m 钻孔桩的清单价格。

2. 采用计日工单价作计价依据

如果工程量清单中无相应的单价作计价依据,当变更工程是一些小型变更工程时,可根据监理工程师的指示使用计日工单价作为计价的依据。

例如,某项目因设计变更增加一道盲沟,合同中无相应单价。此时,可根据监理工程师指示使用计日工单价作为计价依据。即监理工程师根据盲沟施工要求,指示承包人安排相应的人工、材料、机械进行施工,并及时对人工、材料、机械的数量进行清点和确认,然后按工程量清单中计日工的相应单价来计价。

在使用计日工单价作计价依据时,应注意变更工程是一些小型工程,且即使对其分解,工程量清单中也无相应工程细目的单价。由于使用计日工作计价依据,不利于促进施工单位加快施工进度,提高资源的使用效率。因此,对于大型变更工程,使用计日工单价作计价依据是不合适的,该方法不适于大型变更工程的计价。

3. 对工程量清单中的相应单价进行变更

如果变更工程的性质和数量,关系到整个工程或其任何部分的性质或数量,使涉及的工程细目原有单价或总额价因此而不合理或不适应,则当该变更满足下列条件时,应对工程量清单中的相应单价进行调整:

(1)该工程细目涉及的合同款额超过合同价格的 2%。

(2)该项目细目实施时的实际工程量超出或少于工程量清单中所列工程量的 25%。

该方法实际上是单价合同履行中公平性与可操作性的有机统一。就合同的严肃性及可操作性而言，变更工程原则上应按合同中的相应单价来办理结算，但如果变更太大，尤其合同中存在不平衡报价，则单价可能与成本相比会显得偏高或偏低。此时，当变更太大超出某一范围时，继续采用原单价结算会有悖公平性甚至出现显失公平的现象，所以此时单价应进行修订或调整。下面通过示例来进行说明。

例 7-4 设有一合同，其利用填方工程量为 100 万 m^3，在施工过程中，由于设计变更而使得其实际数量达到 150 万 m^3，试问增加的 50 万 m^3 怎样办理结算。

解：根据合同的单价确定原则，增加的 50 万 m^3 首先原则上应按合同中的相应单价来办理结算，除非该变更工程符合上述单价变更原则。

现假定合同中利用填方工程的金额为 1 000 万元，该合同的总价为 1 亿元。则通过分析可知，该变更工程符合上述单价变更的有关条件：

第一，利用填方工程细目的合同金额为 1 000 万元，达到合同价的 10%，已超出合同总价(1 亿元)的 2%。

第二，利用填方工程细目由于变更使得工程量增加了 50 万 m^3，其增幅为 50%，已超出工程量清单中该细目工程量(100 万 m^3)的 25%。

所以利用填方的单价可以进行调整。但是否一定要进行调整，则应分析工程量清单中其单价是否真实地反映了承包人为完成变更工程所需要的成本和利润。

从成本和利润分析可知，承包人完成 100 万 m^3 土方的合理单价为 10.5 元/m^3。其价格组成是：

(1)直接成本 8 元/m^3。

(2)间接成本 2 元/m^3。

(3)利润 0.5 元/m^3。

但由于多种原因，承包人的报价可能出现以下三种情况：

第一种情况：10.5 元/m^3 及以上，即报价等于或高于合理单价。

第二种情况：10 元/m^3，即报价中采取了让利策略，利润为 0。

第三种情况：8 元/m^3 甚至更低，即在第二种报价的基础上采用了不平衡报价法或将管理费分摊到了其他工程细目的报价中，此时的单价为亏损价。

对于第一种报价。由于工程量的增加，承包人会增大规模效益，其增加的工程量部分的直接成本和间接成本均会降低，因此，在对超出 25% 部分的增加工程量计价时，原有合同单价应予以降低，当单价因不平衡报价而超出 10.5 元/m^3 时更应如此。

对于第二种报价。尽管承包人并未承诺对变更工程继续向业主让利，但由于规模经济性会使得承包人的平均施工成本下降，承包人在完成变更工程中，可以从规模效益的增加中获利，因此其单价可维持不变。

对于第三种报价。由于其单价为亏损价，因此继续使用合同单价对超出 25% 部分的增加工程量计价是不公平的，宜采用 10.5 元/m^3 或 10 元/m^3 的价格对超出 25% 部分的变更工程计价。

本例中，从已知数据可知，合同中的利用填方单价为 10 元/m^3，即承包人在报价中采取了让利策略，其利润为 0。但由于规模经济性可使承包人从中获利，因此，其单价应维持不变。

基于以上分析可知，之所以出现单价变更，其主要原因在于：

第一，工程量清单中可能存在不平衡报价现象，因而对变更工程按不平衡单价办理结算显得不合理。

第二，即使不存在不平衡报价现象，施工规模的经济性及规模效益的变化也会使得在实施变更工程过程中，其发生的管理费等费用并不一定与变更后的工程量成正比的变化。当工程量增加时，承包人的施工成本并不一定成比例增加，而当工程量减少时，承包人的成本不一定成比例减少，因而对变更工程按原单价办理结算时会使得变更工程部分的管理费等费用考虑得不准确。

但即使出现上述情况，原则上首先得维护合同的严肃性和可操作性，保持单价不变。只有当变化太大，即超出上述两个条件所列范围而使得当事人一方难以承受时，才考虑对超出部分带来的影响进行调整或考虑。此时，如原单价偏高，应予以降低，反之，应予以提高。其新的单价可根据公路工程预算定额及编制办法来确定。

4. 协商确定新工程细目的单价

如果工程量清单中没有相应工程细目的单价，且又不宜采用计日工单价作计价依据，则监理工程师应根据授权和业主、承包人协商确定新的工程细目单价。在协商过程中，下列文件是协商确定变更工程单价的依据：

（1）《公路工程预算定额》及预算编制办法。

（2）承包人投标时提交的单价分析资料及工程量清单中相关细目的单价。

实践中新单价的确定有以下方法：

（1）以合同单价为基础定价

该方法的特点是简单且有合同依据。但如果原单价偏低，则得出的新单价也会偏低，反之，原单价偏高，则得出的新单价也会偏高。所以其确定的单价只有在原单价是合理的情况下才会相对合理，当原单价不合理（有不平衡报价）时，该方法对增加的工程量部分的定价是不合理的。

例 7-5 设某合同中沥青路面原设计为厚 4cm，其单价为 32 元/m^2。由于设计变更，使得其厚度增加到 5cm。求设计变更后的沥青路面单价。

解：根据原合同路面单价，可求出变更后路面的单价为：

$$\frac{5}{4}\times 32 = 40(\text{元}/\text{m}^2)$$

因此，按上述方法，得出变更后的沥青路面单价为 40 元/m^2，与原单价相比增加了 10 元/m^2。但是，由于承包人在该项目投标时采用了不平衡报价法，使得路面的报价偏低，因而，按此方法求出的新设计的路面单价也偏低。本例中，对于新增加的 1cm 部分，只计算了 8 元/m^2 费用，而实际上应为 10 元/m^2（见下文）才比较合理。

（2）以概预算方法为基础定价

该方法的优点是以《公路工程预算定额》及编制办法作定价依据，产生的价格相对合理，能真实地反映完成变更工程的成本和利润。其缺点是不同的施工方案、施工方法会有不同的单价，另外该方法无法反映投标竞争产生的原有招标成果的作用，特别是当承包人有不平衡报价时，该方法会加剧总造价的不合理性。使用该方法时，应先确定沥青路面的施工方案和施工方法，进行资源价格的预算，之后按《公路工程预算定额》及相应的编制办法，确定其预算单价。

例如，假定本项变更发生后沥青路面（5cm）的预算单价为50元/m^2，即比前述方法确定的单价（40元/m^2）高出10元/m^2，它表明原合同中沥青路面（4cm）的单价32元/m^2偏低。其偏低的原因可能是承包人的报价普遍较低（即合同总价偏低），也有可能是承包人在该单价上采用了不平衡报价法（即合同总价不低，但单价偏低）。

对于前一种情况，采用预算单价后会使投标竞争所产生的积极成果不能有效地发挥作用，使合同的结算价回复到预算价。对于后一种情况则不仅不能使投标竞争所产生的积极成果发挥作用，反而提高了合同的结算价格，使合同的总结算价超过预算总价。下面以示例说明。

例7-6　设某项目有挖方、填方以及路面三项工程，其工程量和标底价格见表7-1。当承包人采用平衡报价或不平衡报价时，其报价结果有所不同（承包人采用不平衡报价是基于路基工程开工早，适当报高有利于资金周转及提前受益）。现假定路面在施工中由4cm变更为5cm，则采用不同的定价方法时会有不同的结算结果。

从表7-1中可以看出，如果未采用不平衡报价，则依据第一种方法定价时其结算总价为2 470万元。该价格的不合理之处在于，对增加的路面（1cm）工程量，同样要求承包人向业主让利（10%），而承包人在投标及签约时并未作此承诺。而采用第二种方法结算时，其结算总价为2 600万元。该价格的不合理之处在于，由于采用路面的预算单价作结算价，使得承包人在投标及签约时作出的让利10%的承诺没有真实执行（承包人的路面报价是36元/m^2，标底是40元/m^2，故让利10%）。

变更工程造价分析表　　表7-1

工程细目	单位	数量（万元）	标底		平衡报价		不平衡报价		备注
			单价（万元）	金额（万元）	单价（万元）	金额（万元）	单价（万元）	金额（万元）	
挖方	m^2	100	8.5	850	8.0	800	9.5	950	投标时价格
填方	m^2	100	5.5	550	5.0	500	6.0	600	
路面（4cm）	m^2	26	40.0	1 040	36.0	936	32.0	832	
合计				2 440		2 236		2 382	
变更路面（5cm）	m^2	26	50.0	1 300	45.0	1 170	40.0	1 040	以第一种方法定价时
合计				2 700		2 470		2 590	
变更路面（5cm）	m^2	26	50.0	1 300	50.0	1 300	50.0	1 300	以第二种方法定价时
合计				2 700		2 600		2 850	
变更路面（5cm）	m^2	26	50.0	1 300	46.0	1 196	42.0	1 092	以加权定价法定价时
合计				2 700		2 496		2 642	

如果合同单价是一种不平衡报价，则采用第一种方法结算时其结算总价为2 590万元。其不合理之处在于，对增加的路面（1cm）工程量同样要求承包人以低于标底20%的水平结算，而承包人在投标时并未作此承诺，当采用第二种方法结算时，其结算总价为2 850万元，结算总价已大大高于预算（标底）总价（2 700万元）。其不合理之处在于原合同路面（4cm）的降

价和不平衡报价因素使得路面单价偏低的现象被新确定的路面单价完全消除，而挖方和填方报价偏高的现象仍在继续执行。

(3)加权定价法

针对以上两种方法均存在不足，合理的定价方法是在考虑路面(5cm)的单价时，在保持原有报价不受实质影响的前提下，对新增工程部分按概预算方法定价以此加权确定路面的单价。

就上例而言，其合理的单价应为：

$$32+\frac{50}{5}=42(\text{元}/\text{m}^2)$$

以上介绍了变更工程单价确定的四种方法。通过协商确定单价是基于工程量清单中没有或者虽有但不合适的情况所采取的一种方法。在这种情况下，业主与承包人都参与价格及费率的协商，但如果他们的意见不一致，监理工程师将决定变更工程的单价(除非合同另有规定)。特别要注意的是，一旦监理工程师决定的价格不太合理，或缺乏说服承包人的依据时，承包人有权就此向业主提出费用索赔。因此，监理工程师在协商和决定变更价格时，要充分熟悉和掌握工地情况和基础技术资料，并通过综合分析，合理判断，做到心中有数。如果按上述步骤处理，变更单价或总额价一时仍不能议定，监理工程师可以确定暂时的单价或总额价，作为暂付账款列入根据第60款规定签发的期中支付证书中，待议定后再在其后的期中支付证书中调整。

对于报价单中没有参考单价的变更项目，为了加快进程，减少矛盾，避免纠纷和索赔，应尽量采用既有真实性和代表性，又有权威性的价格参考资料。京津塘高速公路项目在决定变更价格时采用部委和省市一级颁布的定额及文件，作为协商单价的依据，例如，北京市城乡建设委员会颁发的《北京市市政工程单位估价汇总表》。

例7-7 某项目的路堤土方工程完工后，发现原设计在排水方面考虑不周，为此，业主同意在适当位置增设排水管涵。虽然在工程量清单中有100多道类似的管涵，但承包人却拒绝直接从中选择合适的作为参考依据。理由是变更设计提出的时间较晚，其土方已经完成并准备开始路面施工，新增工程不但打乱了其进度计划，而且二次开挖土方难度较大，特别是重新开挖用石灰土处理过的路堤，与开挖天然表土不能等同。监理工程师认为承包人的意见可以接受，不宜直接套用清单中的管涵价格。经与业主和承包人协商，决定采用工程量清单中在几何尺寸、地理位置等条件相近的情况下的管涵价格作为新增工程的基本单价，但对其中的“土方开挖”一项在原报价基础上，按某个系数予以适当提高，提高的费用叠加在基本单价上，由此计算出新增工程的价格。

值得说明的一点是，在极其特殊的情况下，如果无论用那种办法都找不到某种材料的合理参考价格，则监理工程师也可用实际发货票据作为定价依据之一。但是，由于市场价格变化太大，再加上地区差价和部门差价，监理工程师必须进行一定的市场调查，以验证发货票据的真实性和与实际发生费用的符合性。

三、工程变更示例

例7-8 某项目第一合同中于中心桩号K××处有一座下穿铁路的顶进桥，由于原设计考虑不周，不能满足工程施工及铁路部门的需要，因此业主提出对原设计进行变更。变更的内容涉及几何尺寸、顶力设备和其他工程4个方面的变化。该顶进桥变更前后的主要工程数量见表7-2。鉴于原铁路顶进桥在工程量清单中仅为一项，为估算变更后的费用，采用商定的加权系数法。试计算该桥变更后的费用。

主要工程数量表　　表7-2

原设计			新设计	
A_1 混凝土	1 383m^3	220元/m^3	A_2 混凝土	1 632m^3
B_1 钢筋	124.2 t	2 304元/t	B_2 钢筋	202.3 t
C_1 钢板	6.132 t	2 304元/t	C_2 钢板	4.486 t
D_1 开挖	6 459m^3	6.17元/m^3	D_2 开挖	7 520m^3
E_1 填方	2 880m^3	3.32元/m^3	E_2 填方	2 880m^3
F_1 顶力	6 300 t	325 097元	F_2 顶力	6 300 t

解:1.计算原设计各项目金额及总价

$$A_1 = 1\,383(m^3) \times 220(元/m^3) = 304\,260(元)$$

$$B_1 = 124.2(t) \times 2\,304(元/t) = 286\,230(元)$$

$$C_1 = 6.132(t) \times 2\,304(元/t) = 14\,128(元)$$

$$D_1 = 6\,459(m^3) \times 6.17(元/m^3) = 39\,852(元)$$

$$E_1 = 2\,880(m^3) \times 3.32(元/m^3) = 9\,561(元)$$

$$F_1 = 325\,097(元)$$

合计:979 128元

说明:在以上的计算中,A_1 的单价是取自清单有关项平均后得出;$B_1 \sim E_1$ 的单价均取自清单对应项;F_1 代表除 $A_1 \sim E_1$ 以外的因素,包括临时工程、施工方法、铁路特殊需要和设计单位要求以及其他的不可预见因素等的综合影响。

原清单总价:$C_{原} = A_1 + B_1 + C_1 + D_1 + E_1 + F_1 = 979\,128(元)$

2.计算新设计的总价

(1)与原设计项目工程数量相对应的新设计费用

$$A_2 = 1\,632(m^3) \times 220(元/m^3) = 359\,040(元)$$

$$B_2 = 202.3(t) \times 2\,304(元/t) = 466\,099(元)$$

$$C_2 = 4.486(t) \times 2\,304(元/t) = 10\,336(元)$$

$$D_2 = 7\,520(m^3) \times 6.17(元/m^3) = 46\,398(元)$$

$$E_2 = 2\,880(m^3) \times 3.32(元/m^3) = 9\,561(元)$$

$$F_2 = F_1 = 3\,250\,979\,561(元)$$

$$C_{新1} = A_2 + B_2 + C_2 + D_2 + E_2 + F_2 = 1\,216\,531(元)$$

在上述变更中,钢筋数量由原来的124.2t增加到202.3t,增加63%(超过25%),但由于该细目的合同金额并未超过合同价的2%,因此,其单价不予变更;同样,对钢板一项,尽管其数量减少27%(超过25%),但该细目的合同金额并未超过合同价的2%,因此,其单价也不予变更。

(2)变更后的设计增加以下新内容的费用

①直径 0.8m 桩共计 168m

参考原清单单价,按直径 1.2m 桩价格 566 元/m 换算:

新单价:$\frac{566\times(0.4^2\times\pi)}{0.6^2\times\pi}=251$(元/m)

另一个比较接近的是直径 1.0m 的桩单价为 214 元/m。

考虑完全是新增项目,需要组织新设备、人力等,监理工程师认为采用单价 251 元/m 比较合理,故

$$C_{新2}=168(\mathrm{m})\times251(元/\mathrm{m})=42\ 168(元)$$

②沥青路面新增的费用

$$C_{新3}=114\ 188(元)$$

(3)求新设计总价

$$C_{新}=C_{新1}+C_{新2}+C_{新3}=1\ 216\ 531+42\ 168+114\ 188=1\ 372\ 887(元)$$

因此,变更后净增费用:1 372 887 - 979 128 = 393 759(元)

四、工程总价变更

1. 总价变更的原因分析

前面介绍了工程变更过程中单价变更的有关规定。这些规定较好地保证了每一次变更中单价的合理性及单个工程细目造价的相对合理性,但它并不能保证总价的合理性。这是因为,一方面,有些工程变更尽管就单项而言达不到单价变更的条件,但如果发生的变更次数频繁,其累计的变更量就会很大,对总造价的合理性就会产生影响。例如,当每一工程细目都因屡次变更而增加 20% 的工程量时,尽管不需要变更单价,但总价不见得因此合理。另一方面,有些合同还存在工程量的估计误差,使得实际工程量与工程量清单中的估计工程量相比有较大的出入,从而影响总价的合理性。

如果上述两个因素引起的实际总造价与合同价格相比变化不大,则即使总造价不尽合理,业主、承包人双方也必须自己承担。但如果出入太大,影响造价的公平合理性甚至出现显失公平的现象时,则合同造价必须进行调整,合同条款中因此做了相应规定。根据《公路工程国内招标文件范本》第 52.3 款的规定(参看本节“工程变更的合同规定”),当工程变更及工程量的估计误差使得总合同价格的增加或减少超过“有效合同价格”的 15% 时,按上述变更工程单价分析与计算方法确定出来的造价,并不是变更工程的最终造价,根据合同规定还需进行价格调整。

造成总价不合理的主要原因在于:

(1)由于工程量清单中其开办项目的费用是包干使用的,如果工程量变化太大,其开办项目的费用会包不住。

(2)由于工程量清单中的单价往往存在不平衡报价现象,因此,以此作变更工程的计价依据不合理。

(3)承包人的有些管理费如总部管理费等费用总是固定不变的,但这笔费用通常成比例地分摊到了工程量清单的各永久工程项目的单价中,因此随着变更后工程量的变化,在计价时这些管理费会存在着增加或减少的现象而需要重新进行调整。

2. 总价变更的处理方法

处理工程变更及工程量误差引起的总价调整问题，其难度是比较大的。监理工程师首先应对工程量清单的各工程细目逐个进行单价分析，以确认工程量清单中是否有不平衡报价现象，并对合理的工程造价进行估算。之后来评估工程量误差及工程变更所带来的合同价格（增加或减少）是否真实客观地反映了承包人为完成这些工程所发生的费用，如确实不够的话，监理工程师应据实提出应增加的款额，如已经超过了承包人实际所发生的费用及合理利润，则应据实提出应减少的款额，之后和业主及承包人协商确定其增减额。

下面通过示例来说明上述工作。

例 7-9　某工程项目合同造价为 1.2 亿元，其工程量清单的内容如下：

（1）路基土石方工程：金额 3 000 万元，其中：

①挖土方：数量 60 万 m^3，单价 10 万元/m^3，金额 600 万元；

②挖石方：数量 10 万 m^3，单价为 40 万元/m^3，金额 400 万元；

③其他：金额 2 000 万元。

（2）路面工程：金额 2 000 万元。

（3）桥梁工程：金额 3 000 万元。

（4）隧道工程：金额 1 200 万元。

（5）排水防护工程：金额 600 万元。

（6）计日工：金额 200 万元。

（7）暂定金额：计 2 000 万元。

工程施工过程中，其挖土方数量比预计的数量少 10 万 m^3，而挖石方数量多 10 万 m^3，且发生了一系列合同变更（表 7-3），其他情况无变化。

问：根据 FIDIC 条款，需对哪些工作下达工程变更令？按 FIDIC 条款第 52.3 款规定，其最后的合同价格是否需要调整？

解：本例中表 7-3 绝大部分项目都属工程变更，需由监理工程师下达工程变更令，但一些涉及修改合同文件的变更项目，需首先由业主和承包人签署补充协议，之后由监理工程师按补充协议去处理。如表 7-3 中的第 6 项变更项目，原合同文件中未要求投保工程一切险和第三者责任险，现要求补保。由于这项变更超出了 FIDIC 条款第 51 款所规定的类型，所以首先必须由业主和承包人签署补充保险的协议书，之后才能由监理工程师根据补充保险协议指令承包人去完成此项工作，并根据完成情况办理计量与支付手续。至于本例中土石方数量的变化，由于它不涉及到合同文件中设计图纸和技术规范的修改，而仅仅是工程量的估计误差，因此，它不属于工程变更的范畴，更不需要下达工程变更令（由于它非工程变更范畴，因此，它不存在单价变更的问题）。

工程完成后由于工程量误差及变更而引起的合同价格增加额为：

$$10 \times (40 - 10) \times 10\,000 + 11\,723\,526 = 14\,723\,526(\text{元})$$

本项目的有效合同价为：

$$12\,000 - 2\,000 - 200 = 9\,800(\text{万元})$$

合同价格增加比率为：$\dfrac{14\,723\,526}{98\,000\,000} = 15.02\%$ 基本上在 15% 的范围，所以按合同条款合同

价格无须进行调整。

合同工程变更一览表 表 7-3

序号	变更项目名称	变更金额(元)	变更实际完成金额(元)
1	取消 1 号灌溉倒虹吸	-223 506	-223 506
2	取消 2 号灌溉倒虹吸	-242 320	-242 320
3	修改 300 章 301 项、900 章 909 项、907 项	61 741	61 741
4	新增人行通道和排水涵	70 078	70 078
5	* * 段清单补列 500 章 504 项	69 065	69 065
6	投保工程一切险和第三者责任险	476 674	476 674
7	路堤处理	527 859	527 861
8	修改 100 章 109 项	627 445	719 670
9	修改 500 章 505 项	4 953	4 953
10	取消 3 号灌溉倒虹吸	-83 818	-83 818
11	增打水井	549 644	549 645
12	STA12 +600 = K13 +320 软基处理	396 567	396 566
13	修改 200 章、500 章、600 章、700 章、900 章的 B133	44 534	44 534
14	顶进铁路地道桥	599 447	599 447
15	K0 +550, B11 桥	823 266	974 661
16	增加通道及排水管涵(K0 +500 ~ K14 +500)	650 481	650 481
17	增加通道及排水管涵(K14 +500 ~ K27 +500)	276 560	276 560
18	增加排水管涵(K27 +500 ~ K35 +500)	7 332	7 332
19	主线 K1 +590 增建 ϕ1.5m 管涵(双孔)	74 578	74 578
20	K0 +600 ~ K1 +450U 形槽和 K0 +500 K1 +450 沥青混凝土路面	6 785 743	6 893 490
21	K14 +500 ~ K27 +500, 通道管涵变更	-124 365	-124 365
	合计	11 371 964	11 723 526

例 7-10 现仍以例 7-6 为基础。设该项目在实施中除路面 4cm 变更为 5cm 外，其工程量清单中的挖方和填方工程量有估计误差(或变更)，其实测数量均为 120 万 m^3，而不是 100 万 m^3，则此时，如按前述的单价确定原则结算，项目的结算价格分别为 2 756 万元或 2 952 万元(表 7-4)。

总价合理性分析一览表 表 7-4

工程细目	单位	数量(万)	实测数量(万)	平衡报价		不平衡报价		备注
				单价	金额(万元)	单价	金额(万元)	
挖方	m^3	100	120	8.0	960	9.5	1 140	
填方	m^3	100	120	5.0	600	6.0	720	
路面(5cm)	m^3	26	26	46	1 196	42	1 092	采用加权法确定单价
总额					2 756		2 952	
有效合同价					2 236		2 382	
超出比率					23%		24%	

从表7-4可以看出，不管承包人采用何种报价，其结算款的增加额均将超出有效合同价的15%。其中，当承包人采用不平衡报价时，其结算款的增加额更大，说明如按原合同价（或工程变更的单价确定原则确定的单价）结算，其结算价的不合理性加剧，因而有必要对结算总价进一步进行调整。

当承包人采用平衡报价时，承包人会从土方的增加中获得规模效益，但本例中承包人报价时已向业主让利（挖方、填方单价均比标底单价低），因此，两者相抵后，其结算款额2 756万元仍是相对合理的，即总价可不作调整。

当承包人采用不平衡报价时，承包人除获得规模效益外，还会从土方的超高报价中获得不合理的利润，其结算款额达到2 952万元，为有效合同价的24%，超过有效合同价的15%。因此其合同款额有必要调低。如考虑15%内的变化不作调整，而只调整超过15%的部分，且将挖方、填方的价格下调到8元/m^3及5元/m^3，则调整后的结算情况是：

挖方：$9.5\times100(1+15\%)+8\times[120-100\times(1+15\%)]=1\ 132.5$（万元）

填方：$6\times100(1+15\%)+5\times[120-100\times(1+15\%)]=715$（万元）

路面：$26\times42=1\ 092$（万元）

合计：2 939.5（万元）

其调整额为：

$$2\ 952-2\ 939.5=12.5\text{（万元）}$$

因此，通过该方法，下调了12.5万元，总价的不合理性相对受到控制。

五、加强变更工程费用监理的途径

1. 工程变更原因分析

按引发的原因不同，工程变更一般可归纳为如下几种情况：

(1)因设计不合理而引起的工程变更。

(2)业主想扩大工程规模、提高设计标准或加快施工进度而出现的工程变更。

(3)为满足地方政府的要求而不得不进行的工程变更。

(4)为优化设计方案而出现的工程变更。

(5)因业主风险或监理工程师责任等原因而引起的工程变更。

(6)因承包人的施工质量事故而引起的工程变更。

2. 监理工程师处理工程变更的注意事项

(1)工程变更的范围不能随意扩大。工程变更主要涉及的是设计图纸和技术规范文件的变更，而且在合同条款中对其范围做了清楚的说明。因此，超出这一范围，就不应该视为工程变更，而只能作为其他形式的合同变更去处理，也就是说，此时不能按合同条款第51款、第52款的规定由监理工程师去处理，而只能由业主、承包人去协商解决。

(2)工程变更通常伴随工程数量的改变，但工程数量的改变并不意味着一定有工程变更的发生。例如，施工过程中，经常出现实际工程量与工程量清单中的估算工程量不一致现象，如果设计图纸不发生修改，则这种现象完全是由于估算误差造成的，这时的工程量增减并不属于工程变更的范围。

(3)承包人在执行工程变更前，必须以监理工程师的书面变更令为依据，即使紧急情况下执行监理工程师口头指令的工程变更，也应在执行过程中要求监理工程师尽快予以书面确认，否则这样的变更视为是无效变更，即使对业主有利，也不一定能得到认可或补偿。工程变更的提出可以是业主、监理工程师、设计单位、承包人及当地政府，但不管属于何种情况，最后须由监理工程师组织实施。

(4)尽管工程变更情况很多，但变更后的工程一般应该是原合同中已有的同类型工程，否则承包人的施工质量(或履行能力)无法保证，而且可能引起复杂的施工索赔，并增大工程结算和费用监理的难度。

3. 加强变更工程费用监理的途径

(1)严格按合同中规定的变更工程造价确定原则来确定变更工程的造价。

(2)加强变更工程的计量工作，尤其是要加强变更工程开、竣工测量工作，工程隐蔽部位的计量工作。

(3)对采用计日工形式计价的变更工程项目，监理工程师应及时对发生的计日工数量进行检查和清点，以保证计日工数量的准确性。另外对大型变更工程应避免使用计日工形式计价，因为该方式不利于促进施工效率的提高，甚至增大工程造价，降低投资效益。

(4)当工程量清单中没有相应工程细目的单价而需要监理工程师和承包人协商确定新的单价时，监理工程师应参照《公路工程预算定额》及编制办法，尽量依据承包人在投标时的报价分析资料和工程量清单中的单价来协商确定其价格。

(5)当工程造价出现合同条款第52.3款规定的合同价格调整现象时，监理工程师应本着公平合理原则，在全面分析承包人的施工成本和利润的基础上，确定出需要增加或减少的合同款额。

(6)在变更工程的造价管理过程中，应严格按管理程序执行分级审批制度，加强内部监督，做到层层把关，以杜绝利用工程变更钻业主和合同空子的行为。

(7)对有不平衡报价的合同，应加强单价分析，并对与此相关的工程细目和工程量，加强全面综合控制。以下是一些在造价管理中应加强控制的工程变更：

①工程规模扩大的工程变更。

②因工程性质改变的工程变更。

③单价偏高的工程细目其工程量会增大的工程变更。

④单价偏低的工程细目其工程量会减小的工程变更。

第二节 费用索赔

一、概述

1. 索赔的概念和基本特征

FIDIC条款和《公路工程国内招标文件范本》通用条款并不希望承包人在其投标报价中将不可预见的风险因素和大笔应急费用全部包括进去，而是主张如果确实发生了此类事件，则应由业主赔偿或支付这类费用，这就构成了索赔的理论基础。

所谓“索赔”，顾名思义有索取赔偿之意，是指在合同的履行过程中，作为合同中合法的权利一方，因对方不履行或未能正确履行合同所规定的义务而受到损失，向对方提出赔偿要求的过程。

在合同执行过程中，如果当事人一方认为另一方没能履行或不完全履行合同既定的义务或妨碍了自己履行合同义务，或是发生了合同中规定由另一方承担的风险事件，结果造成经济损失，则受损失方通常可提出索赔要求。显然，索赔对另一方不具任何惩罚性质，它是合同双方各自应该承担的义务或享有的合法权利，是业主与承包人之间在工程风险责任上进一步分配的具体体现，是一种经济行为，也是一项管理业务，对业主和承包人而言，这种经济行为是双向的，只是索赔的出发点和对象各不相同罢了，按国际惯例经常使用"索赔"与"反索赔"的说法以示区别。

因此，广义的索赔从主体上包括承包人向业主的索赔及业主向承包人的索赔（反索赔），从内容上包括费用索赔和工期索赔，《公路工程国内招标文件范本》第53款规定的索赔专指承包人向业主的索赔，而且是费用索赔。

从《公路工程国内招标文件范本》通用条款第53款的规定中可以看出，索赔具有以下几个本质特征：

(1)索赔是要求给予赔偿的权利主张。

(2)索赔的依据是合同文件及适用法律的规定。

(3)承包人自己没有过错。

(4)所索取的费用是承包人投标报价中没有包括且合同规定应由业主另行承担的风险费用。

(5)承包人已发生实际损失。

(6)所索取的费用是一种损害赔偿（而不是违约罚款），必须以损害事实为依据。

2. 索赔成立的基本条件

根据法律法规及合同规定，索赔成立的基本条件是：

(1)有明确的合同依据（或法律依据）。即合同中明确规定其责任由业主承担，应增加额外费用。如果合同中没有明确规定，承包人也可依据法律规定对业主因过错不履行合同造成的损失进行索赔。

(2)有具体的损害事实。即承包人能提供确凿的证据，证明自身确实因此而受到了损害，如财产损失、成本增加、预期利益丧失等。

(3)索赔期限符合合同规定。即承包人已严格按照合同规定的期限（或监理工程师允许的期限）提出了索赔意向书和索赔报告。

(4)索取的费用与损害事实相符。即索赔报告中所报事实真实，资料齐全，计算方法公平合理，计算结果可信。

3. 索赔审批的基本原则

监理工程师在审批费用索赔时，应坚持以下原则：

(1)恪守合同原则。即监理工程师在审批索赔时应严格按合同办事，在确认索赔是否成立时，首先应查实承包人的索赔是否有合同依据，是否是合同规定业主应另行承担的赔偿责任。

(2)尊重事实原则。即监理工程师在审批索赔时应严格以事实为依据，凡是既有合同依据、又有损害事实的索赔应据实予以赔偿；否则，即使有合同依据，如损害事实不清甚至无损害事实，也不能予以认定。

(3)公平合理原则。即监理工程师在审批索赔时应客观公正，既要尊重承包人索赔的权利，保护承包人在索赔中的合法权益，又要严格审查，防止承包人滥用索赔、虚夸事实、高估冒算等现象，做到合同依据充分，损害事实清楚，计算方法公平合理，计算结果可信。

(4)分级审批原则。即监理工程师在审批索赔时，应严格遵守审批程序，逐级审查，分级把关，防止监理人员滥用权力的现象，保证索赔审批结果客观公正。在分级审批实践中，通常由驻地监理工程师重点审查索赔数量，高级驻地监理工程师重点审查索赔价格，总监理工程师审查总的索赔费用。例如，在停工窝工费用索赔审查中，驻地监理工程师重点审查停工窝工人员、机械的数量，高级驻地监理工程师重点审查索赔的人员、机械台班(或工日)单价，总监理工程师审查总索赔费用。

二、索赔程序的合同规定

《公路工程国内招标文件范本》通用条款第53款对索赔程序做了明确规定。具体如下：

1. 索赔通知

如果承包人根据本合同条款中任何条款提出任何附加支付的索赔时，他应在索赔事件首次发生的21天之内将其索赔意向书提交监理工程师，并抄送业主。

2. 当时的记录

在引起索赔事件发生时，承包人应保存当时的记录，作为申请索赔的凭证。监理工程师在接到索赔意向书时，无须认可是否系业主责任，先应审查这些当时记录，并可指示承包人进一步做好当时记录。承包人应允许监理工程师审查其保存的全部记录，当监理工程师要求时，应向监理工程师提交记录的复制件。

3. 索赔的证明

承包人应在发出索赔意向书的21天内，或监理工程师同意的另一期限内，送交监理工程师一份拟索赔款额的详细账目，并说明索赔所依据的理由。如索赔的事件具有连续性，上述账目应认为是一笔暂时账目。承包人应在监理工程师要求的间隔时间内，送交继发的暂时账目和索赔理由。并在此索赔事件终止后21天之内送出最后账目。承包人还应将本款规定送交监理工程师的全部账目的复制件送交业主。

4. 不合规定

如果承包人提出的索赔要求未能遵守本条中的任何规定，则承包人无权得到索赔或只限于索赔由监理工程师按当时记录予以核实的那部分款额。

5. 索赔的支付

监理工程师应对承包人根据上述各款规定提出的索赔证据和详细账目进行审查核实，应在业主和承包人协商后，确定承包人有权得到的全部或部分的索赔款额，并在按第60条规定列入核签的期中支付证书或最后支付证书内予以支付。监理工程师应将此决定通知承包人，并抄送业主。

三、费用索赔的审批与计算

费用索赔的审批与计算主要包括三个方面，即索赔细目与数量的审定、单价与费率分析以及计算方法及总费用的审定。

1. 索赔细目与相应数量的审定

监理工程师应对承包人所申报的各个细目进行逐项分析和审查，以确认哪些细目确实与有效的索赔有关、哪些无关，对有关的细目应分析其内容和数量是否准确。主要步骤如下：

(1)仔细分析和阅读监理工程师的原始记录。例如，工地日志、监理工程师日记、计量与支付报表及有关记录等。凡是没有事实依据，与有效的费用索赔无关以及承包人自身管理不善所造成损失的工程量均不予考虑。

(2)仔细分析承包人的记录。《公路工程国内招标文件范本》通用条款第53.1款和第53.2款要求承包人在提出索赔意向书后，对事件的发生进一步做好当时记录，因为这样的当时记录对承包人发出的索赔意向来说可能是合理的，且可能是相当重要的补充资料。因此，监理工程师应该对此进行全面分析。

(3)现场核查。根据上述两个方面的记录，监理工程师应指派合格人员到施工现场对重点内容进行核查，以便进一步做出判断。

(4)综合分析。根据两方面的记录和现场核查结果，按合同文件有关规定进行综合分析。应当注意的是，对那些已根据监理工程师指令采取措施的工程细目，其索赔费用应做必要的折减，特别是如果监理工程师曾经采取过正确合理的措施，而承包人没有执行，则该措施所涉及的索赔数量不予考虑。

2. 单价和费率分析与确定

通过第四章投标报价内容的学习可知，报价单中的价格已经包含了管理费和利润，即利润和各种间接费在报价时已按一定的方式摊入了单价。而绝大部分的费用索赔不包括利润，有时甚至不包括管理费。因此，监理工程师在计算索赔费用时，不能照搬报价单中的单价和费率，而必须对它们进行认真分析。另外，在施工过程中，由于现场的实际情况可能不同于报价时的情况，所以必须在全面理解承包人在投标报价时各种费用的计算依据和所考虑的因素的基础上，分析承包人在计算索赔费用时所用费率的种类和大小与其在报价时所用费率的种类和大小的差别，从而做到心中有数。

根据我国高速公路项目的工程实践，一般采用如下四种方法确定单价与费率并计算索赔费用。

(1)利用工程量清单中的单价

对应索赔费用中包括利润且费用索赔项目与工程量清单中某项目的性质一致或基本一致的情形来说，可采用工程量清单中的单价(计日工单价)或从工程量清单中有关单价推算出的价格来计算索赔费用。

(2)采用协商费率

协商费率，即业主、监理工程师、承包人三方共同协商，采用一个三方均认可的费率来计算索赔费用。这是较为常用的方法，但三方意见往往较难统一。

在京津塘高速公路项目中，监理工程师在处理某合同承包人提出的由于工程暂停而引起的费用索赔申请时，对其中闲置劳动力的费用，就是采用三方共同协商的方法来确定费率的。

(3)采用正式规定和公布的标准确定费率

在索赔费用的计算中，如果工程量清单中的单价不合适，协商费率各方意见又不统一，这时就需要监理工程师来确定一个公平、合理的费率。实践证明，采用由省部级以上政府正式颁布的有一定法律效力的有关定额和标准来确定费率，是各方都基本能够接受的。例如，监理工程师经常采用交通部颁布的《公路工程预算定额》、《公路工程概、预算编制办法》和《交通部施工企业会计补充条例》等。

(4)按有关票据计算

对于一些在费用索赔事件发生期间，承包人实际直接发生的、且不需要采用费率来计算的费用，可按承包人出示的正式票据(或合同)中的金额进行计算，如水电费、设备的租用费等。

上述四种确定单价与费率的方法，除第一种外，其余三种方法在计算索赔费用时往往共同使用。即可以通过协商确定的，应通过协商来确定；协商不能确定的，监理工程师应按正式规定和公布标准来确定；还有一部分费用应按承包人提供的正式票据等来确定。

3. 计算审查

在审定了索赔细目和相应的工程量以及确定了索赔费用计算的单价和费率后，确定赔偿金额的第三项工作就是对费用的计算进行审查。计算审查主要包括两个方面：一是分析和审查承包人的计算原则、计算方法；二是检查有无算术错误。计算审查的具体内容如下：

(1)人工费

由于增加了合同以外的工程内容，或由于业主原因造成工程拖延，致使承包人多用了人工或延长了工作时间，则承包人有权向业主要求补偿人工费的损失。其计算方法是：工资单价(按合同规定或计日工，分别按合同工、普通工、技术工计)×人工数(分别按合同工、普通工、技术工计)×应赔偿(或延长)的天数。经累加后，即为要求赔偿的人工费。

在停工及窝工费的计算中应注意：

①合同中规定了计算方法的，原则上按合同中规定的计算方法计算；

②合同中未规定计算方法的，可以参考计日工单价或人工费预算单价以及当前的人工工资水平，在此基础上确定停工及窝工费的工日单价(对聘用的临时工可直接根据聘用合同来确定单价)，并根据实际的停工及窝工时间进行计算。其中停工、窝工时间中应根据工程的不同性质扣除雨水天气所占用的时间。

例7-11 某项目因征地拆迁未及时解决，造成承包人一施工队被迫停工15天，该施工队有技术管理人员5人，技术工人10名，临时工10人，试计算人员的停工费赔偿额。

解：经分析，技术管理人员采用工资单价，为60元/工日，技术工人采用计日工单价，为40元/工日，临时工按聘用合同价格，为20元/工日；扣除5天因降雨而不能施工的时间。因此，其赔偿额为：

$$(60\times5+40\times10+20\times10)\times(15-5)=9\,000(\text{元})$$

(2)材料费

如果因业主应承担的风险责任致使材料用量增加，则承包人可向业主提出材料费用索赔。其计算方法是：

材料费＝(实际使用的材料数量－原来材料数量)×所使用材料的单价

其中，材料单价可根据发票来确定，或采用工程量清单中计日工的材料单价，由此求出增加材料的费用。

在审查因停工导致的材料积压损失费时，应注意：

①合同中已支付材料预付款的,原则上不考虑材料积压损失费。

②合同中未支付材料预付款的,可根据材料费价格及积压材料的费用总额计算其利息。

③对于有龄期的材料,当材料积压时间太长时,应根据实际情况考虑材料超过龄期后报废的损失。

例 7-12　某合同钻孔灌注桩基础施工中因不可预见的地质情况致使施工中增加钢护筒,由此增加的材料费按市场价格计算为 30 000 元,另外因此停工 10 天,有价值 200 万元的材料积压。求给承包人的材料费赔偿额。

解:所积压的 200 万元材料中,有 100 万元材料为应支付预付款的主要材料,已按投标书附录规定支付了 75% 的费用。因此,应计算材料积压损失的材料费为:

$$200-100+(100-100\times75\%)=125(\text{万元})$$

其利息按利率 0.000 2 计算,使用单利法,可得利息为:

$$125\times0.0002\times10\times10000=2500(\text{元})$$

因此,总的材料费赔偿额为 32 500 元。

(3)机械费

首先计算机械工作时间的增加量或机械停置的时间,即原有各种机械比预定计算所增加的工作时间(或台班);新增加各种机械和数量的工作时间(或台班);由于业主原因造成各种机械停置的数量和工作时间(或台班)。其次,将求得的以上各种工作时间的增加量(或停置时间)乘以合同规定单价或台班单价(一般包括:机械人工费、燃料费、折旧费、大修理基金)。最后,将不同种类机械费用累计,就可计算出机械的索赔金额。其中,机械台班的使用单价可使用工程量清单中计日工的单价或租赁机械的单价。在计算机械停置费损失时,其机械停置单价的计算方法是:

①合同中规定了计算方法的,原则上按合同中规定的计算方法计算。

②合同中未规定计算方法的,可参考下列公式计算:

机械停置费台班单价 = (折旧费 + 大修理费) × ______% + 机上人员工资 + 养路费及车船使用税

其中,折旧费、大修理费是指机械台班费用定额中每台班的折旧费和大修理费,由于机械设备的使用率为50%左右,所以在计费时按50%考虑;机上人员工资按停工、窝工费的计算方法确定;养路费及车船使用税等费用可查有关定额或规定。

③施工单位的租赁机械,可在出具租赁合同后,根据租赁价格扣除燃料费后确定其停置费。

例 7-13　某项目施工中因工地地下发现文物导致施工中断 10 天,使现场施工的 10 台自卸汽车、2 台挖掘机、2 台推土机、2 台压路机、1 台平地机停工 10 天,试计算机械设备停置费赔偿额。

解:按机械台班费用定额(未计养路费及车船使用税)确定机械设备停置费赔偿额。得:

自卸汽车(20t):$10\times[(314.83+57.83)\times50\%+2\times40]=2663$(元)

挖掘机($2m^3$):$2\times[(402.31+103.69)\times50\%+2\times40]=666$(元)

推土机(135kW):$2\times[(300.90+93.06)\times50\%+2\times40]=554$(元)

压路机(15t):$2\times[(205.06+50.95)\times50\%+2\times40]=416$(元)

平地机(120kW):1×[(306.65+69.93)×50%+2×40]=268(元)

所以,机械设备停置费赔偿额为:

$$2\,663+666+554+416+268=4\,567(\text{元})$$

(4)管理费

管理费通常由现场管理费和上级部门或公司管理费组成。通常按如下方法计算:

①可根据实际情况由业主、承包人、监理工程师协商确定(主要考虑现场管理费)。

②按投标文件辅助资料表中的“单价分析表”的管理费比例,测算管理费占合同总价的比例之后确定合同总价中的管理费总额,再根据项目合同工期测算承包人每天的现场管理费总额,最后根据增工、停工或窝工时间确定索赔事件期间所发生的管理费总额。

③可以参照《公路工程概、预算编制办法》计算管理费。其中:

现场管理费=现场管理费费率(%)×直接费用

上级部门或公司管理费=上级部门或公司管理费费率(%)×(直接费的索赔额+现场管理费的索赔额)

其中:上级部门或公司管理费费率,承包单位一般都会根据具体情况作出规定。

例7-14 某项目因设计图纸不能及时提供导致承包人停工10天,按正常进度该月应完成300万元工程的施工,由于停工实际只完成了200万元。求应给予承包人的管理费赔偿额。

解:经查阅承包人投标文件中的有关单价分析资料,并测算,估计现场管理费占20%,但停工期间的现场管理费比正常施工的要少,因此监理工程师和业主、承包人协商和决定给予一半赔偿。其费用为:

$$(300-200)\times20\%\times50\%=10(\text{万元})$$

(5)延长工期后的费用

①工程保险费追加可根据保险单或调查所得的保险费率来确定保险费用(当合同规定由承包人办理工程保险时)。

②承包人临时设施维护费,如已包含在现场管理费中,则不另行计算,否则可根据延长时间由业主、承包人、监理工程师协商确定维护费用。

③延长期间的临时租地费可根据租地合同或其他票据参考确定(当合同规定临时租地费由业主承担时)。

④临时工程的维护费可根据临时工程的性质及实际情况由业主、承包人、监理工程师协商确定。

(6)延期付款利息

根据投标书附件中规定的延期付款利率和延期付款时间按单利法或复利法进行计算。

(7)赶工费

为抢工期而增加的周转性材料增加费、工效和机械效率降低费、职工的加班费、不经济地使用材料等赶工费由业主、承包人、监理工程师根据赶工的工程性质和当时当地的实际情况协商确定。

(8)其他费用

根据实际情况由业主、承包人及监理工程师协商确定。

4. 赔偿费用的确定

监理工程师在审核了索赔工程细目、所发生的数量、相应的单价和费率后，可按照所审核确定的计算方法对索赔费用的计算进行审核、汇总。在审核中，监理工程师还应对最后结果进行宏观上的审核和评价，以防止重算、漏算等现象的发生，并保证赔偿费用在整体上的公平合理性。

根据合同规定，监理工程师在确定最终审核结果前应和业主、承包人协商甚至要取得业主的批准，如果业主、承包人的分歧较大，监理工程师可先确定意见一致的部分，或者确定暂时的赔偿额，留待以后进一步协商或根据合同条款第 67 款叫仲裁机构去裁决。

四、费用索赔实例

如上所述，索赔项目的处理花费的时间长，涉及的内容复杂，因此，下面举出的几个实例都做了适当简化，以节省篇幅。

例 7-15 某一项目由于通行权地区内的电线杆、房屋和树木没有及时拆除，妨碍土方工程的进行，承包人根据《公路工程国内招标文件范本》通用条款第 42 款，提出如下索赔：

(1) 要求延长时间：26 天

(2) 闲置(窝工)费用：62 220 元

针对该项索赔，监理工程师决定：

(1) 尽管通行权地区的问题没有完全解决好，但实际上仍可通行，因此工程无须停工；

(2) 由于没有及时拆除，确实给运土造成不便，引起了一定的阻延和额外开支；

(3) 结论：此项索赔有一部分是合理的，对合理部分计算索赔费用。

例 7-16 某合同由于没有解决土地使用者的补偿问题，农民阻挠小桥和涵洞工程进行。

承包人提出如下索赔：

(1) 要求延长时间：19 天

(2) 闲置费用：39 869 元

监理工程师决定：闲置费用太高，因为所用的是包括利润在内的日工资率，因此承包人必须提交实际费用文件，才能确定这笔索赔金额。

例 7-17 某工程在招标时所编的招标文件标明，部分工地所需施工设备及材料可以由沿河的河堤上运送。但投标结束后，新的法律允许省航运局向堤上的交通收费，并且，由于不知道这一新的法律，承包人已经利用河堤作为通道开始桥梁的打桩工程。航运部门封闭了河堤，不向承包人开放交通，并且要求承包人再为过去的交通付款的同时，交 4 万元人民币作押金以保证将来的付款。由此，打桩工程只得停止，直到两个月后，业主同意付款，承包人才重新开始打桩。

承包人由于索赔意识不强，没有提出索赔要求。但是，若他提出要求，他将有权获得如下款项：

(1) 设备和人员闲置费。

(2) 遣散员工和重新动员以及停工期间对工地的监视和保护等费用。

(3) 按原计划完成工程所需的赶工费。

此例讲的是无法预见的障碍和后继法规的采用，分析了风险应由谁承担以及由此而造成的各种费用细目。

例 7-18 某工程项目的施工合同总价为 7 800 万元人民币(其中直接费为 4 800 万元)。$T=15$ 个月,在施工过程中,由于业主提出对原设计修改,导致停工 1.5 个月(全场性停工)。在基础施工中,承包人除了按设计文件要求对基底进行了妥善处理外,为保证质量,还将基础混凝土强度由 C15 提高到 C30。施工完成后,承包人向监理工程师提出工期和费用索赔,其中费用计算中由两项计算如下:

(1)业主变更设计,图纸延误,损失 1.5 个月的管理费和利润

现场管理费 = 合同总价 ÷ 工期 × 现场管理费率 × 延误时间

= 7 800 ÷ 15 × 12% × 1.5 = 93.60(万元)

公司管理费 = 合同总价 ÷ 工期 × 公司管理费费率 × 延误时间

= 7 800 ÷ 15 × 7% × 1.5 = 54.60(万元)

利润 = 合同总价 ÷ 工期 × 利润率 × 延误时间

= 7 800 ÷ 15 × 5% × 1.5 = 39.00(万元)

合计:187.20 万元

(2)由于混凝土强度提高索赔 12 万元

问:(1)监理工程师是否同意索赔?如果同意,则可以索赔哪些费用?

(2)承包人索赔计算方法是否正确?应如何计算?

解题要点:

(1)由于业主修改设计,监理工程师应同意索赔,索赔的费用包括:因停工造成的人工和机械设备的闲置费;因工期延长增加的现场管理费和公司管理费等。

(2)计算不正确。

①管理费不能以合同总价为基础而应以直接费为基础计算;

②利润已包括在实施的工程内容价格内,不能再索赔利润;

③基础混凝土强度提高是承包人为保证质量自行采取的措施,而不是规范、设计、合同的要求,所以,这一措施造成的成本增加应由承包人自行承担。

管理费计算:

现场管理费 = 直接费 ÷ 工期 × 现场管理费费率 × 延误时间

= 4 800 ÷ 15 × 12% × 1.5 = 57.60(万元)

公司管理费 = (直接费 + 现场管理费的索赔额) ÷ 工期 × 公司管理费费率 × 延误时间

= (4 800 + 57.6) ÷ 15 × 7% × 1.5 = 34.00(万元)

例 7-19 某高速公路的某一合同,原设计为两边是高架桥,中间有 980m 路堤。在承包人施工期间,业主对此合同设计方案进行变更,取消 980m 路堤段,改为高架桥,即为全桥方案。但业主对此变更尚在研究,并未取得有关部门的正式认可,且没有正式通知监理工程师的情况下,就向承包人提供了变更工程草图,承包人根据草图进行了施工。当监理工程师得知这一情况后,于 1988 年 7 月 18 日正式下文通知承包人:凡没有按正常渠道受理和批准的变更令,任何未按合同文件施工的工程不能予以支付,且承包人应承担由此带来的法律和经济后果。承包人接文后,暂停了这部分工程,并准备按原合同文件进行。此时,业主正式通知监理工程师,将对此段工程进行变更,希望暂停这部分的工程。据此,监理工程师于 7 月 28 日正式下达停

工令。9 月 20 日在业主变更方案获得批准后，监理工程师下达正式复工令。由于上述原因，承包人根据通用条款第 40 款的规定，8 月 10 日向监理工程师发出索赔意向，提出停工期间的费用索赔。

(1)证据

承包人随费用索赔申请书附上了有关文件、票据和详细的费用计算书。

(2)停工时间

承包人称其 7 月 18 日收到监理工程师的文件后就停止了施工，至 9 月 21 日收到复工令，停工时间为 66 天。

(3)索赔总金额

索赔金额为 2 287 976.21 元，汇总见表 7-5。

承包人索赔费用汇总表　　表 7-5

名称及规格	数　量	单　位	单　价	金额(元)	备　注
1. 误工费	1	天		2 176.80	
2. 机械停置费	1	天		11 409.20	
3. 水电费	1	天		157.50	
4. 贝雷租金	1	天		300.00	
5. 履约保函费	1	天		520.30	
6. 工程咨询费	1	天		3 624.30	
7. 管理费用	1	天		5 464.12	
日计	1	天		23 650.22	
合计	65	大		1 537 264.30	
8. 其他直接费				150 711.91	
9. 间接费用				600 000.00	
总计				2 287 976.21	

具体计算结果如下：

①误工费(2 176.80 元/天)

1988 年 8 月份二分部实际支付的生产工人工资总额为人民币 65 277.36 元，平均每人每天的工资费用为 65 277.36 ÷ 240 ÷ 30 = 9.07 元/天。每天的误工费为 9.07 × 240 = 2 176.80 元。

(注：由于施工场地及计划安排的闲置，上述人员不能转移到别处工作。)

②机械停置费(11 409.20 元/天)

③水电费(157.50 元/天)

a. 水费：1988 年 6 ~ 12 月共缴纳 6 630.40 元，平均每天为 6 630.40 ÷ 214 天 = 30.98 元。

b. 电费：1988 年 8 月支付数为 3 277.97 元，平均每天为 3 277.97 ÷ 31 天 = 105.74 元。

c. 基地水电费：1988 年 8 月份为 644.05 元，平均每天为 20.78 元。

④贝雷租金

根据口头协议，贝雷片每天的租金为 1 元/天，共租 300 片，故贝雷租金为 300 元/天。

⑤履约保函费

为提供履约保函，一次性共支付手续费 33 960 元，银行贷款押金为 6 792 500 元，月息为 0.45%。

我部提供履约保函的实际费用为 33 960 + 67 925 000 × 0.45% × 36 = 1 134 345.00 元，与数量清单 101 项相比平均每天超支(1 134 345.00 − 10 500.00) ÷ 36 ÷ 30 ÷ 2 = 520.30 元。

⑥工程咨询费

根据合同附表 1 外汇需求明细表，某外国公司的咨询费用总额为 520 824 美元，按合同协议，外国公司将负责 500 项桩基部分的技术工作，时间为 13 个月，这样，平均每天的费用为：

$$520\ 824 \times (1-4.3\%) \div 13 \div 30 \times 76\% = 971.30(\text{美元})$$
$$= 3\ 624.30(\text{元})$$

这里 4.3% 为投标时的降价百分比，76% 为该项费用的直接费部分。

⑦管理费用

1988 年 8 月份实际发生的管理费用如下：

计算公式为：二分部管理费 + 经理部管理费 ÷ 2

a. 工作人员工资 18 337.82 + 10 766.02/2 = 23 720.83(元)

b. 工资附加费 2 383.92 + 699.79/2 = 3 083.71(元)

c. 办公费 6 069.13 + 2 536.50/2 = 7 337.38(元)

d. 差旅费 4 960.00 + 1 637.70/2 = 5 778.85(元)

e. 固定资产使用费 5 241.35 + 10 512.00/2 = 10 497.35(元)

f. 工具、用具使用费 7 283.53 + 393.10/2 = 7 480.08(元)

g. 劳动保护费 7 632.12 + 989.00/2 = 8 126.62(元)

h. 房产车船税 3 000.00 + 700.00/2 = 3 350.00(元)

i. 职工教育经费 2 839.50 + 1 376.40/2 = 3 527.70(元)

j. 利息支出 26 250.00(元)

k. 其他费用(包括业务招待费)3 742.80 + 1 936.50/2 = 4 711.05(元)

l. 公司管理费 = 60 000.00(元)

合计：163 863.57(元)

平均每天：163 863.57 ÷ 30 = 5 462.12(元)

⑧其他直接费

a. 索赔准备费 900.00(元)

b. 1 ~ 7 项索赔金额为 1 537 264.30 元，我们在 1988 年 9 月 21 日复工后即应得到赔偿。但至 1988 年 10 月 21 日仍没有得到赔偿，应付利息：

$$1\ 537\ 264.30 \times 7.5\% \times 13 = 149\ 883.27(\text{元})$$

c. 上述本息 1 537 264.30 + 149 883.26 = 1 687 147.57(元)，应按 0.25‰计算每天的利息为 1 687 147.57 × 0.25‰ = 421.79(元)，直至本索赔全部得到赔付。

⑨间接费用

由于停工使得在停工期间本应完成的工作量200万元被迫推迟至1989年进行。预计通货膨胀率将在20%左右,那么推迟施工所造成的损失为:

$$2\ 000\ 000 \times 20\% = 400\ 000(\text{元})$$

(4)监理工程师的评估:

①合同条款

按照《公路工程国内招标文件范本》通用条款第40款的规定,此项费用索赔可以成立,且承包人已按合同要求,在监理工程师书面下达停工令后的21天之内发出了索赔意向书,故此项费用索赔按合同要求被接受。

②停工期限

承包人主张停工时间应从1988年7月18日算起。但监理工程师认为,7月18日的指令是因为承包人未能按合同文件的要求进行施工才下发的,承包人应按合同所规定的图纸和监理工程师的指示进行施工。尽管承包人申述其未按合同规定的图纸施工是由于业主的原因,但本项费用索赔是根据通用条款第40款的规定,以监理工程师的书面停工令为准。故停工时间应以承包人正式收到的停工令和复工令的时间计算。经确认,承包人于1988年7月29日收到正式停工令,1988年9月21日收到正式复工令,因此,批准的停工期限为55天。

在书面停工令颁发之前的任何强制性停工不在本项费用索赔中考虑,承包人可以另案提出。

③索赔费用的确定

批准索赔金额为376 718.55万元,汇总见表7-6。

承包人索赔费用汇总表　　表7-6

名称及规格	数　量	单　位	金额(元)	备　注
1. 误工费	1	天	1 810.54	
2. 机械停置费	1	天	3 250.75	
3. 水电费	1	天	131.51	
4. 贝雷租金	1	天	300.00	
5. 管理费用	1	天	1 346.81	
日计	1	天	6 839.61	
合计	55	天	376 178.55	

a. 误工费(1 836.43元/天)

1988年8月份二分部实际支付生产工人工资额减去超产奖后加上基本工资额为60 206.20元,平均每人每天的工资为60 206.20 ÷ 240 ÷ 31 = 8.09(元/人·天)

监理工程师现场实测人数为227人,即

$$8.09 \times 227 = 1\ 836.43(\text{元})$$

扣除停工期间试桩和墩钻孔桩施工的人工费,即

$$1\ 836.43-[(194.16+1\ 229.68)\div 55]=1\ 810.54(元/天)$$

b. 机械停置费(3 283.56 元/天)

c. 水电费(131.51 元/天)

a)水费:1988 年 6~12 月×××中学共缴 3 290.70 元

平均每天为 3 290.70÷214 天=15.36(元)

b)电费:1988 年 8 月支付电费 3 277.97 元

平均每天为 3 277.97÷31 天=105.74(元)

c)基地水电费:1988 年 8 月份为 644.05 元,因经理部所用应除以 2,即

平均每天为 644.05÷31÷2=10.39(元)

合计:15.38+105.74+10.39=131.51(元/天)

d. 贝雷租金(300 元/天)

按实际支付为 300 元/天。

e. 管理费用(1 102.37 元/天)

参照承包人单位提供的 1988 年 8 月份管理费用资料,计算方法为(二分部管理费+经理部管理费÷2)÷31 天。

a)工作人员工资 15 462.26+10 455.02/2=23 689.77(元)

b)工资附加费 2 010.09+1 359.15/2=2 689.67(元)

c)办公费 6 069.13+2 536.50/2=7 337.38(元)

d)差旅费 4 960.00+1 637.70/2=5 778.85(元)

e)职工教育经费(59 900.80+10 766.02/2)×1.5%=979.25(元)

f)其他费用 3 742.80+1 936.50/2=4 711.05(元)

以上 6 项共计 42 185.97(元)

平均每天:42 185.97÷31=1 360.84(元)

扣除停工期间仍进行施工的工作人员、机械和管理费用应减去的费用有:

a)112 号墩施工:(1 号桩施工)953.76 元

人工费:8.09 元/人·天×12 人×2 天=194.16(元)

机械费:290.82(元/天)

履带吊 1 台:189.24(元/天)

混凝土车 1 台:71.03(元/天)

混凝土搅拌站 1 台:30.55(元/天)

290.82 元/天×2 天=581.64(元)

管理费:(194.16+581.64)×21.92%=170.06(元)

194.16+581.64+170.06=945.86(元)

b)试桩施工:3 395.03 元

人工费:8.09 元/人·天×19 人×8 天=1 229.68 元

机械费:吊车 1

189.24 元/天×8 天=1 513.92(元)

管理费:(194.16+1 513.92)×21.92%=601.40(元)

1 229.68 +1 513.92 +601.40 =3 345.00(元)

第三节　价格调整

一、价格调整的概述

1. 价格调整的必要性

价格调整是指合同履行过程中，当物价变化导致人工、材料等出现价格涨落，从而使得施工成本发生变化时进行的调价工作。

价格调整是国际竞争性招标项目的通行做法，也是《公路工程国内招标文件范本》的基本规定。合同中列明的价格调整条款，体现了物价变化的意外风险在业主和承包人之间的公平、合理分配，从而既能使承包人报价时能合理计算标价并免除其中标后因劳力或原材料上涨而带来的风险，又能保证业主能获得较真实和可靠的报价以及在工程决算时能在一个合理的价格水平上承受工程费用。

从兼顾合同的公平性及简化合同管理的要求出发，对于工期较短(一年甚至更短)的项目，可不考虑设立价格调整条款，由承包人在报价中去考虑相关风险费用(通常，一个有经验的承包人能对短期内可能出现的物价上涨进行预测)，以简化费用监理工作。但是，对于工期较长的合同，则应随劳务、设备、原材料、燃料和运输价格等影响工程成本的因素变化进行价格调整。因此，凡是允许价格调整的施工项目，其合同价并不是一成不变的，只要符合合同条件的规定就可以进行价格调整。

2. 价格调整的一般方法

世界银行采购指南对合同价格的调整，一般采用两种方法。

第一种方法：根据地方劳力和规定的材料等基本价格与现行价格之差来进行调整，通常称之为票证法或价差法。

第二种方法：根据各类资源在合同造价中所占的比例及各类资源价格指数的变化来计算综合调价系数及调价额，通常称之为公式法或价格指数法。

(1)票证法

票证法是以施工过程中各种资源的价格与投标截止日期前28天各种资源的价格(称为基本价格)差额为基础进行价格调整的一种方法。施工过程中的价格调整额根据其资源消耗量与资源价格变化量的乘积来确定。即：

价格调整额 = 资源消耗量 ×(现行价格 - 基本价格)

在采用票证法时应解决好如下几个问题：

①对哪些资源的价格进行调整。

②资源消耗量怎样确定。

③基本价格怎样确定。

④现行价格怎样确定。

对于第一个问题，为简化工作，通常只对占合同价格比例较大的几种资源(如人工费、几种主要材料费等)进行调整，以简化价格调整工作。为保持合同的可操作性，在专用条款中应详细列明拟调整价格的资源名称。

对于第二个问题(即资源消耗量的确定),可根据实际需要的到场材料和其他资源的数量来确定,但监理工程师将为到场材料数量的确定特别是合理使用量的确定等管理工作花费很大的精力,实践中也难以管理。为简化工作,实践中可根据概、预算中人工、主要材料、机械台班数量汇总表中的数据来确定。

对于第三个问题(即基本价格的确定),有两种方法:一是由承包人在投标时填报基本价格;另一种方法是根据各地定额站颁发的同期价格信息(如有的话)来确定。

对于第四个问题(即现行价格的确定),有三种方法:第一种方法是由监理工程师通过调查来确定现行价格,但往往由于价格信息的不充分及价格的波动而引起监理工程师、业主和承包人对现行价格的分歧;第二种方法是根据各地定额站颁发的现行价格信息(如有的话)来确定;第三种方法是根据承包人的实际已到场材料的价格(发票)来确定,其缺点是发票的真伪不易辨认,且不利于承包人加强材料采购,降低材料价格。

总之,实践中要解决好以上四个问题,都有一定的难度。票证法看上去直观、简单,但操作起来却很困难,即可操作性差。

(2)价格指数法

价格指数法是以投标截止日期前第28天的各种资源的基本价格指数为基础来进行价格调整的一种方法。我国世行贷款项目及国内招标项目在合同专用条件关于调价公式的规定中,大都采用如下通式:

$$ADJ = LCP(\text{或}\ FCP) \times (C_0 + \sum C_i D_i - 1) \tag{7-1}$$

式中: ADJ——合同价格调整的净值;

LCP 或 FCP——调价阶段所完成合同金额(人民币或外币),例如我国世行贷款项目中 LCP 为人民币元、FCP 为外汇美元;

C_0——非调价因数,即支付中不进行调整的金额权重系数,不进行调整的金额指固定的间接费和利润、保险费和各类税收以及业主以固定价格提供的材料和按现行价格支付的项目等。国际上一般取5%~15%,少数合同低限取0%、高限取25%、甚至55%,取值越大对业主越有利,对承包人而言则要承担大部分物价风险;

i——1,2,3,…,n 代表要进行价格调整的各种资源;

C_i——参与调价的第 i 个工、料、机指标(如水泥)的费用占合同价的百分比(权重系数);

D_i——第 i 个工、料、机指标的现价指数与基价指数的比值,其值大于1说明物价上涨,反之说明物价下跌,$D_i = E_{1i}/E_{0i}$(现价指数/基价指数),其中,E_{1i} 为现价指数,即各种资源在进行价格调整时适用的现行价格指数;E_{0i} 为基价指数,即投标截止日期前28天各种资源通用的价格指数。

由于外币部分和人民币部分所对应的资源的物价涨落情况不尽相同,因而实践中往往将外币部分和人民币部分分开进行调整。《公路工程国际招标文件范本》合同专用条件中规定了人民币和外币两种价格调整计算公式。

(1)外币(外籍劳务和进口材料等)的价格调整公式

$$ADJ_1 = FCP \times \left(x_1 + a_1\frac{FL_1}{FL} + b_1\frac{EQ_1}{EQ} + c_1\frac{BI_1}{BI} + d_1\frac{TI_1}{TI} + e_1\frac{ST_1}{ST} + f_1\frac{MT_1}{MT} + \cdots - 1\right) \tag{7-2}$$

式中：ADJ_1——期中支付证书中外币外部分的调价额；

FCP——期中支付证书中工程款款额的外币部分；

x_1——支付中不进行调价部分所占的权重系数，

$$x_1 = 1 - (a_1 + b_1 + c_1 + d_1 + e_1 + f_1 + \cdots)$$

a_1、b_1、c_1、d_1、e_1、f_1…——分别为支付中外籍劳务、进口施工机械的折旧与维修、进口沥青、进口木材、进口钢材、海上运输等费用所占的权重系数；

FL、EQ、BI、TI、ST、MT…——分别为外籍劳务、进口施工机械的折旧与维修、进口沥青、进口木材、进口钢材、海上运输等费用的基本价格；

FL_1、EQ_1、BI_1、TI_1、ST_1、MT_1…——分别为外籍劳务、进口施工机械的折旧与维修、进口沥青、进口木材、进口钢材、海上运输等费用的现行价格。

公式中，应考虑价格调整的资源通常有：承包人外籍工作人员的工资、各种材料如进口的钢材、木材和沥青等、进口施工机械（即承包人装备）的折旧与维修、海上运输费用。上述调整应在扣除保留金之前，按照价格调整公式进行计算。公式中各种资源的权重系数由承包人在投标报价时填写。

公式中所使用的价格应满足如下要求：

①在价格调整公式中使用的价格，应是由政府部门或合同条款所指国家中正式认可的机构定期公布的价格。如果有关国家公布的上述某项价格不止一个，或者不是由一个正式认可的机构公布的，则所选用的价格应由监理工程师审查后报业主批准。

②基本价格，应为投标截止日期所在月份的前一个月通行的价格。

③现行价格，应为出具期中支付证书前一个月通行的价格。

④承包人雇用的外籍人员工资的价格（FL），应为承包人原住国土木工程技术人员费用的价格。

⑤进口材料的价格（$BI, TI, ST, \cdots$），应为材料售出国土木工程通用的价格，这些国家应为投标书附件中列明的外币的发行国。

⑥如果承包人不是从合同条款所述国家购买材料，而监理工程师认为其价格不合理时，则合同中使用的价格应是合同条款中规定的国家的价格。

⑦进口施工机械的折旧与维修费用的价格（EQ），是指在承包人的所在国或在承包人施工机械的主要部件产地的土木工程中折旧与维修施工机械费用的官方价格，施工机械包括车辆、机械、工具备件等（包括移动式与固定式的）。如果未获得此价格，则采用一定时间内提供各类混合施工机械的代价格。

⑧海上运输费用的价格（MT），应是有关海运行业公认的价格，如果承包人履约时委托其他轮船公司运输，这些轮船公司的大部分产权应属世行成员国。运费的调整可以使用海运工会现行价格，也可以使用承包人委托的轮船公司的价格，由监理工程师审查报业主批准。在这种情况下，承包人应向监理工程师提交一份使其满意的文件，列明其委托轮船公司运费和海运

工会运费的差异。

(2)人民币(即国内劳务与材料等)的调价公式

运用“价格指数法”如何对国内劳务及材料等资源的价格进行调整,FIDIC 条款第 70.2 款对此作了明确规定,其原理与“ 外籍劳务和进口材料等的价格调整”相同,在此不再赘述。

二、价格调整的合同规定

《公路工程国内招标文件范本》通用条款第 70 款对价格调整的规定如下:

1. 费用的增加或减少

除非合同专用条款另有规定,凡是合同预期工期在 24 个月以上者,在合同执行期间,由于人工和材料的价格涨落因素应对合同价格进行调整,调价时,应按下述公式计算,每年进行一次调整:

$$TJE = ZFE \cdot ZH$$

$$= ZFE \times \left(X + a\frac{RG}{RG_0} + b\frac{GC}{GC_0} + c\frac{SN}{SN_0} + d\frac{LQ}{LQ_0} + e\frac{JX}{JX_0} + f\frac{YL}{YL_0} + \cdots - 1 \right) \quad (7\text{-}3)$$

式中:TJE——对年累计支付额的调价额;

ZFE——年累计支付额;

ZH——综合调价系数;

X——支付中不进行调价部分所占的权重系数,

$$X = 1 - (a + b + c + d + e + f + \cdots);$$

a、b、c、d、e、f …——分别为人工费、钢材、水泥、沥青、机械使用费、燃油料费用等其他材料费用在合同价格中所占的权重系数;

RG_0——人工费基期价格指数;

RG——人工费当期价格指数;

GC_0——钢材基期价格指数;

GC——钢材当期价格指数;

SN_0——水泥基期价格指数;

SN——水泥当期价格指数;

LQ_0——沥青的基期价格指数;

LQ——沥青的当期价格指数;

JX_0——机械使用费基期价格指数;

JX——机械使用费当期价格指数;

YL_0——燃油料费用基期价格指数;

YL——燃油料费用当期价格指数。

在采用价格调整公式进行调价时,还应遵循以下规定:

(1)合同价格在投标所在年份不作调整,此后每年调整一次。

(2)式中基期价格指数,指投标年份(即送交投标书截止日期前 28 天的所在年份)的价格指数,计算时采用 100。

(3)式中当期价格指数,采用本合同工程所在省(自治区、直辖市)统计部门正式公布的该计算年份的《建筑业产值价格指数》统计资料中各项相关的价格环比指数来确定。当采用价格环比指数计算投标年份次年的价格调整时,即为公布的投标年份次年当年的价格指数;计算投标年份第三年的价格调整时,则为(投标年份次年的价格指数/100)×(公布的投标年份第三年当年的价格指数);计算投标年份第四年的价格调整时,则为(投标年份次年的价格指数/100)×(公布的投标年份第三年当年的价格指数/100)×(公布的投标年份第四年的价格指数);依此推算。

当期价格指数也可根据本省(地区)情况,由省级交通行政管理部门或省级公路管理部门委托省统计部门按月(季)专门发布公路工程人工费、机械费、材料费价格指数或价格,价格指数的来源在项目合同专用条款中写明。

(4)权重系数由业主根据标底资料测算确定范围,在招标文件发出前填写;承包人应在投标时在此范围内填写各因素的权重系数,合同实施期间将按此权重系数进行调价,除非由于工程的实施或根据第51款工程的变更或其他原因,监理工程师认为某一因素的权重系数不合理或不适用,权重系数则应予以调整。

2.后继的法规

《公路工程国内招标文件范本》通用条款第70.2款规定:除非本合同专用条款另有规定,如果在送交投标文件截止前28天之后,国家或省(自治区、直辖市)颁布的法律、法规出现修改或变更,因采用上述法律、法规使承包人在履行合同中的费用发生第70.1款规定的价格调整以外的增加或减少,则此项增加或减少的费用应由监理工程师在与承包人协商并报经业主批准后确定,增加到合同价上或从合同价中扣除,监理工程师应通知承包人,并抄送业主。

3.工程拖期的价格调整

《公路工程国内招标文件范本》通用条款第70.3款规定:如果承包人未能在投标书附录中写明的工期内完成本合同工程,则在该交工日期以后施工的工程,其价格调整计算应采用该交工日期所在年份的价格指数作为当期价格指数。但是,如果某种延期是符合第44款规定者,则在该延长的交工日期到期以后施工的工程,其价格调整计算应采用该延长的交工日期所在年份的价格指数作为当期价格指数。

三、价格调整费用的计算

1.确定调价指标 i

就公路建设项目而言,施工中所需要资源除人工和机械外,需要投入材料主要有:水泥、木材、钢材、钢绞线、沥青、普通碎石、中砂、粗砂、石灰、粉煤灰、汽油、柴油、砖、料石、片石以及各种预制件等。为了平衡物价风险,必须选择对工程投资、工程成本影响较大且投入数量较多的主要材料作为代表。一般来说,参与调价的指标取5~10个为宜,这样便于计算。

世行贷款公路项目如京津塘、西山、成渝、济青线的招标文件中都规定8个,即劳力(包括当地劳力 LL 和外籍劳力 FL)、设备供应与维修(PL)、沥青(BI)、水泥(CE)、木材(TI)、钢材(ST)、碎石等地材(LM)以及运输(包括陆上运输 LT 和海上运输 AT)。如果8个指标中的某几种材料由业主以固定的价格提供给承包人,因为其不参与调价,则 $i<8$。

《公路工程国内招标文件范本》通用条款中规定主要对人工费、钢材、水泥、沥青、机械使用费、燃油费等指标进行调整。

2. 测算权重系数 C_i

权重系数是指各类调价指标在造价中的权重,权重系数一般取至两位小数,其测算方法有指标费用计算法和百分比计算法两种,下面只介绍一种。所谓指标费用计算法,即由业主根据标底资料或投标人根据投标资料中的有效合同价 CP 中所包含的劳力、材料、设备、运输费用进行初步计算,确定权重系数。其计算公式为:

$$C_i = W_i / CP,\ C_0 = 1 - \sum C_i \tag{7-4}$$

例 7-20 某高速公路 E 标段有效合同价为 24 187 万元,参与调价的指标有 8 个,求权重系数。

解:以劳力、钢材为例测算权重系数。经分析合同价格构成中劳力费用占 1 208.4 万元,钢材费用占 3 036.2 万元,因而有:

$$C_1 = W_1 / CP = 1\ 208.4 / 24\ 187 = 0.05$$

$$C_2 = W_2 / CP = 3\ 036.2 / 24\ 187 = 0.13$$

经全面测算,包括其他 6 个指标在内的汇总权重系数为 0.84,则固定不调价系数为:

$$C_0 = 1 - \sum C_i = 1 - 0.84 = 0.16$$

我国第一个世行贷款土建项目——云南鲁布革水电站的工程标书即对外币支付项目各费用指标权重系数范围作了规定,如外籍劳力取 0.1 ~ 0.2、钢材取 0.09 ~ 0.13、海运取 0.04 ~ 0.08等。又如我国第一个世行贷款高速公路项目——京津塘高速公路不但给出了系数范围,而且给出了中值,如外籍劳力取 0.11、沥青取 0.115,钢材取 0.08 等。

根据《公路工程国内招标文件范本》规定,权重系数由业主根据标底资料测算确定范围,在招标文件发出前填写;承包人在投标时在此范围内填写各因素的权重系数,合同实施期间将依此权重系数进行调价。

3. 确定物价比值系数

D_i 表示第 i 个指标的现价指数与基价指数之比值。合同条件规定,投标截止日期前 28 天原产地国家统计局公布流通使用的基础物价指数为参与调价指标的基价指数(E_{i0}),工程开工原产地国家统计局公布流通使用的现行物价指数为参与调价指标的现价指数(E_{i1})。

现价指数按指数选择基期的不同分为定基物价指数和环比物价指数。

定基物价指数以某一固定期为基期所计算的相对价格指数,而环比物价指数是以计算期的前一时期为基期所计算的相对价格指数,并规定以一个年度期限编制的环比指数为年度环比指数。

国际上习惯使用定基物价指数,并且以香港统计局公布的为准,如其每月公布的钢材价格指数都是以 1975 年 12 月为基期,1989 年 12 月钢材价格指数为 573,是指相对于 1975 年 12 月钢材价格指数为 100 而推测的。

我国每年公布一次本年度相对于上年度的各种物价指数,即环比物价指数,公布时间一般为次年 3 月,采用时应注意。如 2005 年 3 月公布的钢材现价指数为 110,是指 2004 年钢材价格以 2003 年度为 100 推算为 110。

设第 i 个调价指标投标截止日期前 28 天所在年份的基价指数为 E_{i0}($E_{i0} = 100$),次 j 年国家公布的相对于($j-1$)年的现价环比指数为 E_{ij},则次 j 年第 i 个指标相对于招标当年的定基物价指数 D_{ij} 的计算公式是:

$$D_{ij} = \Pi(E_{ij}/E_{i0}) = \Pi E_{ij} \times 100^{-j} \tag{7-5}$$

例 7-21　某项目 2000 年开工，基期年为 2000 年，钢材物价指数为 100，2001 年钢材价格指数相对于 2000 年上涨 10%，2002 年相对于 2001 年上涨 12%，2003 年相对于 2002 年上涨 11%。求 2003 年相对于 2000 年的钢材价格指数。

解：则根据式 7-5，2003 年相对于 2000 年的钢材价格指数为：

$$100(1+10\%)(1+12\%)(1+11\%) = 145.20。$$

即 2003 年相对于 2000 年的钢材价格，上涨了 45.20%。

以上讨论了价格调整中调价指标选取、权重系数确定、价格指数计算等工作。实践中，监理工程师进行价格调整的步骤是：

(1)分析施工中必需的投入，并决定选用一个公式，还是选用几个公式。

(2)估计各项投入占工程总成本的相对比重以及国内投入和国外投入的分配，并决定对国内成本与国外成本是否分别采用单独的公式。

(3)根据合同选择能代表主要投入的调价指标。

(4)确定各调价指标的权重系数及非调价因数的权重。

(5)动态调查各调价指标的年度价格指数。

(6)按公式规定的应用范围和方法计算调整金额。

四、价格调整计算实例

例 7-22　某省一世行贷款高速公路项目 1990 年 6 月 30 日为投标截止日期，钢材为其第 4 个调价指数。该省统计局每年 3 月以上年度现价指数为 100 推算，公布的钢材现价环比指数见表 7-7，试计算各年度定基指数。

钢材现价环比指数　　表 7-7

年　度	1991	1992	1993	1994
序号(j)	1	2	3	4
环比指数 E_{4j}	112.4	117.3	125.6	129.8

解：投标截止日期前 28 天所在年份为 1990 年，因此应以 1990 年为基期计算 1991 年后的定基指数。

1991 年相对于 1990 年的定基指数为：

$$D_{41} = E_{41}/E_{40} = 112.4/100 = 1.124$$

1992 年相对于 1990 年的定基指数为：

$$D_{42} = E_{41}/E_{40} \times E_{42}/E_{40} = 1.124 \times 117.3 \times 100^{-2} = 1.318$$

同理可计算 1993 年、1994 年相对于 1990 年的定基指数：

$$D_{43} = 1.656 \qquad D_{44} = 2.149$$

例 7-23　某项目 1998 年 9 月完成工程价款为 100 万元。其组成为：土方工程费 10 万元，占 10%；砌体工程费 40 万元，占 40%；钢筋混凝土工程费 50 万元，占 50%。这三个组成部分的人工费和材料费占工程价款 85%，人工材料费中各项费用比例如下：

(1)土方工程：人工费 50%，机具折旧费 26%，柴油 24%。

(2)砌体工程:人工费53%,钢材5%,水泥20%,骨料5%,片石12%,柴油5%。

(3)钢筋混凝土工程:人工费53%,钢材22%,水泥10%,骨料7%,木材4%,柴油4%。

根据合同规定,该工程的其他费用不调整(即不调值的费用)占工程价款的15%,求1998年价格调整金额。

解:计算出各项参与调值的费用占工程价款的比例如下:

人工费:(50%×10%+53%×40%+53%×50%)×85%≈45%

钢材:(5%×40%+22%×50%)×85%≈11%

水泥:(20%×40%+10%×50%)×85%≈11%

骨料:(5%×40%+7%×50%)×85%≈5%

柴油:(24%×10%+5%×40%+4%×50%)×85%≈5%

机具折旧:26%×10%×85%≈2%

片石:12%×40%×85%≈4%

木材:4%×50%×85%≈2%

具体的人工费及材料费的调值公式为:

$$ADJ_2 = LCP \times \left(x_2 + a_2\frac{LA_2}{LA} + b_2\frac{EQ_2}{EQ} + c_2\frac{TL_2}{TL} + d_2\frac{CE_2}{CE} + e_2\frac{ST_2}{ST} + f_2\frac{FU_2}{FU} + g_2\frac{LM_2}{LM} + \cdots - 1\right)$$

$$= LCP \times \left(0.15 + 0.45\frac{LA_2}{LA} + 0.11\frac{B}{B_0} + 0.11\frac{C}{C_0} + 0.05\frac{D}{D_0} + 0.05\frac{E}{E_0} + 0.02\frac{F}{F_0} + 0.04\frac{G}{G_0} + 0.02\frac{H}{H_0} - 1\right)$$

假定该合同的原始报价日期为1997年1月5日,1998年9月完成的工程量价款为100万元,有关月报的工资、材料物价指数见表7-8。

工资、材料物价指数表　　表7-8

费用名称	代号	1997年1月5日指数	代号	1998年9月指数
人工费	LA	100.0	LA_2	116.0
钢材	B_0	153.4	B	187.6
水泥	C_0	154.8	C	175.0
骨料	D_0	132.6	D	169.3
柴油	E_0	178.3	E	192.8
机具折旧	F_0	154.4	F	162.5
片石	G_0	160.1	G	162.0
木材	H_0	142.7	H	159.5

则 1998 年 9 月的工程款经过调值后其调值金额为：

$$ADJ = LCP \times \left(0.15 + 0.45\frac{LA_2}{LA} + 0.11\frac{B}{B_0} + 0.11\frac{C}{C_0} + 0.05\frac{D}{D_0} + \right.$$

$$\left. 0.05\frac{E}{E_0} + 0.02\frac{F}{F_0} + 0.04\frac{G}{G_0} + 0.02\frac{H}{H_0} - 1\right)$$

$$= 100 \times \left(0.15 + 0.45\frac{116}{100} + 0.11\frac{187.6}{153.4} + 0.11\frac{175.0}{154.8} + 0.05\frac{162.3}{132.6} + \right.$$

$$\left. 0.05\frac{192.8}{178.3} + 0.02\frac{162.5}{154.4} + 0.04\frac{167.0}{160.1} + 0.02\frac{159.5}{142.7} - 1\right)$$

$$= 13.3(\text{万元})$$

例 7-24　我国某一世行贷款项目于 1990 年招标并开工，投标单位测算的经业主确定的外汇比例为 27.19%，当年国家公布的外汇兑换率为 1∶3.731 4。已知 1991 年 6 月份完成的工程量为 1 905 673.22，香港统计局公布的 1990 年 6 月份的沥青现价指数为 531.9，其他指标的价格指数略。试计算 1991 年 6 月的外汇调整净金额。

解：(1) 沥青指标的现价指数与基价指数之比为：

$$D_{BI} = E_{i1}/E_{i0} = 531.9/457.5 = 1.162$$

(2) 监理工程师确定的 8 个调价指数的权重系数合计为：

$$\sum C_i D_i = 0.966$$

(3) 经测算 8 个调价指数的权重系数合计为：

$$\sum C_i = 0.75$$

(4) 计算 1991 年 6 月份的外汇调整净金额：

$$ADJ = M \times P/E \times (C_0 + \sum C_i D_i - 1)$$

$$= 19\,056\,173.22 \times 0.271\,9/3.731\,4 \times (0.25 + 0.966 - 1)$$

$$- 394\,358.71(\text{美元})$$

例 7-25　某省一条高速公路全长 318km，合同工期为 36 个月，1989 年获得世行贷款 1.1 亿美元，并于当年 8 月 30 日开标，9 月 28 日总监理工程师下达开工令。业主在招标文件的《投标须知》中声明本工程投资随物价变化而进行合同价格调整，投标人报价时以 1989 年市场物价为基础不考虑物价风险，并在合同专用条件中规定了人民币调价公式：

$$ADJ = LCP \times \left(0.20 + 0.15\frac{LL_1}{LL_0} + 0.10\frac{PL_1}{PL_0} + 0.12\frac{CE_1}{CE_0} + 0.05\frac{TI_1}{TI_0} + \right.$$

$$\left. 0.12\frac{ST_1}{ST_0} + 0.10\frac{BI_1}{BI_0} + 0.06\frac{LT_1}{LT_0} + 0.10\frac{LM_1}{LM_0} - 1\right)$$

已知，该高速公路第 5 合同段合同价为 20 337.6 万元，外汇比例为 27.19%，1989 年完成工作量 818 万元，1990 年完成 6 471 万元，1991 年完成 9 345 万元，1992 年完成 3 665 万元。工程所在省统计局公布的 8 个指标各年度相对于上年度环比指数见表 7-9。试计算各年度应调整金额的人民币部分的净值。

各指标现价环比指数 表 7-9

序号	指标名称	1990 年	1991 年	1992 年
1	劳力 *LL*	112	126	128
2	设备 *PL*	135	127	128
3	水泥 *CE*	106	114	123
4	木材 *TI*	101	108	110
5	钢材 *ST*	123	141	129
6	沥青 *BI*	105	115	120
7	运输 *LT*	111	124	129
8	地材 *LM*	107	113	122

解：根据招标文件规定，招标当年完成的工作量不予调价，所以 1989 年完成的 818 万元不参与调价。根据给定的人民币调价公式及现价指数、定基指数计算公式就可计算人民币净调整额。

(1)1990 年度净调价金额

$$ADJ_{1990} = 6\,471 \times (1 - 27.19\%) \times \left(0.20 + 0.15\frac{112}{100} + 0.10\frac{135}{100} + 0.12\frac{106}{100} + 0.05\frac{101}{100} + 0.12\frac{123}{100} + 0.10\frac{105}{100} + 0.06\frac{111}{100} + 0.10\frac{107}{100} - 1\right)$$

$$= 6\,471 \times 72.81\% \times 0.106\,9 = 503.663\,1（万元人民币）$$

(2)1991 年度净调价金额

$$ADJ_{1991} = 9\,343 \times (1 - 27.19\%) \times (0.20 + 0.15 \times 112 \times 126 \times 100^{-2} + 0.10 \times 135 \times 127 \times 100^{-2} + 0.12 \times 106 \times 114 \times 100^{-2} + 0.05 \times 101 \times 108 \times 100^{-2} + 0.12 \times 123 \times 141 \times 100^{-2} + 0.10 \times 105 \times 115 \times 100^{-2} + 0.06 \times 111 \times 124 \times 100^{-2} + 0.01 \times 107 \times 113 \times 100^{-2} - 1)$$

$$= 9\,343 \times 72.81\% \times 0.135\,0 = 918.356\,2（万元人民币）$$

(3)1992 年度净调价金额

$$ADJ_{1992} = 3\,665 \times (1 - 0.271\,9) \times (0.20 + \sum_{j=1}^{3} C_i D_{ij} - 1)$$

$$= 3\,665 \times 72.81\% \times 0.593\,3 = 1\,583.213\,0（万元人民币）$$

(4)总调价金额

本合同工程自开工至竣工承包人共获得物价调整金额为：

$$ADJ_{总} = ADJ_{1990} + ADJ_{1991} + ADJ_{1992} = 503.663\,1 + 918.356\,2 + 1\,583.213\,0 = 3\,005.232\,3（万元人民币）$$

第四节　反　索　赔

一、反索赔的概念、地位和作用

前面第二节重点介绍了承包人向业主的索赔。反之，若承包人给业主造成了经济损失，或承包人不履行相应义务,或承包人承担的风险责任,业主也有权向承包人要求补偿经济损失,提出索赔要求,这种索赔称为反索赔。根据《公路工程国内招标文件范本》通用条款及 FIDIC 条款,反索赔是通过监理工程师的扣款来完成的。

反索赔的目的,一是保护业主的合法权益,二是促使承包人认真履行合同义务。当承包人的施工质量不符合要求时,通过反索赔有利于促进施工质量的提高;当承包人的施工进度达不到合同要求时,通过反索赔有利于保证施工进度;当合同中某些费用或风险由承包人承担时,通过反索赔有利于合理控制工程造价。总之,反索赔是质量控制、进度控制、造价控制的重要手段。

由于反索赔工作依靠监理工程师的扣款来完成的,因此,监理工程师从客观、公正和加强费用监理的要求出发,应积极主动地加强反索赔工作。

二、反索赔的类型

根据《公路工程国内招标文件范本》通用条款的规定及我国许多高速公路项目实施的经验,反索赔可以分为以下几种类型:

1. 工程拖期反索赔

工程施工过程中进度滞后是常见的现象,原因也是多方面的,关键是拖期以后,责任的确定。当工程拖期的责任在承包人一方,如开工拖后,设备材料进场不及时,施工人员安排不当,施工组织管理不善等,业主则有权向承包人提出反索赔。若工程拖期是由于客观原因引起的,不属承包人的责任,如天灾、工程所在地政治动荡等原因造成,则业主不能向承包人提出反索赔,这类性质的拖期,一般称作"可原谅、但不给经济补偿的拖期",业主应给承包人延长工期,但不给予经济补偿。

2. 施工缺陷反索赔

《公路工程国内招标文件范本》通用条款规定,如果承包人施工质量不符合施工技术规程的规定,或使用的设备和材料不符合合同规定,或者在缺陷责任期满以前未完成应进行修补的工程时,业主有权向承包人追究责任,要求补偿业主所受的经济损失。如承包人在规定的期限内仍未完成应修补的缺陷工作,则业主有权向承包人提出反索赔。

3. 其他损失反索赔

除上述两种之外,由于承包人未承担相应的义务及风险责任造成业主的经济损失,向承包人提出反索赔。如承包人未履行保险义务而由监理工程师代办保险后的反索赔,由承包人承担的第三者责任引起的反索赔,因法规变更或物价下跌引起的反索赔,因工程变更引起的反索赔等。表 7-10 列举了《公路工程国内招标文件范本》中可引用的反索赔条款。

《公路工程国内招标文件范本》中可引用的反索赔条款 表 7-10

序号	合同条款号	索赔条款主题内容	序号	合同条款号	索赔条款主题内容
1	25.3	承包人不履行保险义务	8	52.2	工程变更中单价下降
2	30.1	损坏了公路或桥梁	9	52.2	工程变更及工程量误差引起总价下降
3	37.3	拒收材料或设备	10	59.5	未向指定的分包商付款
4	39.2	承包人不遵守指示	11	63.1	承包人违约
5	46.1	施工进度拖后	12	64.1	紧急维修
6	47.1	拖期损失赔偿费	13	65.7	终止合同后的付款
7	49.3	缺陷责任	14	70.1	法规变更和物价下跌引起费用下降

三、承包人违约与反索赔

1. 承包人违约与扣违约金

《公路工程国内招标文件范本》通用条款第 63.1 款规定，如果监理工程师向业主证明，认为承包人有下述情况：

(1)无视监理工程师事先书面警告，一贯或公然忽视履行其合同规定的义务。

(2)违反第 15.1 款关于按投标文件及时配备称职的关键管理与技术人员的规定，或违反第 15.2 款承包人承诺配备的关键施工设备。

(3)在接到根据第 37.3 款或第 39.1 款关于修复或运走、替换不合格材料、设备的规定发出的通知或指令后的 28 天内不遵守该通知或指令。

(4)无正当理由而未能根据第 41.1 款规定开工；或在接到第 46.1 款规定的通知后 28 天内无正当理由未能采取措施加快进行本工程或其关键部分的施工。

(5)发生了第 4.1 款的违规分包情况。

(6)在保修期内，承包人不履行合同义务。

(7)违反专用条款规定的其他重要规定。

则业主在向承包人发出书面通知的 14 天内未见纠正后，可以向承包人扣以专用条款中规定的违约金。

2. 承包人违约而终止合同

《公路工程国内招标文件范本》通用条款第 63.2 款规定，如果根据我国法律，认为承包人已强制性破产、企业清理或解散(为合并或重组而进行的自动清理除外)，或承包人已经违反第 3.1 款关于禁止转让的规定，则业主可以进驻现场和接管本工程，终止承包人在本合同项下的承包，但不因此解除合同规定的承包人的任何义务和责任，或影响合同赋予业主或监理工程师的各种权利和权限，业主可自行完成该工程，或雇佣其他承包人完成该工程。业主或上述其他承包人为了完成本工程，可以使用他们认为合适数量的承包人装备、临时工程和材料。

3. 合同终止日的估价

《公路工程国内招标文件范本》通用条款第 63.3 款规定，在业主进驻现场和终止本合同之后，监理工程师应通过协商和调查询问之后，尽快地确定并认证：

(1)在业主进驻和终止合同时，承包人根据合同实际完成的工程已经合理地得到的或理应得到的款额(如有)。

(2)未使用或部分使用过的材料、承包人装备和临时工程的价值。

与此同时，监理工程师还应确认为完成剩余工程所需要的费用以及承包人应承担的违约经济责任。

下面通过示例予以说明。

例 7-26 某项目合同价为 5 000 万元。承包人施工过程中质量低下，进度缓慢，后经查实承包人擅自转让合同，业主因此终止与承包人的合同关系。求合同终止后的债权与债务。

解:(1)已经计量签证的承包人已完成的合格工程价值 2 000 万元，业主已支付 1 500 万元。

(2)已经支付开工预付款为 500 万元，已扣回 100 万元。

(3)承包人到场的材料价值200万元、临时工程与临时房屋价值300万元(未付款)。

(4)扣留的保留金有100万元。

(5)上述合计业主还欠承包人的款项为：

$$2\,000+200+300-1500-(500-100)=600(\text{万元})$$

(6)业主和新的承包人(利用到场的材料、临时工程与临时房屋)完成剩余工程需要3 000万元,因此比原来5 000万完成工程多出：

$$2\,000+200+300+3\,000-5\,000=500(\text{万元})$$

(7)承包人应承担的拖期损失偿金按规定为合同价的10%,即500万元。

(8)按合同第63.1款承包人应支付的违约金为100万元。

(9)以上合计承包人欠业主的费用为：

$$500+500+100-600=500(\text{万元})$$

4.合同终止后的付款

根据合同规定,在业主因承包人违约而终止承包人在本合同下的承包情况下,业主将暂停向承包人支付任何款额;在本工程缺陷责任期满之后,再由监理工程师查清承包人实施和完成本工程与缺陷修复应结算的费用,应扣除的完工拖期损失偿金(如有)以及业主已实际支付给承包人的各项费用,并予以证实。

在监理工程师的查清证实后,承包人仅能得到原应支付给他的已完合格工程的款额,并扣除上述应扣款额之后的余额。如果应扣款额超过承包人应得到的原应支付给他的已完工程的款额,此超出部分款额应被视为承包人欠业主的应还债务,由承包人支付给业主。

〔思考题〕

1.简述工程变更的范围。

2.工程变更过程中单价变更的基本条件是什么?是什么原因导致应进行单价变更?

3.如何确定变更后的单价?

4.单价和总价变更的原则是“工程量增加,则单价和总价应予以降低,反之应予以增加”。这种说法是否正确,为什么?

5.简述“费用索赔”的定义;费用索赔成立的基本条件是什么?监理工程师处理费用索赔的原则有哪些?

6.简述费用索赔的处理程序。

7.简述价格调整的方法,并简要说明其调整思路。

8.什么是非调价因素?什么是物价指数?什么是环比指数?什么是定基指数?并比较环比指数和定基指数的区别。

9.简述反索赔的作用与类型。

第八章　常用支付表格

由于表格具有直观性，又具有能够简单明了地表明各种工作内容及有利于检查和复核等特点。因此，监理工程师在实际工作中要使用大量的表格，并且通过对表格的科学设计和精心管理，使监理工作进一步标准化和规范化。通过对各种表格的管理而把握整个监理工作。在实际运用上，几乎所有重要的监理工作都采用了相应的表格，并且以表格来体现各项工作的内容和特点。

对于计量支付工作来说更需大量使用表格，以使计量、支付工作标准化和规范化。因此，监理工作中要设计一系列与计量支付有关的表格，并通过这些表格的有效管理来完成计量支付工作，在每一个具体项目的管理中都要将计量支付工作的表格化及其管理，当作一件重要的工作来考虑。

第一节　支付表格分类及说明

一、支付工作中常用的三类表格

计量支付工作中的表格有许多种，并且内容广泛，各项目、各合同均应结合自身的特点设计各种表格。

1. 承包人用表

承包人的计量与支付报表应由监理工程师指定，并且，这些报表是计量与支付最基本的表格，在整个支付流程中称之为丙表，应按要求和规定填写，并及时申报监理工程师审核。同时，这些报表也是监理工程师编报支付证书的直接基础。承包人用表一般包括：

(1)计量支付申请表(01 表)。

(2)进度完成情况汇总表(02 表)。

(3)进度完成情况明细表(03 表)。

(4)中间计量单(04 表)。

(5)计日工支付申报表(05 表)。

(6)材料到达现场报表(06 表)。

(7)材料供应情况报表(07 表)。

(8)材料预付款申报表(08 表)。

(9)承包人的人员设备报表(09 表)。

(10)外汇价格调整表(10 表)。

(11)人民币价格调整表(11 表)。

(12)价格调汇总表(12 表)。

(13)索赔申请书(13 表)。

(14)工程变更一览表(14 表)。

这些报表都必须由承包人细致填写,监理工程师收到这些报表后应认真审查,在审查的基础上开出计量支付证书。

各表之间的关系如图 8-1 所示:

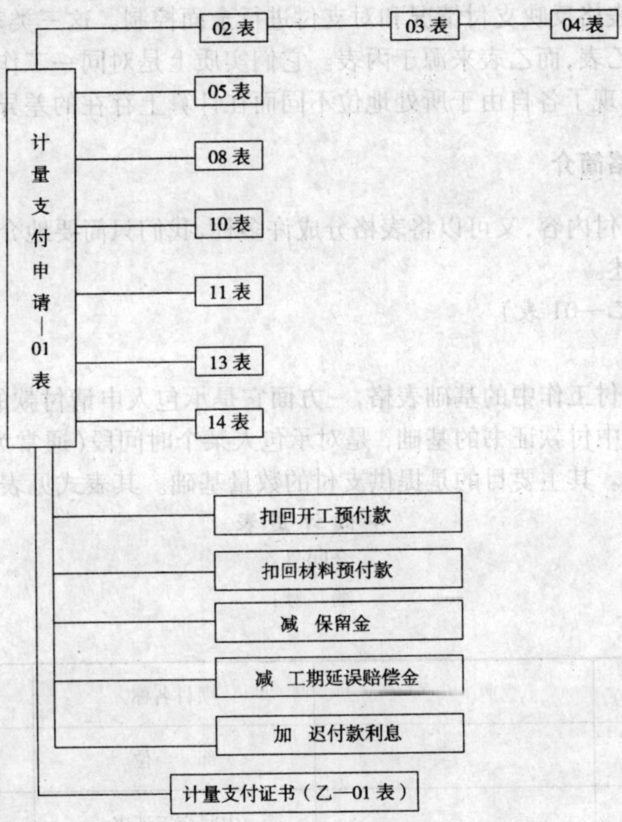

图　8-1

上面为承包人应填制的报表,计量支付证书则由监理工程师填制。

2. 监理工程师用表

监理工程师用表在整个流程中称为乙表,由监理工程师填制,是计量支付工作中的主要表格,它来源于承包人用表,即乙表来源于丙表,一般包括:

(1)计量支付证书(乙—01 表)。

(2)工程计划进度与实际完成情况表(乙—02 表)。

(3)工程投资支付月报(乙—03 表)。

(4)工程质量监理月报(乙—04、05 表)。

这些报表既是业主计量支付报表的直接基础，又是业主进行计量支付的主要依据和凭证，更是监理工程师支付管理工作的集中表现；同时，这些表格的填制也是监理工程师计量支付工作的重要内容。因此，监理工程师应认真填制，并对自己签认的表格负责。

3. 业主用表

业主同样必须自己编制有关计量支付的表格，以全面了解和掌握计量支付情况，并通过对计量支付的了解和控制，达到了解和控制整个工程进展情况的目的。业主所编制的计量支付表格在整个计量支付流程中称为甲表。甲表直接来源于乙表。

如果是世界银行贷款项目，则业主还应向世界银行提交支付报表。

因此，整个计量支付过程由三方面编制计量支付报表，它们组成一个完整的计量支付流程，并通过这一系列表格反映支付情况和对支付进行全面控制。这三类表格紧密相连，有着密切关系，甲表来源于乙表，而乙表来源于丙表。它们实质上是对同一工作内容从不同的角度反映其价值，同时，也体现了各自由于所处地位不同而在计算上存在的差异。

二、几种主要表格简介

按不同的计量支付内容，又可以将表格分成许多种，我们只简要地介绍几种重要的常用表格，而不进行全面阐述。

1. 中间计量表（乙—01 表）

（1）作用与表式

本表系计量与支付工作中的基础表格，一方面它是承包人申请付款的依据，另一方面它还是监理工程师填制期中付款证书的基础，是对承包人某个时间段（通常为一个月）内所完成工作的全面概括和体现。其主要目的是提供支付的数量基础。其表式见表 8-1。

中 间 计 量 表

表 8-1

承包单位： 合同号：

监理单位： 编　号：

第　页共　页

支付项目编号		项目名称	
起 始 桩 号		部　　位	
图　　号		中间交工证书	
计量草图几何尺寸：			
计算式：			
计量单位：		工程数量	

(2)表格填写,中间计量表主要填写内容如下:

合同号:本合同段的编号

编号:中间计量表顺序号

支付项目编号:清单表中项目号

项目名称:清单表中支付细目的名称

图号:施工图图号

部位:指本次计量工程量属于结构哪个部位

计量草图几何尺寸及计算式:写出计量过程及计算结果,并绘出计算简图。填写完成数量。

表中"清单项目编号"、"计量单位"、"工程数量"为计算机所输入的内容,填写时更需准确和清晰。

驻地监理工程师审批:该表一式四份,监理员签署意见后,经驻地监理工程师进行最后审核,驻地监理工程师审核后,一份交承包人,一份送监理公司,一份驻地监理工程师保存,一份由业主存档。

(3)中间计量表随时对现场已发生的并已达到质量标准的清单和工程变更中的工程进行计量,总则内清单项目,及暂定金额,计日工等亦需填写中间计量表,但需有相应的附表,如:总则内购买物品,需有财产登记单,暂定金额需要人员名单,购买物品票据等,计日工也须按有关计日工要求提供资料。

2. 工程进度表(乙—02 表)

本图表主要反映工程项目计划与实际完成情况,是期中支付证书之一,若是世行贷款项目,则以中英文填写,也是报送世行的主要表格之一。表式见支表 1。

填表说明如下:

(1)开工令日期:指合同签订的开工日期。

(2)合同期限:合同开工至竣工的日期。

(3)合同完成日期:合同规定的竣工日期。

(4)时间延长:承包人提出工程延期报告,经批准后的日期。

(5)修改合同完成日期:合同完成日期,时间延长后的竣工日期。

(6)合同总价:指合同清单中总价,支付证书中合同价栏内的小计。

(7)工程变更:指支付月报中内的工程变更引起的增减值。

(8)估计最终金额:合同价 + 增加的工程费用 - 减少的工程费用 + 增加的成本。

(9)合同金额:即工程量清单中各章的合同款额。

(10)单价占合同价(%):单项工程投资与合同总价之比。

(11)单项完成(%):单项完成投资与本项合同之比。

(12)完成占合同价(%):单项工程完成投资与合同总价之比。

本表对按月计划与实际完成的情况,以单项工程进度与项目总进度两种图形表示。

(1)单项工程进度形象图(也称条形图),按施工组织设计绘出单项进度形象图,形象线上行数字表示单项工程按月计划完成百分数,形象线下行的数字表示实际完成百分数。项目总进度的形象图(又称 *S* 图),其中计划进度曲线形象图以时间为横坐标,根据施工组织设计,每月计划完成投资与合同之比为纵坐标,绘出计划进度曲线图。在表中以实线表示;而实际完成曲线形象图,同样以时间为横坐标,以每月实际完成投资与合同总价之比为纵坐标来绘出,以虚线表示。

(2)实际与计划栏。实际栏分上下二行,下行填写本月实际完成占合同总价百分数,上行填写累计实际完成占合同总价百分数。计算栏也分两行,上行填写本月计划完成投资占合同价百分数,下行填写累计计划完成投资占总合同价百分数。

(3)截止日期:本期报表的截止日期。

3.期中支付证书(乙—03表)

本表是监理工程师向建设单位(业主)提供的工程进展情况,作为工程价款结算的依据。其式见支表2。

本表的填写说明如下:

(1)起讫点及全长:填写合同号的道路里程起讫桩号及合同号的道路长度,如某合同道路起点桩号为K31+285.40,终点桩号为:K50+495.40,则起讫点:K31.285.40~K50+495.40。则全长为19.510(km),小数点后要求3位有效数字(如有短链应扣除其长度)。

(2)截止日期:指报表结算期。

合同价及变更金额中各项分别抄自工程量清单汇总表,其中:

(1)原有总金额:分项工程的金额数(人民币元)。

(2)变更总金额:各分项工程的变更金额数(人民币元)。

(3)本栏内以下各项:暂定金额、价格调整、索赔金额、违约罚金、迟付款利息,均填写至本期报表的累计数;保留金、开工预付款填写合同中规定的数字,材料设备预付款填写本期应预付金额。

其他各栏填写方法是:

(1)到本期末完成,反映填报项目,自开工以来,截止到本期止的累计完成数。

(2)到上期末完成,反映填报项目,自开工以来,截止到本期以前累计完成数,其数字抄自上期报表有关栏目。

(3)本期完成,即为填报本期内所完成的数量。

(4)工程变更、暂定金额(包括计日工)、价格调整和索赔金额分别抄自相应的报表。

上述四项必须有驻地监理工程师指令,即得到驻地监理工程师同意方能填写,否则填写无效。

(5)保留金:作为承包人的履约保证金,业主每月从支付承包人款项中扣除10%直到扣除的累计金额到标书总价的5%为止。

(6)材料设备预付款:材料预付款为到达现场统计表的款项总计75%(或合同规定的百分比)。

到本期末完成:指到本期末现场统计预付款值。

到上期末完成:指到上期末现场材料统计预付款值。

本期完成:本期完成=本期末完成-上期末完成

(7)开工预付款:业主按合同规定,预先支付给承包人的工程款,其数量由合同给出。

(8)扣回开工预付款:将开工预付款从业主付给承包人的款项中扣回开工预付款,回扣期限应从支付承包人累计金额超过合同总价30%至完成金额累计达到合同总价的80%截止,每月回扣金额为开工预付款的总计金额按每月完成合同额分摊的办法扣回。

(9)违约罚金:由承包人一方在执行合同时(包括合同全部文件)违约,所有由此造成的或伴随产生的费用称之为拖期损失偿金。拖期损失偿金由支付给承包人款项中扣除。

(10)迟付款利息:对于中期或者终期付给承包人的款项,未能在合同规定期限内支付,则按合同规定付给承包人的利息。

(11)支付:即工程价款(结算的实际支付金额):支付款额=合计-保留金-扣回开工预付款+材料预付款-违约罚金+迟付款利息。

除了以上几种表格外,还有其他一些表格,如清单支付报表、工程变更一览表、材料到现场表、计日工支付报表、价格调整表、价格调整汇总表等,但这一系列表格都是前两种表格的附表,而非主表。

第二节 常用支付表

一、常用支付表类型

根据施工监理规范,费用监理中,常用支付表有:

(1)支表1 工程进度表

(2)支表2 期中支付证书

(3)支表3 清单支付报表

(4)支表4 计日工支付报表

(5)支表5 工程变更一览表

(6)支表6 价格调整汇总表

(7)支表7 价格调整表

(8)支表8 单价变更一览表

(9)支表9 永久性材料价差金额一览表

(10)支表10 永久性工程材料到达现场计量表

(11)支表11 扣回材料设备预付款一览表

(12)支表12 扣回开工预付款一览表

(13)支表13 中间计量表

(14)支表14 中间计量支付汇总表

二、常用支付表格式(见有关表格)

支表1　工程进度表

项目名称：　　　　承包单位：　　　　合同号：

截止日期：　　　　监理单位：　　　　编　号：

业主：　开工令日期：　合同期限：　合同完成日期： 由　至　全长　km　时间延长： 修改合同完成日期：						合同总价： 暂定金额： 工程量清单金额： 工程变更： 估计最终金额：																				
清单号	名称	合同金额（元）	单价占合同价（%）	单项完成（%）	完成占合同价（%）	按月计划与实际完成（%）																				
						年												年								
						1	2	3	4	5	6	7	8	9	10	11	12	1	2	3	4	5	6	7	8	
																										100%
																										80%
																										60%
																										40%
																										20%
总计						1	2	3	4	5	6	7	8	9	10	11	12	1	2	3	4	5	6	7	8	0%
监理工程师收到日期		实际进度	累计	%																						
			月计	%																						
		计划进度	累计	%																						
			月计	%																						

承包人：　　　　　　　　监理工程师：

支表 2 期中支付证书

项目名称：　　　　承包单位：　　　　合同号：

截止日期：　　　　监理单位：　　　　编　号：

由　　至　　全长　　km													
清单号	项目内容	合同价及变更金额			到本期末完成			到上期末完成			本期完成		
		原有总金额	变更总金额	变更后总金额	金额（人民币）	人民币部分	外汇（人民币计）	金额（人民币）	人民币部分	外汇（人民币计）	金额（人民币）	人民币部分	外汇（人民币计）
100													
200													
300													
400													
500													
600													
700													
800													
900													
1000													
1100													
1200													
1300													
1400													
1500													
1600													
暂定金额													
小计													
价格调整													
索赔金额													
违约罚金													
迟付款利息													
合计													
开工预付款													
扣回开工预付款													
材料设备预付款													
扣回材料设备预付款													
保留金													

承包人　　　　监理工程师：　　　　业主：

支表3　清单支付报表

项目名称：　　　　承包单位：　　　　合同号：

截止日期：　　　　监理单位：　　　　编　号：

项目编号	项目内容	单　位	合同数量			到本期末完成		到上期末完成		本期完成	
			原合同数量	单价	变更后数量	数量	金额(元)	数量	金额(元)	数量	金额(元)
	小计										

承包人：　　　　　　　　监理工程师：

支表4　计日工支付报表

项目名称：　　　　　　承包单位：　　　　　　合同号：

截止日期：　　　　　　监理单位：　　　　　　编　号：

清单号	位置	工程项目	计日工类别和名称	单位	单位（元）	计日工数量		计日工金额						批准文号
								到本期末完成		到上期末完成		本期完成		
						到本期末完成	其中本期	数量	金额(元)	数量	金额(元)	数量	金额(元)	
小计														

承包人：　　　　　　　　　　　　监理工程师：

支表 5　工程变更一览表

项目名称：　　　　承包单位：　　　　合同号：

截止日期：　　　　监理单位：　　　　编　号：

清单号	变更内容	单位	合同数量（元）	单位（元）	工程量增减（±）		工程量增减金额（元）（±）						批准文号
							到本期末完成（±）		到上期末完成（±）		本期完成		
					到本期末完成	其中本期	数量	金额	数量	金额	数量	金额	
小计													

承包人：　　　　　　　　监理工程师：

支表 6　价格调整汇总表

项目名称：　　　　承包单位：　　　　合同号：

截止日期：　　　　监理单位：　　　　编　号：

时间	应调价基数（元）	到本期末调价金额			到上期末调价金额			本期末调价金额		
		增减金额（±）（元）	人民币部分（元）	外币部分（人民币计）	增减金额（±）（元）	人民币部分（元）	外币部分（人民币计）	增减金额（±）（元）	人民币部分（元）	外币部分（人民币计）
		A	$B=A\times\%$	$C=A\times\%$	D	$E=D\times\%$	$F=D\times\%$	G	$H=G\times\%$	$J=G\times\%$
合计										

承包人：　　　　监理工程师：

支表7　价格调整表

项目名称：　　　　承包单位：　　　　合同号：

截止日期：　　　　监理单位：　　　　编　号：

价格调整公式：

$$ACDJ_2 = LCP \times \left\{ X + a\frac{LL_1}{LL_0} + b + \frac{PL_1}{PL_0} + c\frac{ST_1}{ST_0} + d\frac{TI_1}{TI_0} + c\frac{CE_1}{CE_0} + j\frac{LM_1}{LM_0} + r\frac{OM_1}{OM_0} + h\frac{BI_1}{BI_0} - 1 \right\}$$

式中："0"基本价格指数；"1"现行价格指数

式中符号	符号说明	编　号	加权系数	现行价格指数	基本价格指数	计算值
			A	B	C	$A \times B/C$
X	非调整因子	X			100	
LL	当地劳务	a			100	
PL	设备使用和维修	b			100	
ST	钢材	c			100	
TL	木材	d			100	
CE	水泥	e			100	
LM	地方材料	f			100	
OM	其他材料	g			100	
BI	沥青	h			100	
	固定价					
	总计		1		$DT = 100$	
计算式					100	

承包人：　　　　　　监理工程师：

注：年度调价基数：LCP

人民币部分应调整金额：$ADJ_2 = LCP \times [(1 + D_1)(1 + D_2) \cdots (1 + D_n) - I]$

D_i 为当年度综合调价系数

支表8　单价变更一览表

项目名称：　　　　承包单位：　　　　合同号：

截止日期：　　　　监理单位：　　　　编　号：

清单号	名称	单位	调整前单价（人民币元）	调整后单价（人民币元）	单价变更增减金额									批准文号
					单价增减（人民币元）	到期末完成				本期完成				
						数量	金额（人民币元）	人民币部分	外汇（人民币元）	数量	金额（人民币元）	人民币部分	外汇（人民币元）	
		A	B	C	$D=C-B$	E	$F=E\times D$	$G=\%\times F$	$H=\%\times F$	I	$J=I\times D$	$K=\%\times J$	$L=\%\times j$	M
合计														
说明														

承包人：　　　　监理工程师：

支表9　永久性材料价差金额一览表

项目名称：　　　　承包单位：　　　　合同号：

截止日期：　　　　监理单位：　　　　编　号：

序号	材料名称	单位	数量	基本价格		现行价格		价差金额（元）	材料来源	单据号	存放地点
				合计价（元）	其中：综合费（元）	合计价（元）	其中：综合费（元）				
		A	B	C	D	E	F	$G=B(E-C)$	H	I	J
合计											

承包人：　　　　监理工程师：

支表 10　永久性工程材料到达现场计量表

项目名称：　　　　　　承包单位：　　　　　　合同号：

截止日期：　　　　　　监理单位：　　　　　　编　号：

序号	材料名称	单　位	数　量	单　价	合计价	合计价的%			备注
						金额（人民币）	人民币部分	外汇（人民币计）	
			A	B	$C = A \times B$	$D = \% \times C$	$E = \% \times D$	$F = \% \times D$	

承包人：　　　　　　　　　　监理工程师：

支表 11　扣回材料设备预付款一览表

项目名称：　　承包单位：　　合同号：

截止日期：　　监理单位：　　编　号：

月份	累计垫付金额			本期垫付金额			本期末扣回金额			上期末扣回金额			本期扣回金额		
	金额（人民币元）	人民币部分	外汇（人民币元）	金额（人民币元）	人民币部分	外汇（人民币元）	金额（人民币元）	人民币部分	外汇（人民币元）	金额（人民币元）	人民币部分	外汇（人民币元）	金额（人民币元）	人民币部分	外汇（人民币元）
		A			*B*			*C*			*D*			*E*	
合计															
备注															

承包人：　　监理工程师：

支表 12　扣回开工预付款一览表

项目名称：　　　　承包单位：　　　　合同号：

截止日期：　　　　监理单位：　　　　编　号：

A：合同总价（人民币元）：			
B：合同总价（人民币元）：			
C：到本月末表 2"合计"栏累计完成金额（人民币元）：			
D：C > B 时的时间：			
E：合同期限（月）：			
F：已付开工预付款（人民币元）：			
G：月扣除开工付款：			
扣除开工预付款	总计金额（人民币元）	人民币　　%（人民币元）	外汇　　%（人民币计）
到上月末完成			
本月完成			
到本月末完成			

承包人：　　　　监理工程师：

支表 13　中间计量表

项目名称：　　　　承包单位：　　　　合同号：

截止日期：　　　　监理单位：　　　　编　号：

支付项目编号		项目名称	
起始桩号		部　位	
		中间交工证书号	
计量草图几何尺寸：			
计算式：			
计量单位：			

支表 14　中间计量支付汇总表

项目名称：　　　　承包单位：　　　　合同号：

截止日期：　　　　监理单位：　　　　编　号：

项目编号	项目名称	凭证号	单　位	数　量	单　价	金　额
本页小计						
合计						

承包人：　　　　监理工程师：

附录　普通复利表

资金时间价值基本公式

类　型	待　求	已知条件	公式条件	计算公式	代　号
一次性投入产出	F	P,i,n	一次支付终值公式	$F=P(1+i)^n$	$F=P(F/P,i,n)$
	P	P,i,n	一次支付现值公式	$P=F(1+i)^{-n}$	$P=F(P/F,i,n)$
等额序列的投入或产出	F	A,i,n	等额序列终值公式	$F=A\dfrac{(1+i)^n-1}{i}$	$F=A(F/A,i,n)$
	P	A,i,n	等额序列现值公式	$P=A\dfrac{(1+i)^n-1}{i(1+i)^n}$	$P=A(P/A,i,n)$
	A	F,i,n	等额序列偿债基金公式	$A=F\dfrac{i}{(1+i)^n-1}$	$A=F(A/F,i,n)$
	A	P,i,n	等额序列资金回收公式	$A=P\dfrac{i(1+i)^n}{(1+i)^n-1}$	$A=P(A/P,i,n)$

普通复利表各系数说明

类　型	待　求	已知条件	系数名称	代　号	数学式
一次性投入产出	F	P,i,n	终值系数	$F/P,i,n$	$(1+i)^n$
	F	P,i,n	现值系数	$P/F,i,n$	$(1+i)^{-n}$
等额序列的投入或产出	A	P,i,n	资金回收系数	$A/P,i,n$	$\dfrac{i}{1-(1+i)^{-n}}$
	P	A,i,n	年金现值系数	$P/A,i,n$	$\dfrac{1-(1+i)^{-n}}{i}$
	A	F,i,n	资金存储系数	$A/F,i,n$	$\dfrac{i}{(1+i)^n-1}$
	F	A,i,n	年金终值系数	$F/A,i,n$	$\dfrac{(1+i)^n-1}{i}$

$i=4\%$

n	$F/P,i,n$	$P/F,i,n$	$A/P,i,n$	$P/A,i,n$	$A/F,i,n$	$F/A,i,n$
1	1.040 0	0.961 56	1.040 0	0.961 5	1.000 0	1.000 0
2	1.081 6	0.924 56	0.530 20	1.886 0	0.490 20	2.039 9
3	1.124 8	0.889 00	0.360 35	2.775 0	0.320 35	3.121 5
4	1.169 8	0.854 81	0.275 49	3.629 8	0.235 49	4.246 4
5	1.216 6	0.821 93	0.224 63	4.451 7	0.184 63	5.416 2
6	1.265 3	0.790 32	0.190 76	5.242 0	0.150 76	6.632 8
7	1.315 9	0.759 92	0.166 61	6.001 9	0.126 61	7.898 1
8	1.368 5	0.730 69	0.148 53	6.732 6	0.108 53	9.214 0
9	1.423 3	0.720 59	0.134 49	7.435 3	0.094 49	10.582
10	1.480 2	0.675 57	0.123 29	8.110 8	0.083 29	12.005
11	1.539 4	0.649 58	0.114 15	8.760 3	0.074 15	13.486
12	1.601 0	0.624 60	0.106 55	9.384 9	0.066 55	15.025
13	1.665 0	0.600 58	0.100 14	9.985 5	0.060 14	16.626
14	1.731 6	0.577 48	0.094 67	10.563	0.054 67	18.291
15	1.800 9	0.555 27	0.089 94	11.118	0.049 94	20.023
16	1.872 9	0.533 91	0.085 582	11.652	0.045 82	21.824
17	1.947 8	0.513 38	0.082 20	12.165	0.042 20	23.697
18	2.025 7	0.493 63	0.078 99	12.959	0.039 99	25.644
19	2.106 8	0.474 65	0.076 14	13.133	0.035 14	27.670
20	2.191 1	0.456 39	0.073 58	13.590	0.033 58	29.777
21	2.278 7	0.438 84	0.071 28	14.029	0.031 28	31.968
22	2.369 8	0.421 96	0.069 20	14.450	0.029 20	34.247
23	2.464 6	0.405 73	0.067 31	14.856	0.027 31	36.617
24	2.563 2	0.390 13	0.065 59	15.246	0.025 59	39.081
25	2.665 8	0.375 12	0.064 01	15.621	0.024 01	41.644
26	2.772 4	0.360 69	0.062 57	15.982	0.022 57	44.310
27	2.883 3	0.346 82	0.061 24	16.329	0.021 24	47.083
28	2.998 6	0.333 48	0.060 01	16.662	0.020 01	49.966
29	3.118 6	0.330 66	0.059 88	16.983	0.018 88	52.964
30	3.118 6	0.308 32	0.059 83	17.291	0.017 83	56.683
31	3.373 0	0.296 47	0.056 86	17.588	0.016 85	59.326
32	3.507 9	0.285 06	0.055 95	17.873	0.015 95	62.699
33	3.648 3	0.274 10	0.055 10	18.147	0.015 10	66.207
34	3.794 2	0.263 56	0.054 32	18.411	0.014 32	69.855
35	3.946 0	0.253 42	0.053 56	18.664	0.013 58	73.650
40	4.800 9	0.208 29	0.050 52	19.792	0.010 52	95.022
45	5.841 0	0.171 20	0.048 26	20.719	0.008 26	121.02
50	7.106 4	0.140 72	0.046 55	21.482	0.006 55	152.66
55	8.646 0	0.115 66	0.045 23	22.710 8	0.005 23	191.15
60	10.519	0.095 06	0.044 20	22.623	0.004 20	237.98

$i=5\%$

n	$F/P,i,n$	$P/F,i,n$	$A/P,i,n$	$P/A,i,n$	$A/F,i,n$	$F/A,i,n$
1	1.050 0	0.952 38	1.050 0	0.952 4	1.000 0	1.000 0
2	1.102 5	0.907 03	0.537 81	1.859 3	0.487 81	2.049 9
3	1.157 6	0.863 84	0.367 22	2.723 1	0.317 22	3.152 4
4	1.215 5	0.822 71	0.282 02	3.545 8	0.232 02	4.310 0
5	1.276 2	0.783 53	0.230 98	4.329 4	0.180 98	5.525 5
6	1.340 0	0.746 22	0.197 02	5.075 6	0.147 02	6.801 7
7	1.407 0	0.710 69	0.172 82	5.786 2	0.122 82	8.141 8
8	1.477 4	0.676 84	0.154 72	6.463 1	0.104 72	9.548 8
9	1.551 3	0.644 61	0.140 69	7.107 7	0.090 69	11.026
10	1.628 8	0.613 92	0.129 51	7.721 6	0.079 51	12.577
11	1.710 3	0.584 69	0.120 39	8.306 2	0.070 39	14.206
12	1.795 8	0.556 84	0.112 83	8.863 1	0.062 83	15.916
13	1.885 6	0.530 33	0.106 46	9.393 4	0.056 46	17.712
14	1.979 9	0.505 07	0.101 03	9.898 5	0.051 03	19.598
15	2.078 9	0.481 02	0.096 34	10.379	0.046 34	21.577
16	2.182 8	0.458 12	0.092 27	10.837	0.042 27	23.656
17	2.291 9	0.436 30	0.088 70	11.273	0.038 70	25.839
18	2.406 5	0.415 53	0.085 55	11.689	0.035 55	28.131
19	2.526 9	0.395 74	0.082 75	12.085	0.032 75	30.538
20	2.653 2	0.376 90	0.080 24	12.462	0.030 24	33.064
21	2.785 9	0.358 95	0.078 00	12.821	0.028 00	35.718
22	2.925 2	0.341 86	0.075 97	13.162	0.025 97	38.503
23	3.071 4	0.325 58	0.074 14	13.488	0.024 14	41.429
24	3.225 0	0.310 08	0.072 47	13.798	0.022 47	44.500
25	3.386 2	0.295 31	0.070 95	14.093	0.020 95	47.725
26	3.555 5	0.281 25	0.069 56	14.375	0.019 57	51.111
27	3.733 3	0.267 86	0.068 29	14.642	0.018 29	54.667
28	3.920 0	0.255 10	0.067 12	14.898	0.017 12	58.400
29	4.116 0	0.242 95	0.066 05	15.140	0.016 05	62.320
30	4.321 8	0.231 38	0.065 05	15.372	0.015 05	66.436
31	4.537 9	0.220 37	0.064 13	15.592	0.014 13	70.757
32	4.764 7	0.209 87	0.063 28	15.802	0.013 28	75.295
33	5.003 0	0.199 88	0.062 49	16.002	0.012 49	80.060
34	5.253 1	0.190 36	0.061 76	16.192	0.011 76	85.063
35	5.515 8	0.181 30	0.061 07	16.374	0.011 07	90.320
40	7.039 7	0.142 05	0.058 28	17.158	0.008 28	120.79
45	8.984 6	0.111 30	0.056 25	17.773	0.006 26	159.69
50	11.466	0.087 21	0.054 78	18.255	0.004 78	209.33
55	14.634	0.068 33	0.053 67	18.633	0.003 67	272.69
60	18.678	0.053 54	0.052 83	18.929	0.002 83	353.56

$i=6\%$

n	$F/P,i,n$	$P/F,i,n$	$A/P,i,n$	$P/A,i,n$	$A/F,i,n$	$F/A,i,n$
1	1.060 0	0.943 40	1.060 0	0.943 4	1.000 0	1.000 0
2	1.123 6	0.890 00	0.545 44	1.833 3	0.485 44	2.059 9
3	1.191 0	0.839 62	0.374 11	2.672 9	0.314 11	3.183 5
4	1.262 4	0.792 10	0.288 60	3.465 0	0.228 60	4.374 5
5	1.338 2	0.747 26	0.237 40	4.212 3	0.177 40	5.637 0
6	1.418 5	0.704 96	0.203 37	4.917 2	0.143 37	6.975 1
7	1.503 6	0.665 06	0.179 14	5.582 3	0.119 14	8.393 6
8	1.593 8	0.627 42	0.161 04	6.209 7	0.101 04	9.897 2
9	1.689 4	0.591 90	0.147 02	6.801 6	0.087 02	11.491
10	1.790 8	0.558 40	0.135 87	7.360 0	0.075 87	13.180
11	1.898 2	0.526 79	0.126 79	7.886 7	0.066 79	14.971
12	2.012 1	0.496 98	0.119 28	8.383 7	0.059 28	16.869
13	2.132 9	0.468 84	0.112 96	8.852 5	0.052 96	18.881
14	2.260 8	0.442 31	0.107 59	9.294 8	0.047 59	21.014
15	2.396 5	0.417 27	0.102 96	9.712 1	0.042 96	23.275
16	2.540 3	0.393 65	0.098 95	10.105	0.038 95	25.671
17	2.692 7	0.371 37	0.095 45	10.477	0.035 45	28.212
18	2.854 2	0.350 35	0.092 36	10.827	0.032 36	30.904
19	3.025 5	0.330 52	0.089 62	11.158	0.029 62	33.759
20	3.207 0	0.311 81	0.087 19	11.469	0.027 19	36.784
21	3.399 5	0.241 6	0.085 01	11.763	0.025 01	39.991
22	3.603 4	0.277 51	0.083 05	12.041	0.023 05	43.390
23	3.819 6	0.261 80	0.081 28	12.303	0.021 28	46.994
24	4.048 8	0.246 93	0.079 68	12.550	0.019 68	50.814
25	4.291 7	0.233 00	0.078 23	12.783	0.018 23	55.862
26	4.549 2	0.219 82	0.076 80	13.013	0.016 90	59.154
27	4.822 2	0.207 37	0.075 70	13.210	0.015 70	63.703
28	5.111 5	0.195 64	0.074 59	13.406	0.014 59	68.525
29	5.418 2	0.184 56	0.073 58	13.590	0.013 58	73.637
30	5.743 3	0.174 12	0.726 5	13.764	0.012 65	79.055
31	6.087 9	0.164 26	0.071 79	13.929	0.011 79	84.798
32	6.453 1	0.154 96	0.071 00	14.083	0.011 00	90.886
33	6.840 3	0.146 19	0.070 27	14.230	0.010 27	97.339
34	7.250 7	0.137 92	0.069 60	14.368	0.009 60	104.17
35	7.685 8	0.130 11	0.068 97	14.498	0.008 97	111.43
40	10.285	0.097 23	0.066 46	15.046	0.006 46	154.75
45	13.764	0.072 65	0.064 70	15.455	0.004 70	212.73
50	18.419	0.054 29	0.063 44	15.761	0.003 44	290.32
55	24.649	0.040 57	0.062 54	15.990	0.002 54	394.14
60	32.985	0.030 32	0.061 88	16.161	0.001 88	533.09

$i=7\%$

n	$F/P,i,n$	$P/F,i,n$	$A/P,i,n$	$P/A,i,n$	$A/F,i,n$	$F/A,i,n$
1	1.070 0	0.934 68	1.070 0	0.934 6	1.000 0	1.000 0
2	1.144 9	0.873 44	0.553 10	1.808 0	0.483 10	2.069 9
3	1.225 0	0.816 30	0.381 05	2.624 2	0.311 05	3.214 8
4	1.310 7	0.762 90	0.295 23	3.387 1	0.225 23	4.439 8
5	1.402 5	0.712 99	0.243 89	4.100 1	0.173 89	5.750 6
6	1.500 7	0.666 35	0.209 80	4.766 5	0.139 80	7.153 1
7	1.605 7	0.622 75	0.185 55	5.389 2	0.115 55	8.653 9
8	1.718 1	0.582 01	0.167 47	5.971 2	0.097 47	10.259
9	1.838 4	0.543 94	0.153 49	6.515 1	0.083 49	11.977
10	1.967 1	0.508 35	0.142 38	7.023 5	0.072 38	13.816
11	2.104 8	0.475 10	0.133 36	7.498 6	0.063 36	15.733
12	2.252 1	0.444 02	0.125 90	7.942 6	0.055 90	17.888
13	2.409 8	0.414 97	0.119 65	8.357 6	0.049 65	20.140
14	2.578 5	0.387 82	0.114 35	8.745 4	0.044 35	22.550
15	2.759 0	0.362 45	0.109 80	9.107 8	0.039 80	25.128
16	2.952 1	0.338 74	0.105 86	9.446 6	0.035 86	27.887
17	3.158 7	0.316 58	0.102 43	9.763 1	0.032 43	30.839
18	3.379 8	0.295 87	0.099 41	10.059	0.029 41	33.998
19	3.616 4	0.276 51	0.096 75	10.335	0.026 75	37.378
20	3.869 6	0.258 42	0.094 39	10.593	0.024 39	40.994
21	4.140 4	0.241 52	0.092 29	10.835	0.022 29	44.864
22	4.430 3	0.225 72	0.090 41	11.061	0.020 41	49.004
23	4.740 4	0.210 95	0.088 71	11.272	0.018 71	53.434
24	5.072 2	0.197 15	0.087 19	11.469	0.017 19	58.175
25	5.427 3	0.184 25	0.085 81	11.653	0.015 81	63.247
26	5.807 2	0.172 20	0.084 56	11.825	0.014 56	68.674
27	6.213 7	0.160 93	0.083 43	11.986	0.013 43	74.481
28	6.648 6	0.150 41	0.082 39	12.137	0.012 39	80.695
29	7.114 0	0.140 57	0.814 5	12.277	0.011 45	87.344
30	7.612 0	0.131 37	0.080 59	12.409	0.010 59	94.458
31	8.144 9	0.122 78	0.079 80	12.531	0.009 80	102.07
32	8.715 0	0.114 74	0.079 07	12.646	0.009 07	110.21
33	9.325 0	0.107 24	0.078 41	12.753	0.008 41	110.21
34	9.977 8	0.100 22	0.077 80	12.853	0.007 80	128.25
35	10.676	0.093 67	0.077 23	12.947	0.007 23	138.23
40	14.973	0.066 78	0.075 01	13.331	0.005 01	199.62
45	21.001	0.047 62	0.073 50	13.605	0.003 50	285.73
50	29.455	0.033 95	0.072 46	13.800	0.002 46	406.51
55	41.313	0.024 21	0.071 74	13.939	0.001 74	575.90
60	57.943	0.017 26	0.071 23	14.039	0.001 23	813.47

$i=8\%$

n	$F/P,i,n$	$P/F,i,n$	$A/P,i,n$	$P/A,i,n$	$A/F,i,n$	$F/A,i,n$
1	1.080 0	0.925 93	1.080 0	0.925 0	1.000 0	1.000 0
2	1.166 4	0.857 34	0.560 77	1.783 2	0.480 77	2.079 9
3	1.259 7	0.793 83	0.388 03	2.577 0	0.308 04	3.246 3
4	1.360 4	0.735 03	0.301 92	3.312 1	0.221 92	4.506 0
5	1.469 3	0.680 59	0.250 46	3.992 6	0.170 46	5.866 5
6	1.586 8	0.630 17	0.216 32	4.622 8	0.136 32	7.335 8
7	1.713 8	0.583 49	0.192 07	5.206 3	0.112 07	8.922 7
8	1.850 9	0.540 27	0.174 02	5.746 6	0.094 02	10.636
9	1.998 9	0.500 25	0.160 08	6.246 8	0.080 08	12.487
10	2.158 9	0.463 20	0.149 03	6.710 0	0.069 03	14.486
11	2.331 6	0.428 89	0.140 08	7.138 9	0.060 08	16.645
12	2.518 1	0.397 12	0.132 70	7.536 0	0.052 70	18.976
13	2.719 6	0.367 70	0.126 42	7.903 7	0.046 52	21.495
14	2.937 1	0.340 46	0.121 30	8.244 2	0.041 30	24.214
15	3.172 1	0.315 24	0.116 83	8.559 4	0.036 83	27.151
16	3.425 9	0.291 89	0.112 98	8.851 3	0.032 98	30.323
17	3.699 9	0.270 27	0.109 63	9.121 6	0.029 63	33.749
18	3.895 9	0.250 25	0.106 70	9.371 8	0.026 70	37.449
19	4.315 6	0.231 71	0.104 13	9.603 5	0.024 13	41.445
20	4.660 9	0.214 55	0.101 85	9.818 1	0.021 85	45.761
21	5.033 7	0.198 66	0.099 83	10.016	0.019 83	50.422
22	5.436 4	0.183 94	0.098 03	10.200	0.018 03	55.455
23	5.871 3	0.170 32	0.096 42	10.371	0.016 42	60.892
24	6.341 0	0.157 70	0.094 98	10.528	0.014 98	66.763
25	6.848 3	0.146 02	0.093 68	10.674	0.013 68	73.104
26	7.397 2	0.135 20	0.092 51	10.809	0.012 51	79.953
27	7.987 9	0.125 19	0.091 45	10.935	0.011 45	87.349
28	8.626 9	0.115 92	0.090 49	11.051	0.010 49	95.337
29	9.317 1	0.107 33	0.089 62	11.158	0.009 62	103.96
30	10.062	0.099 38	0.088 93	11.257	0.008 83	113.28
31	10.867	0.092 02	0.088 11	11.349	0.008 11	124.34
32	11.736	0.085 20	0.087 45	11.434	0.007 45	133.21
33	12.675	0.078 89	0.086 85	11.513	0.006 85	145.94
34	13.689	0.073 05	0.086 30	11.586	0.006 30	158.62
35	14.785	0.067 64	0.085 80	11.654	0.005 80	172.31
40	21.724	0.046 03	0.083 86	11.924	0.003 86	259.05
45	31.919	0.031 33	0.082 59	12.108	0.002 59	386.49
50	46.900	0.021 32	0.081 74	12.233	0.001 74	573.75
55	68.911	0.014 51	0.081 18	12.318	0.001 18	848.86
60	101.25	0.009 88	0.080 80	12.376	0.000 80	1 253.1

$i=9\%$

n	F/P,i,n	P/F,i,n	A/P,i,n	P/A,i,n	A/F,i,n	F/A,i,n
1	1.090 0	0.917 43	1.090 0	0.917 4	1.000 0	1.000 0
2	1.188 1	0.841 68	0.568 47	1.759 1	0.478 47	2.089 9
3	1.295 0	0.772 19	0.395 06	2.531 2	0.305 06	3.278 0
4	1.411 5	0.708 43	0.308 67	3.239 6	0.218 67	4.573 0
5	1.538 6	0.649 93	0.257 09	4.889 6	0.167 09	5.984 6
6	1.677 0	0.596 27	0.222 92	4.485 8	0.132 92	7.523
7	1.828 0	0.547 04	0.198 69	5.032 9	0.108 69	9.200
8	1.992 5	0.501 87	0.180 68	5.534 7	0.090 68	11.028
9	2.171 8	0.460 43	0.166 80	5.995 2	0.076 80	13.020
10	2.367 3	0.422 41	0.155 82	6.417 6	0.065 82	15.192
11	2.580 4	0.387 54	0.146 95	6.805 1	0.056 95	17.559
12	2.812 6	0.355 54	0.139 65	7.160 6	0.049 65	20.140
13	3.065 7	0.326 18	0.133 57	7.486 8	0.043 57	22.952
14	3.341 6	0.299 25	0.128 43	7.786 1	0.038 43	26.018
15	3.642 4	0.274 54	0.124 06	8.060 6	0.034 06	29.360
16	3.970 2	0.251 87	0.120 30	8.312 5	0.030 30	33.002
17	4.327 5	0.231 08	0.117 05	8.543 5	0.027 05	36.972
18	4.717 0	0.212 00	0.114 21	8.755 5	0.024 21	41.300
19	5.141 5	0.194 49	0.111 73	8.950 0	0.021 73	46.017
20	5.604 3	0.178 43	0.109 55	9.128 5	0.019 55	51.158
21	6.108 6	0.163 70	0.107 62	9.292 2	0.017 62	56.763
22	6.658 4	0.150 18	0.105 91	9.443 3	0.015 91	62.871
23	7.257 7	0.137 78	0.104 38	9.580 1	0.014 38	69.530
24	7.910 9	0.126 41	0.103 02	9.706 5	0.013 02	76.787
25	8.622 8	0.115 97	0.101 81	9.822 5	0.011 81	84.689
26	9.388 9	0.106 40	0.100 72	9.928 9	0.010 72	93.321
27	10.244	0.097 61	0.099 74	10.026	0.009 74	102.72
28	11.166	0.895 5	0.098 85	10.116	0.008 85	112.96
29	12.171	0.082 16	0.098 06	10.198	0.008 06	124.13
30	13.267	0.075 37	0.097 34	10.273	0.007 34	136.30
31	14.461	0.069 15	0.096 69	10.342	0.006 69	149.57
32	15.762	0.063 44	0.096 10	10.406	0.006 10	164.03
33	17.181	0.058 20	0.095 56	10.406	0.005 56	179.79
34	18.727	0.053 40	0.095 08	10.517	0.005 08	196.97
35	20.413	0.048 99	0.094 64	10.566	0.004 64	215.70
40	31.408	0.031 84	0.092 96	10.757	0.002 96	337.86
45	48.325	0.020 69	0.091 90	10.881	0.001 90	525.83
50	74.353	0.013 45	0.091 23	10.961	0.001 23	815.04
55	111.40	0.008 74	0.090 79	11.014	0.000 79	1 260.0
60	176.02	0.005 68	0.090 51	11.047	0.000 51	1 944.6

$i=10\%$

n	$F/P,i,n$	$P/F,i,n$	$A/P,i,n$	$P/A,i,n$	$A/F,i,n$	$F/A,i,n$
1	1.100 0	0.909 09	1.110 0	0.909 1	1.000 0	1.000
2	1.210 0	0.826 45	0.576 19	1.735 5	0.476 19	2.099 9
3	1.331 0	0.751 32	0.402 12	2.486 8	0.302 12	3.309 9
4	1.465 1	0.683 02	0.315 47	3.169 8	0.215 47	4.640 9
5	1.610 5	0.620 92	0.263 80	3.790 7	0.163 80	6.105 0
6	1.771 5	0.564 48	0.229 61	4.355 2	0.129 61	7.715 5
7	1.918 7	0.513 16	0.205 41	4.868 3	0.105 41	9.487 0
8	2.143 5	0.466 51	0.187 45	5.334 9	0.087 45	11.435
9	2.357 9	0.424 10	0.173 64	5.758 9	0.087 45	13.579
10	2.593 7	0.385 55	0.162 75	6.144 5	0.627 5	15.937
11	2.853 0	0.350 50	0.153 96	6.495 0	0.053 96	18.530
12	3.138 4	0.318 63	0.146 76	6.813 6	0.046 76	21.383
13	3.452 2	0.289 67	0.140 78	7.103 3	0.040 78	24.522
14	3.797 4	0.263 33	0.135 75	7.366 6	0.035 75	27.974
15	4.177 1	0.239 40	0.131 47	7.606 0	0.031 47	31.771
16	4.594 9	0.217 63	0.127 82	7.823 6	0.027 82	35.949
17	5.054 4	0.197 85	0.124 66	8.021 5	0.024 66	40.543
18	5.559 8	0.179 86	0.121 93	8.201 3	0.021 93	45.598
19	6.115 8	0.163 51	0.119 55	8.364 9	0.019 55	51.158
20	6.727 3	0.148 65	0.117 46	8.513 5	0.017 46	57.273
21	7.400 1	0.135 13	0.115 62	8.648 6	0.015 62	64.001
22	8.140 1	0.122 85	0.114 01	8.771 5	0.014 01	71.401
23	8.954 1	0.111 68	0.112 57	8.883 2	0.012 57	79.541
24	9.849 5	0.101 53	0.111 30	8.984 7	0.113 0	88.495
25	10.834	0.092 30	0.110 17	9.077 0	0.010 17	98.344
26	11.917	0.083 91	0.109 16	9.160 9	0.009 16	109.17
27	13.109	0.076 28	0.108 26	9.237 2	0.008 26	121.09
28	14.420	0.069 35	0.107 45	9.306 5	0.007 45	134.20
29	15.862	0.063 04	0.106 73	9.369 6	0.006 73	148.62
30	17.448	0.057 31	0.106 08	9.426 9	0.006 08	164.46
31	19.193	0.050 10	0.105 50	9.479 0	0.005 50	181.93
32	21.113	0.047 36	0.104 97	9.526 3	0.004 97	201.13
33	23.224	0.043 06	0.104 50	9.569 4	0.004 50	222.24
34	25.546	0.039 14	0.104 07	9.608 5	0.004 07	245.46
35	28.101	0.035 59	0.103 69	9.644 1	0.003 69	271.01
40	45.257	0.022 10	0.102 26	9.779 0	0.002 26	442.57
45	72.887	0.013 72	0.101 39	9.862 8	0.001 39	718.87
50	117.38	0.008 52	0.100 86	9.914 8	0.000 86	1 163.8
55	189.04	0.005 29	0.100 53	9.947 1	0.000 53	1 880.3
60	304.46	0.003 28	0.100 33	9.967 1	0.000 33	3 034.6

$i = 11\%$

n	$F/P,i,n$	$P/F,i,n$	$A/P,i,n$	$P/A,i,n$	$A/F,i,n$	$F/A,i,n$
1	1.110 0	0.900 90	1.110 0	0.900 9	1.000 0	1.000 0
2	1.232 1	0.811 62	0.583 94	1.712 5	0.473 94	2.109 9
3	1.367 6	0.731 19	0.409 22	2.443 7	0.299 22	3.342 0
4	1.518 0	0.658 73	0.322 33	3.102 4	0.212 33	4.709 7
5	1.685 0	0.593 45	0.270 57	3.695 8	0.160 57	6.227 7
6	1.870 4	0.534 64	0.236 38	4.230 5	0.126 38	7.912 8
7	2.076 1	0.481 66	0.212 22	4.712 1	0.102 22	9.783 1
8	2.304 5	0.433 93	0.194 32	5.146 1	0.084 32	11.859
9	2.558 0	0.390 93	0.180 60	5.537 0	0.070 60	14.163
10	2.839 4	0.352 19	0.169 80	5.889 2	0.059 80	16.721
11	3.151 7	0.317 29	0.161 12	6.206 5	0.051 12	19.561
12	3.498 4	0.285 84	0.154 03	6.492 3	0.044 03	22.712
13	3.883 2	0.257 52	0.148 15	6.749 8	0.038 15	26.211
14	4.310 1	0.232 00	0.143 23	6.981 8	0.033 23	30.094
15	4.784 5	0.209 01	0.139 07	7.190 8	0.029 07	34.404
16	5.310 8	0.188 29	0.135 52	7.379 1	0.025 52	39.189
17	5.895 0	0.169 63	0.132 47	7.548 7	0.022 47	44.500
18	6.543 4	0.152 82	0.129 84	7.701 6	0.019 84	50.395
19	7.263 2	0.137 68	0.127 56	7.839 2	0.017 56	56.938
20	8.062 2	0.124 04	0.125 58	7.963 3	0.015 58	64.201
21	8.949 0	0.111 74	0.123 84	8.075 0	0.013 84	72.264
22	9.933 4	0.100 67	0.122 31	8.175 7	0.012 31	81.213
23	11.026	0.090 69	0.120 97	8.266 4	0.010 97	81.213
24	12.238	0.081 71	0.119 79	8.348 1	0.009 79	102.17
25	13.585	0.073 61	0.118 74	8.421 7	0.008 74	114.41
26	15.079	0.066 31	0.117 81	8.488 0	0.007 81	127.99
27	16.738	0.059 74	0.116 99	8.547 8	0.006 99	143.07
28	18.579	0.053 82	0.116 26	8.601 6	0.006 26	159.81
29	20.623	0.048 49	0.115 61	8.650 1	0.005 61	178.39
30	22.891	0.043 68	0.115 02	8.693 7	0.005 02	199.01
31	25.409	0.039 35	0.114 51	8.733 1	0.004 51	221.90
32	28.204	0.035 45	0.114 04	8.768 6	0.004 04	247.31
33	31.307	0.031 94	0.113 63	8.800 5	0.003 63	275.52
34	34.751	0.028 78	0.113 26	8.829 3	0.003 26	306.83
35	38.573	0.025 92	0.112 93	8.855 2	0.029 3	341.58
40	64.999	0.015 38	0.111 72	8.951 0	0.001 72	581.81
45	109.52	0.009 13	0.111 01	9.007 9	0.001 01	986.60
50	184.55	0.005 42	0.110 60	9.041 6	0.000 60	1 668.7

$i=14\%$

n	$F/P,i,n$	$P/F,i,n$	$A/P,i,n$	$P/A,i,n$	$A/F,i,n$	$F/A,i,n$
1	1. 140 0	0. 877 19	1. 140 0	0. 877 2	1. 000 0	1. 000 0
2	1. 299 6	0. 769 47	0. 607 29	1. 646 6	0. 467 29	2. 139 9
3	1. 481 5	0. 674 97	0. 430 78	2. 321 6	0. 290 73	3. 439 5
4	1. 688 9	0. 592 08	0. 343 21	2. 913 7	0. 203 21	5. 921 1
5	1. 925 4	0. 519 37	0. 291 28	3. 433 0	0. 151 28	6. 610 0
6	2. 194 9	0. 455 59	0. 257 16	3. 888 6	0. 117 16	8. 535
7	2. 502 2	0. 399 64	0. 233 19	4. 288 2	0. 093 19	10. 730
8	2. 852 5	0. 350 56	0. 215 57	4. 638 8	0. 075 57	13. 232
9	3. 251 9	0. 307 51	0. 202 17	4. 946 3	0. 062 17	16. 085
10	3. 707 1	0. 269 75	0. 191 71	5. 216 1	0. 051 71	19. 337
11	4. 226 1	0. 236 62	0. 183 39	5. 452 7	0. 043 39	23. 044
12	4. 817 8	0. 207 56	0. 176 67	5. 660 2	0. 036 67	27. 270
13	5. 492 3	0. 182 07	0. 171 16	5. 842 3	0. 031 16	32. 088
14	6. 261 2	0. 159 71	0. 166 61	6. 002 0	0. 026 61	37. 580
15	7. 137 8	0. 140 10	0. 162 81	6. 142 1	0. 022 81	43. 841
16	8. 137 1	0. 122 89	0. 159 62	6. 265 0	0. 019 62	50. 979
17	9. 276 3	0. 107 80	0. 156 92	6. 372 8	0. 016 92	59. 116
18	10. 574	0. 094 56	0. 154 62	6. 467 4	0. 014 62	68. 392
19	12. 055	0. 082 95	0. 152 66	6. 550 3	0. 012 66	78. 967
20	13. 743	0. 072 76	0. 150 99	6. 623 1	0. 010 99	91. 022
21	15. 667	0. 063 83	0. 149 54	6. 685 9	0. 009 55	104. 76
22	17. 860	0. 055 99	0. 148 30	6. 742 9	0. 008 30	120. 43
23	20. 361	0. 049 11	0. 147 23	6. 792 0	0. 007 23	138. 29
24	23. 211	0. 043 08	0. 146 30	6. 835 1	0. 006 30	158. 65
25	26. 461	0. 037 79	0. 145 50	6. 872 9	0. 005 50	181. 86
26	30. 165	0. 033 15	0. 144 80	6. 906 0	0. 004 80	208. 32
27	34. 388	0. 029 08	0. 144 09	6. 935 1	0. 004 19	238. 49
28	39. 203	0. 025 51	0. 143 66	6. 960 6	0. 003 66	372. 88
29	44. 691	0. 022 38	0. 143 20	6. 983 0	0. 003 20	312. 08
30	50. 948	0. 019 63	0. 142 80	7. 002 6	0. 002 80	356. 77
31	58. 081	0. 017 22	0. 142 45	7. 019 8	0. 002 45	407. 72
32	66. 212	0. 015 10	0. 142 15	7. 034 9	0. 002 15	465. 80
33	75. 482	0. 013 25	0. 141 88	7. 048 2	0. 001 88	532. 01
34	86. 049	0. 011 62	0. 141 65	7. 059 8	0. 001 65	607. 49
35	98. 096	0. 010 19	0. 141 44	7. 070 0	0. 001 44	693. 54
40	188. 87	0. 005 29	0. 140 75	7. 105 0	0. 000 75	1 341. 9
45	363. 66	0. 002 75	0. 140 39	7. 123 2	0. 000 39	2 590. 4
50	700. 19	0. 001 43	0. 140 20	7. 132 6	0. 000 20	4 994. 2

$i=15\%$

n	F/P,i,n	P/F,i,n	A/P,i,n	P/A,i,n	A/F,i,n	F/A,i,n
1	1.150 0	0.869 57	1.150 0	0.869 6	1.000 0	1.000 0
2	1.322 5	0.756 14	0.615 152	1.625 7	0.465 12	2.149 9
3	1.520 8	0.657 52	0.437 98	2.283 2	0.287 98	3.472 4
4	1.749 0	0.571 75	0.350 27	2.854 9	0.200 27	4.993 3
5	2.011 3	0.497 18	0.298 32	3.352 1	0.148 32	6.742 3
6	2.313 0	0.432 33	0.264 24	3.784 4	0.114 24	8.753 6
7	2.660 0	0.375 94	0.240 36	4.160 4	0.090 36	11.066
8	3.059 0	0.326 90	0.222 85	4.487 3	0.072 85	13.726
9	3.517 8	0.282 46	0.209 57	4.771 5	0.059 57	16.785
10	4.045 5	0.247 19	0.199 25	5.018 7	0.049 25	20.303
11	4.652 3	0.214 94	0.191 07	5.233 7	0.041 07	24.349
12	5.350 2	0.186 91	0.184 48	5.420 6	0.034 48	29.001
13	6.152 7	0.162 53	0.179 11	5.583 1	0.029 11	34.351
14	7.075 6	0.141 33	0.174 69	5.724 4	0.246 9	40.504
15	8.136 9	0.122 90	0.171 02	5.847 3	0.021 02	47.579
16	9.357 5	0.106 87	0.167 95	5.954 2	0.017 95	55.716
17	10.761	0.092 93	0.165 37	6.047 1	0.015 37	65.074
18	12.375	0.080 81	0.163 19	6.127 9	0.013 19	75.835
19	14.231	0.070 27	0.161 34	6.198 2	0.011 34	88.210
20	16.366	0.061 10	0.159 76	6.259 3	0.009 76	102.44
21	18.821	0.053 13	0.158 42	6.312 4	0.008 42	118.80
22	21.644	0.046 20	0.157 27	6.358 6	0.007 27	137.62
23	24.891	0.040 18	0.156 28	6.398 8	0.006 28	159.27
24	28.624	0.034 93	0.155 43	6.433 7	0.005 43	184.16
25	32.918	0.030 38	0.154 70	6.464 1	0.004 70	212.78
26	37.865	0.026 42	0.154 07	6.490 5	0.004 07	245.70
27	43.534	0.022 97	0.153 53	6.513 5	0.003 53	283.56
28	50.064	0.019 97	0.153 06	6.533 5	0.003 06	327.09
29	57.574	0.017 37	0.152 65	6.550 8	0.026 5	377.16
30	66.210	0.015 10	0.152 30	6.565 9	0.002 30	434.73
31	76.141	0.013 13	0.152 00	6.579 1	0.002 00	500.94
32	87.563	0.011 42	0.151 73	6.590 5	0.001 73	577.08
33	100.69	0.009 93	0.151 50	6.600 4	0.001 50	664.65
34	115.80	0.008 64	0.151 31	6.609 1	0.001 31	765.34
35	133.17	0.007 51	0.151 13	6.616 6	0.001 13	881.14
40	267.85	0.003 73	0.150 56	6.641 7	0.000 56	1 779.0
45	538.75	0.001 86	0.150 28	6.654 3	0.000 28	3 585.0
50	1 083.6	0.000 92	0.150 14	6.660 5	0.000 14	7 217.4

$i = 20\%$

n	F/P,i,n	P/F,i,n	A/P,i,n	P/A,i,n	A/F,i,n	F/A,i,n
1	1. 200 0	0. 833 33	1. 200 0	0. 833 3	1. 000 0	1. 000 0
2	1. 440 0	0. 694 45	0. 854 55	1. 527 7	0. 454 55	2. 199 9
3	1. 728 0	0. 578 70	0. 474 73	2. 106 4	0. 274 73	3. 639 9
4	2. 073 6	0. 482 25	0. 386 29	2. 588 7	0. 186 29	5. 367 9
5	2. 488 3	0. 401 88	0. 334 38	2. 990 6	0. 134 38	7. 441 5
6	2. 985 9	0. 334 90	0. 300 71	3. 325 5	0. 100 71	9. 929 8
7	3. 583 1	0. 279 08	0. 277 42	3. 604 5	0. 077 42	12. 915
8	4. 299 8	0. 232 57	0. 260 61	3. 837 1	0. 060 61	16. 498
9	5. 159 7	0. 193 81	0. 248 08	4. 030 9	0. 048 08	20. 798
10	6. 191 7	0. 161 51	0. 238 52	4. 192 4	0. 038 52	25. 958
11	7. 430 0	0. 134 59	0. 231 10	4. 327 0	0. 031 10	32. 150
12	8. 916 0	0. 112 16	0. 225 27	4. 439 2	0. 025 27	39. 580
13	10. 699	0. 093 46	0. 220 62	4. 532 6	0. 020 62	48. 496
14	12. 839	0. 077 89	0. 216 89	4. 610 5	0. 016 89	59. 195
15	15. 406	0. 064 91	0. 213 88	4. 675 4	0. 013 88	72. 034
16	18. 488	0. 054 09	0. 211 44	4. 729 5	0. 011 44	87. 441
17	22. 185	0. 045 07	0. 209 44	4. 774 6	0. 009 44	105. 92
18	26. 623	0. 037 56	0. 207 81	4. 812 1	0. 007 81	128. 11
19	31. 947	0. 031 30	0. 206 46	4. 843 5	0. 006 46	154. 73
20	38. 337	0. 026 08	0. 205 36	4. 896 5	0. 005 36	186. 68
21	46. 004	0. 021 74	0. 204 44	4. 891 3	0. 004 44	225. 02
22	55. 205	0. 018 11	0. 203 69	4. 909 4	0. 003 69	271. 02
23	66. 246	0. 015 10	0. 203 07	4. 924 5	0. 003 07	326. 23
24	79. 495	0. 125 8	0. 202 55	4. 937 1	0. 002 55	392. 47
25	95. 394	0. 010 48	0. 202 12	4. 948 0	0. 002 12	471. 97
26	114. 47	0. 008 74	0. 201 76	4. 956 3	0. 001 76	567. 36
27	137. 36	0. 007 28	0. 201 47	4. 963 6	0. 001 47	681. 84
28	164. 84	0. 006 07	0. 201 22	4. 969 6	0. 001 22	819. 21
29	197. 81	0. 005 06	0. 201 02	4. 974 7	0. 001 02	984. 05
30	237. 37	0. 004 21	0. 200 85	4. 978 9	0. 000 85	1 181. 8
31	284. 84	0. 003 51	0. 200 70	4. 982 4	0. 000 70	1 419. 2
32	341. 81	0. 002 93	0. 200 59	4. 985 3	0. 000 59	1 704. 0
33	410. 17	0. 002 44	0. 200 49	4. 987 8	0. 000 49	2 045. 8
34	492. 21	0. 002 03	0. 200 41	4. 989 8	0. 000 41	2 456. 0
35	590. 65	0. 001 69	0. 200 34	4. 991 5	0. 000 34	2 948. 2
40	1 469. 7	0. 000 98	0. 200 14	4. 996 6	0. 000 14	7 343. 6
45	3 957. 1	0. 000 27	0. 200 05	4. 998 6	0. 000 05	18 281. 3
50	9 100. 1	0. 000 11	0. 200 02	4. 999 4	0. 000 02	45 497. 2

$i=25\%$

n	$F/P,i,n$	$P/F,i,n$	$A/P,i,n$	$P/A,i,n$	$A/F,i,n$	$F/A,i,n$
1	1.250 0	0.800 00	1.250 0	0.800 0	1.000 0	1.000 0
2	1.562 5	0.640 00	0.694 44	1.440 0	0.444 44	2.250 0
3	1.953 1	0.512 00	0.512 30	1.952 0	0.262 30	3.812 5
4	2.441 4	0.409 60	0.423 44	2.361 6	0.173 44	5.765 6
5	3.051 8	0.327 68	0.371 85	2.689 3	0.211 85	8.207 0
6	3.814 7	0.262 14	0.338 82	2.951 4	0.088 82	11.259
7	4.768 4	0.209 72	0.316 34	3.166 1	0.066 34	15.073
8	5.960 5	0.167 77	0.300 40	3.328 9	0.050 40	19.842
9	7.450 6	0.134 22	0.288 76	3.463 1	0.038 76	25.802
10	9.313 2	0.107 37	0.280 07	3.570 5	0.030 07	33.253
11	11.642	0.085 90	0.273 49	3.656 4	0.023 49	42.566
12	14.522	0.068 72	0.268 45	3.725 1	0.018 45	54.208
13	18.190	0.054 98	0.264 54	3.780 1	0.014 54	68.760
14	22.737	0.043 98	0.261 50	3.824 1	0.011 50	86.949
15	28.422	0.035 18	0.259 12	3.859 3	0.009 12	109.687
16	35.527	0.028 15	0.257 24	3.887 4	0.007 24	138.109
17	44.409	0.022 52	0.255 76	3.909 9	0.005 76	173.636
18	55.511	0.018 01	0.254 59	3.927 9	0.004 59	218.045
19	69.389	0.014 41	0.253 66	3.942 4	0.003 66	273.556
20	86.736	0.011 53	0.252 92	3.953 9	0.002 92	342.945
21	108.420	0.009 22	0.252 33	3.963 1	0.002 33	429.681
22	135.525	0.007 38	0.251 86	3.970 5	0.001 86	538.101
23	169.407	0.005 90	0.251 48	3.976 4	0.001 48	673.626
24	211.758	0.004 72	0.251 19	3.981 1	0.001 20	843.033
25	264.698	0.003 78	0.250 95	3.984 9	0.000 95	1 054.791
26	330.872	0.003 02	0.250 76	3.987 9	0.000 76	1 319.489
27	413.590	0.002 42	0.250 61	3.990 3	0.000 61	1 650.361
28	516.988	0.001 93	0.250 48	3.992 3	0.000 48	2 063.952
29	646.235	0.001 55	0.250 39	3.993 8	0.000 39	2 580.939
30	807.794	0.001 24	0.250 31	3.995 0	0.000 31	3 227.174
31	1 009.742	0.000 99	0.250 25	3.996 0	0.000 25	4 034.968
32	1 262.177	0.000 79	0.250 20	3.996 8	0.000 20	5 044.710
33	1 577.722	0.000 63	0.250 16	3.997 5	0.000 16	6 306.887
34	1 972.152	0.000 51	0.250 13	3.998 0	0.000 12	7 884.609
35	2 465.190	0.000 41	0.250 10	3.998 4	0.000 10	9 856.761

$i=30\%$

n	$F/P,i,n$	$P/F,i,n$	$A/P,i,n$	$P/A,i,n$	$A/F,i,n$	$F/A,i,n$
1	1.300 0	0.769 23	1.300 0	0.769 2	1.000 0	1.000 0
2	1.690 0	0.591 72	0.734 78	1.360 9	0.434 78	2.299 9
3	2.196 9	0.455 17	0.550 63	1.816 1	0.250 63	3.989 9
4	2.856 0	0.350 12	0.461 63	2.166 2	0.161 63	6.186 9
5	3.712 9	0.269 33	0.410 58	2.435 5	0.110 58	9.043 0
6	4.826 7	0.207 18	0.378 40	2.642 7	0.078 39	12.755
7	6.274 8	0.159 37	0.356 87	2.802 1	0.056 87	17.582
8	8.157 2	0.122 59	0.341 92	2.924 7	0.041 92	23.857
9	10.604	0.094 30	0.331 24	3.019 0	0.031 24	32.014
10	13.785	0.072 54	0.323 46	3.091 5	0.023 46	42.619
11	17.921	0.055 80	0.317 73	3.147 3	0.017 73	56.619
12	23.297	0.042 92	0.313 45	3.190 2	0.013 45	74.326
13	30.287	0.033 02	0.310 24	3.223 2	0.010 24	97.624
14	39.373	0.025 40	0.307 82	3.248 6	0.007 82	127.91
15	51.185	0.019 54	0.305 98	3.268 2	0.005 98	167.28
16	66.540	0.015 03	0.304 58	3.283 2	0.004 58	218.46
17	86.503	0.011 56	0.303 51	3.294 8	0.003 51	285.01
18	112.45	0.008 89	0.302 69	3.303 6	0.002 69	371.51
19	146.18	0.006 84	0.302 07	3.310 5	0.002 07	483.96
20	190.04	0.005 26	0.301 59	3.315 7	0.001 59	630.15
21	247.06	0.004 05	0.301 22	3.319 8	0.001 22	820.20
22	321.17	0.003 11	0.300 94	3.322 9	0.000 94	1 067.2
23	417.53	0.002 40	0.300 72	3.325 3	0.000 72	1 388.4
24	542.79	0.001 84	0.300 55	3.327 1	0.000 55	1 805.9
25	705.62	0.001 42	0.300 43	3.328 6	0.000 43	2 348.7
26	917.31	0.001 09	0.300 33	3.329 7	0.000 33	3 054.3
27	1 192.5	0.000 84	0.300 25	3.330 5	0.000 25	3 971.6
28	1 550.2	0.000 65	0.300 19	3.331 1	0.000 19	5 164.1
29	2 015.3	0.000 50	0.300 15	3.331 6	0.000 15	6 714.4
30	2 619.9	0.000 38	0.300 11	3.332 0	0.000 11	8 729.7
31	3 405.9	0.000 29	0.300 09	3.332 2	0.000 09	11 350.0
32	4 427.6	0.000 23	0.300 07	3.332 5	0.000 07	14 756.0
33	5 755.9	0.000 17	0.300 05	3.332 7	0.000 05	19 184.0
34	7 482.7	0.000 13	0.300 04	3.332 8	0.000 04	24 940.0
35	9 727.5	0.000 10	0.300 03	3.332 9	0.000 03	32 423.0

参考文献

[1] 张建仁. 工程费用监理. 北京:人民交通出版社,1999.
[2] 交通部. 公路工程国内招标文件范本. 北京:人民交通出版社,2003.
[3] 交通部. JTG G10—2006　公路工程施工监理规范. 北京:人民交通出版社,2006.
[4] 交通部. 世界银行贷款项目——公路工程国际招标文件范本. 北京:人民交通出版社,1991.
[5] 国际咨询工程师联合会(FIDIC)编. 土木工程施工合同条件应用指南. 北京:航空工业出版社,1991.
[6]《京津塘高速公路工程监理》编辑委员会. 京津塘高速公路工程监理. 西安:陕西科学技术出版社,1993.
[7] 袁剑波. 公路经济学教程. 北京:人民交通出版社,2002.
[8] 交通部. 公路基本建设工程概算、预算编制办法. 书目文献出版社,1996.
[9] 袁剑波. 张建仁. 关于现代施工监理制度中若干问题的探讨. 中国公路学报,1994(4).
[10] 袁剑波. 工程变更对造价管理的影响研究. 公路,2001(3).
[11] 袁剑波. 工程量清单对合同管理的影响研究. 建设监理,1997(4).
[12] 袁剑波. 施工招标的模型与方法研究. 中国公路学报,2000(1).
[13] 李杰. 道路工程经济分析与决策. 北京:人民交通出版社,1997.
[14] 陈卫生、周华明. 工程经济分析简明教程. 上海:同济大学出版社,1997.
[15] 姚梅炎. 工程成本管理. 北京:中国建筑工业出版社,1998.
[16] 徐大图等. 工程建设投资控制. 北京:中国建筑工业出版社,1998.
[17] 交通部公路工程定额站. 公路工程施工招投标与费用监理. 2002.
[18] 李宇峙,袁剑波. FIDIC 条款与公路工程施工监理. 北京:人民交通出版社,2001.
[19] 刘伊生. 工程造价管理基础理论与相关法规. 北京:中国计划出版社,2003.